충북대학교 법학전문대학원 총서 [21]

로스쿨 Law School
법정보학원론
Legal Research / Information Science of Law

윤 종 민 저

진 원 사

이 책은 충북대학교 법학전문대학원 법학연구소의
지원에 의하여 출판되었음

머 리 말

법학을 교육·연구하고 학습함에 있어서는 각종 법 정보를 체계적으로 조사하고 활용하는 것이 필수적으로 요청된다. 법은 복잡한 사회현상을 규율하는 규범과학으로서 특정한 법적 문제를 해결하기 위해서는 이와 관련된 다양한 정보를 찾아내고 이를 분석하여 가장 합리적인 방안을 도출해야 하기 때문이다. 이에 따라 법학교육에 있어서는 수많은 법 정보의 소재를 파악하고 필요한 정보를 정확히 조사·분석하여 제기된 법적 사안에 적용하는 일련의 법학방법론을 함양하도록 하는 것이 매우 중요하다. 이에 관한 법학교육의 실천적 수단으로서 등장한 것이 바로 법정보학이라고 할 수 있다.

우리나라에서 법정보학 또는 법정보조사라는 교육과정이 운영되기 시작한 것은 1990년대 후반부터이다. 이는 법학교육의 최선진국이라고 할 수 있는 미국이 로스쿨 교육의 일환으로서 일찍부터 법정보학을 가르치기 시작한 것과 비교하면 매우 뒤떨어진 것이라고 할 수 있다. 다행이 로스쿨제도의 도입과 함께 전문 법조인으로서 가져야 할 법률지식과 전문기술을 스스로 배양하도록 하기 위하여 법정보학을 실무필수 교과목으로 규정함에 따라 학문으로서의 법정보학에 대한 본격적인 연구와 교육이 이루어지게 되었다.

그런데 법정보학이라는 교과목이 아직은 생소하고, 관련 연구자도 많지 않으며, 교육을 위한 교재와 자료도 충분하지 못한 상황이어서 충실한 교육과 학습을 실시하는데 많은 어려움을 겪고 있는 것이 작금의 실정이다. 저자는 처음 로스쿨에서 법정보학 강의를 맡아 가르치면서 올바른 법정보학 강의와 학습을 위해서는 이론과 실무를 종합한 충실한 교재의 개발이 필요함을 절실히 느끼고 있었다. 그러나 그동안 이런저런 사정으로 뜻을 이루지 못하다가 더 이상 늦출 수 없다는 생각에서 저자가 그동안 강의를 진행하면서 틈틈이 모은 자료들을 하나로 엮어 법정보학 교재를 발간하기에 이르렀다.

이 책은 기본적으로 로스쿨에서의 법 정보 교육을 위한 기본교재로 사용하기 위하여 발간된 것이다. 그러나 학교교육에서는 물론, 일반 법률 활동에 있어서도 조금은 참고가 될 수 있을 것으로 생각된다. 다만, 아직은 많은 부분이 부족하고 미흡하다고 아니할 수 없다. 저자 역시 법정보학을 체계적으로 배우거나 공부한 적이 없기 때문에 이 책을 발간하면서 두려운 마음이 앞서지만, 조금이라도 법정보학 교육과 학습에 도움을 주고자 하는 마음에서 용기를 낸 것임을 독자 여러분들이 널리 이해하여 주기를 바라마지 않는다.

이 작은 성과물이 앞으로 우리나라의 법정보학 연구에 조금이나마 보탬이 되고, 법정보학에 관심을 가진 많은 학자와 연구자들이 학문으로서의 법정보학을 발전시키는데 동참하는 계기가 되기를 소망한다. 끝으로 이 책이 나오기까지 많은 도움을 주신 여러분들께 심심한 감사의 말씀을 드린다. 자료정리와 집필에 도움을 준 제자 전수범 군과 조민상 군에게도 고마운 마음을 전한다. 아울러 오랜 세월 동안 내가 이 자리에 설 수 있도록 헌신과 사랑으로 보살펴 주신 양가 부모님께 깊은 존경과 감사를 드리며, 항상 옆에서 응원해주는 나의 사랑하는 아내 경희, 그리고 언제나 자랑스럽고 소중한 아들 치호와 딸 서진에게도 이 자리를 빌려 무한한 감사와 사랑을 전하고 싶다.

2013년 이른 봄

백상 윤 종 민

참고문헌

1. 단행본

교육인적자원부, 법학전문대학원 교육과정 및 교수법 개발 연구, 2007.7.

국회도서관, 주요국의 법체계 조사 및 법률정보원 활용방법, 2011.11.

권재열 외, 법학개론, 법원사, 2006.

노병호 외, 신법학개론, 법문사, 2005.7.

노영희 외, 인터넷 정보검색과 학술정보자원의 활용, 아세아문화사, 2007.3.

박경신 외, 법정보조사, 법문사, 2009.2.

박영욱, 자치입법실무, 법제처, 2008.4.

백윤철 외, 법률정보검색방법론, 법문사, 2000.2.

법원행정처, 법원실무제요, 2005.

법제처, 법령입안심사기준, 2012.12.

법제처, 알기 쉬운 법령정비 기준(개정판), 2009.1.

법제처, 자치입법입안심사기준, 2005.12.

사공철 외, 최신정보검색론, 구미무역(주) 출판부, 1991.3.

유재옥 외, 온라인정보탐색, 한국도서관협회, 1998.2.

이경호 외, 정보학, 도서출판 인쇄마당, 2003.8.

전경근, 법정보학강의, 박영사, 2004.

정보통신부, Web 기반 종합 법률정보 서비스 S/W 개발에 관한 연구, 1998.7.

정보통신부, 국가정보화백서, 2009.

정보통신정책연구원, 사이버문화의 특성과 사회적 영향, 2001.

정인섭 외, 해외 법률문헌 조사방법(개정판), 서울대학교출판부, 2005.8.

한국학술진흥재단, 법학전문대학원의 교육과정 분야 설치인가 심사기준 연구, 2006.6.

2. 학술자료

권기원 외, "2차 법률정보 전문데이터베이스 구축을 위한 기초연구", 한국문헌정보학회지, 제32권 제3호, 1998.

원종삼 외, "법률정보 유통촉진을 위한 체제 분석 및 발전방안에 관한 연구", 제12회 한국정보관리학회 학술대회논문집, 2005.8.

이종만, "법학전문사서의 역할과 자격요건에 관한 연구", 청주대학교대학원, 석사학위논문, 2011.7.

이필재, "법정보학적 법학방법론", 충북대학교대학원 석사학위논문, 2001.

정봉진, "미국 로스쿨에서의 법률정보의 조사, 법문서의 작성 및 모의재판 과목의 교육", 법과 사회, 제38권, 법과사회이론학회, 2010.

홍명자, "법학전문대학원 법학전문도서관의 기준에 관한 연구", 한국도서관·정보학회지, 제37권 제2호, 2006.

LexisNexis, 법학전문대학원의 법률정보조사 교육과정에 대한 고찰, 2009 LexisNexis Law School Seminar 자료, 2009.2.

3. 일반자료

법무부, 아이로시스템 서비스설명서, 2011.1.

법원도서관, 법원의 법률정보 검색, 2009.5.

법제연구원, 주요국의 법체계와 정보원, 2009.

전국대학법학도서관협의회, 전국대학법학도서관협의회 회원교 편람, 2009.

한국교육학술정보원, 해외학술지 소장정보 관리시스템 매뉴얼, 2005.4.

한국법학교수회, 법학 논문작성 및 문헌인용에 관한 표준안, 2000.11.

4. 해외자료

加賀山茂·松浦好治, 法情報學-ネットワ-ク時代の法學入門(第2版), 有斐閣, 2002.12.

指宿信, インタ-ネット法情報 ガイド, 時事評論社, 2004.10.

Barbara Bintliff, From Creativity to computerese : Thinking Like a Lawyer in the Computer Age, 88 Law Libr. J. 338, 1996.

D. S. Panella, Basics of Law Librarianship, The Haworth Press, 1991.

Erdelez, S., and S & O'Hare, Legal informatics: application of information technology in law, Annual Review of Information Science and Technology, 32, 1997.

Malcolm Shaw, International Law, Fifth Edition, Cambridge University Press, 2003.

Robert G. Desiderio, The Role of Law Libraries in Legal Education and the Legal Profession, Profile, No.2, 1992.

일본 및 미국 로스쿨의 법정보조사(Legal Research) 교수요목(Syllabus)

목 차

제3장 법학도서관과 정보이용 / 85

제4장 온라인 정보검색 방법론 / 119

【표 목 차】

【그림목차】

제1장 법정보학서론

제1절 법학과 법정보

1. 법학의 의미와 학문적 특성

가. 법학의 의미

법학이란 법의 이론과 적용에 대하여 연구하는 학문이다. 즉, 규범으로서의 법에 대한 각종 이론과 현상을 탐구하고 이를 바탕으로 인간 생활에서 발생하는 여러 가지 유형의 법적 사건에 대하여 법을 실제로 해석·적용하여 문제를 해결하는 수단과 방법을 공부하는 학문이다. 법학은 인간의 사회생활 관계를 대상으로 하는 점에서 사회과학의 하나이지만, 주로 법 현상을 탐구대상으로 하는 점에서 다른 사회과학과 다르고, 국가·사회적으로 필요한 법률 전문가와 지식인의 양성을 주된 목적으로 하고 있는 점에서 다른 사회과학과는 차별화된 교육 및 연구방법론을 채용한다.

나. 법학의 학문적 특성

법학의 연구대상인 법은 정치·경제·사회·문화·외교·국방 등 국가작용은 물론이고, 과학기술·산업·시민생활·기업 활동 등 사회의 모든 영역을 포괄하며, 각 영역에 걸쳐 규범적 작용을 한다는 점에서 특징적이다. 한편, 법은 현실세계와는 다른 독자적인 규범세계를 형성하며, 이 점에서 법학은 규범의 문제를 주로 다룬다. 이와 같은 법학의 학문적 특성으로 인하여 법학을 공부함에 있어서는 규범으로서의 법을 제대로 인식하고, 다양한 법적 문제를 해결하는 데 필요한 법규를 정확히 조사하는 방법론을 탐구하며, 찾아낸 법을 제기된 법적 사안에 적용하여 이를 해결하는 능력을 배양하는 것이 요청된다.

2. 법 환경의 변화 : 정보사회의 발전과 법정보화

가. 정보사회의 발전과 현상

1950년대 후반 미국에서 진공관을 이용한 제1세대 컴퓨터가 개발된 이래, 반도체와 인터넷 등 정보통신기술의 급속한 발달에 따라 정보사회가 도래·개막되었다. 정보사회는 산업사회 이후의 시대를 말하는 것으로서,[1] 정보가 유력한 자원이 되어 정보의 가치를 생산하는 것을 중심으로 사회나 경제가 발전하는 사회를 말한다.[2] 즉, 정보의 생산이나 전달·유통 등이 중요한 자원이 되어 경제가 발전하고 가치가 창조되는 사회라고 할 수 있다. 정보사회의 도래는 국민생활의 전 영역에 있어서 많은 변화를 가져왔다. 일상의 사회활동은 물론, 정치·경제·문화·행정 등의 각 활동영역에서 인터넷 등 정보통신매체의 활용이 필수적 수단이자 핵심 능력으로 대두되었다.

이에 따라 정보사회에 있어서의 개인·기업·국가의 경쟁력은 정보의 수집·생산·분석·가공·전달·유통·활용 등의 정보운용 능력에 의하여 좌우된다.[3] 이와 같은 정보 및 정보활동의 중요성 증대에 따라 각 나라들은 1970년대부터 사회전반의 정보화를 촉진하기 위한 시책을 지속적으로 추진하기 시작하였으며, 첨단 정보기술의 발전에 따라 각 분야의 정보화의 양적·질적 수준과 정보이용의 편의성도 크게 향상되었다. 요컨대 정보사회의 진전은 시민생활 전반

---

1) '정보사회'란 용어는 1968년 도쿄에서 개최된 미래학자 심포지엄에서 산업사회 이후의 시대를 지칭하는 말로서 처음 등장하였으며, 이후 세계적으로 통용되는 용어가 되었다. 산업사회 이후의 시대를 '후기산업사회'라고 부를 것인가 '정보사회'라고 부를 것인가에 대하여 학자들에 따라 의견이 다르기도 하였지만 오늘날 '정보사회'라고 부르는데 이견이 없다.

2) 정보사회의 출현은 크게 기술적 요인과 사회적 요인에 기인한 것으로 분석된다. 기술적 요인으로는 정보통신기술의 발전을 들 수 있으며, 사회적 요인은 사회전반에서의 정보수요의 증대와 자본의 재구조화를 들 수 있다.

3) 정보학계의 연구결과에 의하면, 학문연구나 연구개발 등 특정문제의 해결에 소요되는 전체시간 중 관련 정보의 수집·분석·가공 등 정보활동에 투자하는 비중이 60% 이상으로 나타나고 있다. 이는 정보사회에서 정보활동의 중요성을 말하는 것으로서, 정보활동의 능력이 곧 개인·기업·국가의 경쟁력과 직결된다는 것을 의미한다.

에 혁신적인 변화와 발전을 가져왔으며, 정보를 기반으로 하는 경제사회구조가 형성됨에 따라 각 생활영역에서의 행동방식도 큰 변화를 보이고 있다.

나. 법정보화의 진전과 이용 확산

국가사회 전반의 정보화의 진전은 법률 분야에 있어서도 예외가 아니다. 정부는 1980년대 중반 이후 국가정보화사업의 일환으로[4] 각종 법률정보화사업을 본격적으로 추진하기 시작하였다. 법제처의 법령정보화사업, 국회의 입법정보화사업, 법원의 판례정보화사업, 법무부의 형사사법정보화사업 등 각종 사법정보화사업[5]이 추진되어 법률관련 정보자원의 데이터베이스(DB) 구축과 법률정보시스템이 개발되었다. 이와 같은 법률정보화를 통하여 사법 분야에 있어서의 정확한 의사결정, 신속한 업무 수행, 원활한 정보공유, 대국민 서비스 제공 등을 도모하고 있다.

한편, 법률정보화의 진전에 따라 오늘날 입법, 사법 및 법무행정 등 각 분야의 업무처리와 서비스가 디지털 중심으로 전환되었으며, 사법행정 전반에 걸쳐 자동화·온라인화가 일반화되고 있다. 법제 및 입법과정에서의 입법예고절차, 대국민 법령공포, 현행법령정보 서비스제공, 전자재판제도의 도입 등 법률 전 분야에서 법정보화의 성과를 한껏 이용하고 있으며, 정보기술이 고도화됨에 따라 정보화의 수준도 지속적으로 발전되어 가고 있다. 한편, 국민들도 법률정보화의 지속적인 발전에 따라 각종 법률정보의 이용과 법률생활을 영위함에 있어서 정보화의 수단을 적극 이용하고 있다. 앞으로 법정보화는 더욱

4) 국가사회의 정보화촉진을 위한 최초의 법적 기반은 1986.5.12 제정되고 1987.1.1 시행된 「전산망 보급 확장과 이용촉진에 관한 법률」(법률 제3848호)로서, 동 법률을 통해 주요 공공분야의 국가전산망사업(5대 국가기간전산망사업 : 행정전산망, 금융전산망, 연구전산망, 교육전산망, 국방전산망)이 추진되어 국가정보화의 기반이 마련되었다. 이후 1995.8.4 제정되고 1996.1.1 시행된 「정보화촉진기본법」(법률 제4969호)을 통해서는 국가사회 전반의 정보통신기반의 고도화를 적극 추진하였다.

5) 사법정보화는 협의로는 법원행정처를 중심으로 한 법원 중심의 정보화를 의미하지만 광의로는 법무부의 형사사법정보화, 국회사무처의 입법정보화, 법제처의 법령정보화 등이 모두 포함되는 개념이라고 할 수 있다.

진전해 나갈 것이며, 이에 따라 국민들의 법률생활의 신속성과 편의성도 크게 높아져 갈 것으로 생각된다.

3. 법학교육과 법정보조사

가. 법학교육과 법정보이용

법학을 교육·연구하고, 법학을 학습함에 있어서는 각종 법정보를 조사하고 이용하는 것이 필수적으로 요청된다. 법은 복잡한 사회현상을 규율하는 규범과학으로서, 특정한 법적 문제를 해결하기 위해서는 이와 관련된 다양한 정보를 찾아내고 이를 분석하여 가장 합리적인 해결방안을 도출해내야 하기 때문이다. 이에 따라 법학교육과 법정보이용은 마치 목적과 수단의 관계에 있다고 할 수 있다.

한편, 지식정보사회가 진전되고 고도화될수록 사회 각 분야에서 인터넷 등 정보통신기술을 활용한 업무수행과 지식정보 자원의 활용이 일반화되고 있다. 이는 교육 분야에 있어서도 예외가 아니다. 정부는 교육정보화를 통하여 교육활동 전반에 걸쳐서 온라인 교육체계와 이를 지원하기 위한 정보시스템을 적극 개발하여 지원하고 있다. 학생관리, 교수와 연구, 교육행정지원 등에 있어서 온라인 정보시스템이 필수적 수단으로서 광범위하게 이용되고 있다. 또한, 교육 및 연구 활동에 있어서도 종래와는 전혀 다른 디지털 정보자원을 중심으로 한 원격교육과 온라인 교육·학습시스템을 채택하여 교육의 효율성과 편의성을 확대해 나가고 있다.

이에 따라 법학교육 및 연구에 있어서도 디지털 법률정보 자료의 공유와 활용이 중요하게 대두되고, 실제 온라인 법률정보를 이용하는 비중도 크게 증가하고 있다. 즉, 종전과 같은 법학도서관의 방문을 통한 정보이용보다는 인터넷을 이용한 원격 법률정보의 조사 및 이용방식으로 급속히 전환되고 있다. 이와 같은 온라인 중심의 교육·연구 환경의 변화에 따라 온라인 법률정보의 조사·분석 및 가공·활용 능력을 배양하기 위한 법정보 교육의 필요성이 제기된다.

나. 로스쿨 교육과 법정보조사

(1) 로스쿨 제도의 의의 및 목적

로스쿨(Law School)은 전문 법조인 양성을 목표로 설치되는 3년 과정의 법학전문대학원으로서, 대학을 기반으로 하는 고등직업교육과정에서 교육이라는 일련의 과정을 통하여 법학 이론의 교육과 법 실무의 운용을 체계적으로 연계시킴으로써 질 높은 법조인을 양성하고, 이들에 의해 제공되는 수준 높은 법률서비스로 국민들의 다양한 사법수요를 충족시키고자 하는 제도이다.

우리나라의 로스쿨제도는 i) 변화된 사회 환경에 적합한 다양한 분야의 전문 법조인을 양성하고, ii) FTA 등 법률시장의 개방화에 대비하여 국내 법률산업의 경쟁력을 제고 하며, iii) 시험 중심의 법조인 선발로 인한 정규교육과정의 황폐화와 고시낭인 등 역기능을 방지하기 위하여 사법제도개혁의 일환으로 「법학전문대학원 설치·운영에 관한 법률」(법률 제8544호, 2007.7.2 제정)에 따라 도입된 제도이다. 로스쿨제도는 한마디로 '시험을 통한 법조인 선발' 시스템을 '교육을 통한 법조인 양성' 시스템으로 전환한 것이라고 할 수 있다.

(2) 로스쿨 교육이념과 교육과정

위와 같은 로스쿨 제도의 목적에 부합하기 위하여 로스쿨에서의 교육은 종전과는 다른 법학교육을 지향한다. 즉, 로스쿨의 교육이념은 "국민의 다양한 기대와 요청에 부응하는 양질의 법률서비스를 제공하기 위하여 풍부한 교양, 인간 및 사회에 대한 깊은 이해와 자유·평등·정의를 지향하는 가치관을 바탕으로 건전한 직업윤리관과 복잡다기한 법적 분쟁을 전문적·효율적으로 해결할 수 있는 지식 및 능력을 갖춘 법조인의 양성"에 있음을 명시적으로 규정하고 있다(동법 제2조).

로스쿨 교육에서는 로스쿨의 교육이념에 부합하는 법조인 양성에 필요한 교과목을 개설하는 등 체계적인 교육과정을 운영하여야 하며(동법 제20조), 종전의 법학교육에서와 같은 법학 이론에 대한 교육뿐만 아니라, 법 실무의 운용과 관련한 교육과정의 균형적인 운영이 매우 중요한 과제로 등장한다. 이에 따라, 로스쿨 교육과정의 편성 및 운영에 있어서는 법이론 교과목 외에, 반드시 이수하여야 할 법 실무 교과목을 규정하고 있다. 즉, 로스쿨은 학생에게 전문 법조인으로서 가져야 할 가치, 법률지식 및 전문기술 등을 지도할 수 있도록 i) 법조윤리, ii) 국내외 법령 및 판례정보 등 법률정보의 조사, iii) 재판서, 소장, 변론문 등 법문서의 작성, iv) 모의재판, v) 실습과정을 포함하는 교과목을 개설하여야 하며, 특히 실습과정을 통해 학생에게 사회에 봉사할 수 있는 기회를 제공하도록 하고 있다(동법시행령 제13조).

이와 같은 사정은 미국의 로스쿨에 있어서도 크게 다르지 않다. 즉, 미국 로스쿨의 허가 및 평가업무를 관장하고 있는 미국변호사협회의 로스쿨 허가기준에 의하면 "로스쿨은 법률적 분석과 이론 구성, 법률정보의 조사, 문제해결, 그리고 구두 의사소통과 관련하여 상당한 교육을 제공하여야 한다."고 규정하고 있다.[6]

(3) 로스쿨 실무교육과정으로서의 법정보조사

로스쿨에서는 어떠한 교육을 지향하는가? 이에 대하여는 여러 가지 의견이 있을 수 있으나, 대체로 다음의 세 가지를 들 수 있을 것이다.

첫째, 법적 사고력(Legal Mind)의 함양이다. 법학적 사고방식은 법적인 관점에서 사물을 관찰하고 분석하고 정리하고 추론하여 판단하는 이성과 논리의 영역이라고 할 수 있다. 법학적 사고방식에는 3요소가 있는데, 개념·논리·체

---

6) 2009-2010 ABA Standard for Approval of Law School, Standard 302, (a)(2) ; 정봉진, 미국 로스쿨에서의 법률정보의 조사, 법문서의 작성 및 모의재판 과목의 교육, 「법과 사회」(Vol. 38), 법과사회이론학회, 2010, 290~291면 참조.

계가 그것이다. 즉, 법적 개념을 명확히 이해하고, 법의 논리적 구성과 전개과정을 파악하여야 하며, 법의 운영체계와 작용관계를 종합적으로 인식할 수 있어야 한다. 로스쿨에서는 이와 같은 법적 사고력을 함양하는 교육을 지향하여야 한다. 둘째, 기본적인 법률지식(Knowledge of Law)의 습득이다. 법률가에게 요구되는 최소한의 법률이론과 실무지식을 체계적으로 습득하여 장차 다양한 영역에서 법률 전문가로 활동하는데 필요한 기본지식을 배양도록 하여야 한다. 이는 수시로 변화하는 법률을 인식하고 이해할 수 있는 바탕이 된다. 셋째, 법 운용기술(Law Operation Skill)의 연마이다. 법률가는 기본적으로 복잡다기한 법률문제를 법적인 관점에서 합리적으로 해결하는 전문가이다. 따라서 법적 사고와 전문 법률지식을 바탕으로, 어떠한 법적 문제를 해결하는 데 필요한 법의 조사와 분석, 법문서의 작성, 재판절차의 진행과 변론 등을 위한 법 운용기술을 체계적으로 학습하여야 한다.7)

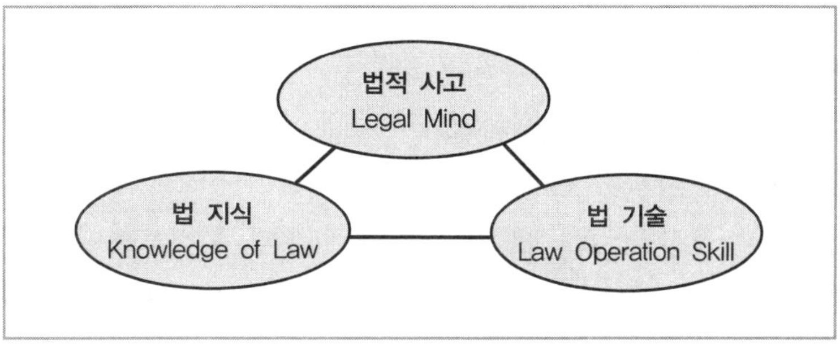

[그림 1] 로스쿨 교육의 3요소

이와 같은 로스쿨 교육을 효과적으로 이수하기 위해서는 법률지식의 확장

---

7) 로스쿨제도의 본국인 미국에서의 로스쿨 교육은 '변호사와 같이 생각하기'를 가르치는 것을 목표로 하고 있다. 즉, 법을 가르치기 보다는 '법을 찾는 방법'과 '법적으로 생각하는 방법'을 가르친다는 것이다. 법은 필요한 경우 찾아보면 되기 때문에 로스쿨에서는 법(지식)을 가르치지 아니하고, 법적으로 생각하는 방법(사고방법)을 가르치는데 중점을 둔다고 한다. 이와 같은 로스쿨 교육을 위해 사용하는 방법이 '대화방식(Socratic method) 수업'과 '법률정보의 조사, 법문서의 작성 및 모의재판(Legal research, Writing and Moot court) 과목의 운영' 두 가지라고 한다(Barbara Bintliff, *From Creativity to computerese : Thinking Like a Lawyer in the Computer Age*, 88 Law Libr. J. 338, 1996, pp.339-341 ; 정봉진, 앞의 논문, 89~290면 참조).

및 문제해결을 위해 필요한 각종 법정보의 조사·분석 및 응용능력이 필수적으로 요구된다. 왜냐하면, 오늘날의 정보사회는 정보를 찾는 시간이 크게 단축됨에 따라 지식의 양보다는 관련 지식정보의 탐색과 분석능력을 요구하고 있으며, 지식의 효용기간 단축으로 변화된 환경에 따른 새로운 지식의 습득과 활용능력이 더욱 중시되며, 나아가 사회가 복잡화·전문화되어 감에 따라 단순한 지식만으로는 문제해결이 불가능한바 다양한 지식과 정보를 바탕으로 종합적으로 분석하여 적용할 수 있는 정보응용능력이 필요하기 때문이다. 즉, 현대사회의 법률분쟁을 효율적으로 해결하기 위해서는 그와 관련된 다양한 정보를 신속히 조사·수집하고, 이를 종합적으로 분석·가공하여 사안에 적용할 수 있는 응용능력이 무엇보다 중요하게 된다. 여기에서 로스쿨 법정보조사 교과목의 편성과 운영이 필요한 것이다.

법정보조사는 로스쿨 교육과정에서 반드시 이수해야 하는 법 실무 필수교과목으로서, 다양한 법정보의 소재와 특성을 파악하고 특정 법률문제와 관련된 법령·판례·문헌 등의 각종 법정보를 종합적으로 조사하여 문제해결을 위한 방향으로 분석하는 일련의 법정보이용방법론을 탐구하는 교과목이다.[8] 특히, 지식정보사회의 법률 환경의 변화에 따라 첨단 정보기술(Information Technology)을 활용한 법정보의 조사와 검색, 법정보의 가공과 처리, 법정보를 활용한 법문서의 작성과 활용 등에 관한 법 운용기술(Law Operation Skill)을 학습하는 교육과정이라고 할 수 있다.

로스쿨에서의 법정보조사 교육은 3년간의 로스쿨 교육과정에서는 물론, 졸업 후 전문변호사로서 활동하는데 필요한 각종 법정보를 스스로 찾아서 일정한 법원리를 탐구해 내고, 이를 관련 법률문제에 적용하여 해결할 수 있는 기초지식을 함양한다는 측면에서 그 중요성을 아무리 강조해도 지나치지 않을 것이다.

---

8) 로스쿨 교과목으로서의 '법정보조사'는 실무기초필수 과목군으로 편성되도록 하고, 교과목의 내용에 대하여는 "법령, 판례, 학설 등 법률가에게 필요한 가장 기초적인 정보를 탐색하고, 정리하고, 분석하는 방법을 가르치는 과목"으로서 설명하고 있다(한국학술진흥재단, 법학전문대학원의 교육과정 분야 설치인가 심사기준 연구, 2006.6 ; 교육인적자원부, 법학전문대학원 교육과정 및 교수법 개발 연구결과 발표자료, 2007.7.30. 참조).

제2절 법정보학의 개념과 교육방법론

1. 법정보학의 개념과 발전

가. 법정보학의 개념

'정보학(Informatics)'이란 정보를 조직하고 관리하며, 정보검색 등 정보의 조사와 이용을 확산함에 있어서 '정보기술을 적용'하는 것을 포함하여 '정보의 구조와 실체를 연구'하는 학문을 의미한다. 법정보학(Legal Informatics)이란 정보과학(Information Science)[9]의 한 분야로, 법률분야에 있어서 정보기술을 적용하여 법정보(Legal information)의 구조와 실체를 탐구하는 학문이라고 할 수 있다.[10]

구체적으로는 컴퓨터 등 정보처리장치를 이용하여 법령, 판례, 문헌 등의 각종 법정보를 수집·분류·편집하는 등 효율적인 법정보 검색프로그램을 개발하고, 이를 이용한 법정보의 검색과 검색된 법정보의 분석·가공 등을 통해 또 다른 법정보를 재생산·이용하는 일련의 방법론을 탐구하는 활동이다. 즉, 법철학·법사회학 등 기존의 법학방법론에 더하여, 인지과학·정보공학 등을 포함한 정보과학의 관점에서 법이란 무엇인가(즉, 법의 존재론과 인식론)를 분명히 하는 법학방법론의 한 분야라고 할 수 있다. 이는 법정보학이 다양한 법정보를 묶는 하나의 학문체계이고, 실체법학과 기초법학의 영역에 걸치는 학제적이고 실천적인 학문임과 동시에, 그 학문체계를 보다 합리적인 것으로 수정하면서 보다 정밀도 높은 법정보이론으로 구축해 나가는 일련의 탐구과정임을 나타내는 것이다. 이와 같은 의미에서 법정보학은 단순한 법률 정보학(legal in-

9) 정보과학은 정보의 체계화를 전문적으로 설명하는 이론과 기법, 즉 정보의 생성, 전달, 교환, 축적, 이용, 검색 등에 관한 일반 원리를 연구하는 학문으로서, 정보처리기술의 현저한 발달을 그 배경으로 한다.

10) Erdelez, S., and S & O'Hare, "Legal informatics: application of information technology in law", Annual Review of Information Science and Technology, 32, 1997, pp.367-402.

formatics)이라기보다는 법정보과학(information science of law)으로서의 광의적인 개념으로 폭넓게 이해하는 것이 보다 더 정확한 인식이 아닌가 생각된다.

그러나 법정보학의 개념을 법정보의 처리와 가공·축적 등 관리적인 측면보다는 주로 법정보의 조사·분석 및 활용 등 이용적인 측면을 중심으로 한 정보조사론으로 인식하는 것이 다수의 관점이라는 점을 고려하면, 법정보학은 협의적 개념으로는 법정보의 유형과 소재를 파악하고, 다양한 법정보에 접근하여 필요한 자료를 조사하며, 조사한 법정보를 분석하여 특정사안에 적용하여 결과를 도출하는데 필요한 지식과 방법론을 탐구하는 일련의 학문분야라고 할 수 있다.

나. 법정보학의 발전과 주요 교육내용

(1) 법정보학의 발전

법학교육에서의 법정보학, 특히 로스쿨에서의 '법정보조사(Legal research)' 교육은 그 역사가 매우 깊다고 할 수 있다. 즉, 미국 로스쿨에서의 법정보조사는 1800년대 중반 로스쿨의 교육목표인 '변호사와 같이 생각하기'를 가르치기 위한 방법으로 학생 스스로 법 정보를 찾고 분석하는 능력을 함양하기 위하여 필수교과목으로 채택하면서부터라고 할 수 있다. 이때의 법정보조사는 주로 법학도서관을 방문하여 서가에 배치된 법률자료를 직접 조사하여 분석·정리하고, 관련 법률문제를 추론해 내는 방법을 주로 이용하였다.

그러나 오늘날과 같은 컴퓨터시스템을 이용한 법정보학과 법정보조사 교육은 앞서 설명한 바와 같이 1950년대 이후 컴퓨터와 정보통신기술의 발전에 따른 정보사회의 진전과 함께 태동되었다고 할 수 있다. 즉, 입법·사법·행정 등 각 법률분야에서 법정보의 생산·분류·편집·관리 및 활용 등 다양한 업무에 컴퓨터를 이용한 정보처리와 이용이 확대되면서 법정보학이 새롭게 등장하였다. 특히, 정보기술을 이용한 법정보의 처리와 이용이 본격 추진된 것은 1970년대 미국을 중심으로 한 선진국에서 컴퓨터를 이용하여 각종 법정보를 축적 및 관리하고, 법률기관의 내부 이용과 대외 서비스를 추진하면서 부터이다.

우리나라의 경우에는 1980년대 중반 이후, 국가정보화사업의 일환으로 각종 법률정보화사업을 추진하면서부터 법정보학의 개념이 등장하였으며, 이와 동시에 컴퓨터를 이용한 법정보서비스 및 검색에 관한 법정보학 교육이 시작되었다. 초기에는 주로 법정보 데이터베이스를 구축하고, 구축된 정보를 이용하는 사용자들을 대상으로 한 법정보조사 교육이 중심을 이루었다. 따라서 이때는 법정보의 데이터베이스화 및 검색시스템을 개발하기 위한 정보기술의 적용에 관한 법정보학과, 법정보 검색시스템의 활용 및 서비스 이용을 위한 정보검색기술의 습득에 관한 법정보학이 주로 탐구되었다.

한편, 우리나라에서 정규 법학교육과 관련된 법정보학 또는 법정보조사 교과목이 교육과정에 등장한 것은 1990년대 중반 이후이다. 즉, 1999년 서울대학교 법과대학에서 '법률정보론'을 정규과목으로 개설한 이래, 많은 대학들이 주요 선택과목으로 개설하여 운영해 왔으며, 2009년 로스쿨제도가 도입된 이후에는 모든 로스쿨에서 필수실무교과목으로 운영하고 있다. 교과목의 명칭은 대학에 따라 '법정보학', '법률정보조사', '법률정보론' 등으로 다양하게 운영하고 있다.

(2) 법정보학의 교육내용

법정보학의 주요 교육내용과 범위는 법정보조사를 중심으로 하고 있다. 즉, 광의의 법정보학이라기 보다는 협의의 법정보학을 중심으로 한다. 이에 따라 법정보의 수집·분류·가공·축적 등 법정보의 구축보다는 법 정보의 조사·분석·활용 등 법정보이용에 관한 수단과 방법론을 주요 학습대상으로 하고 있다. 구체적으로는 온·오프라인 방식의 각종 법정보의 이해와 그 조사·분석 및 활용방법론을 교육한다. 우리보다 앞서 시행된 미국의 로스쿨에서도 법정보조사 과목은 보통 1학년 필수과목으로 개설하고 있으며, 이 과목을 통하여 i) 법정보의 조사 및 이용기법, ii) 법정보의 서면 및 구두에 의한 전달 기법, iii) 법정보 분석 기법 등을 가르친다.

2. 로스쿨 법정보조사 교육과정의 편성과 운영

가. 법정보조사 교육과정의 편성

우리나라보다 로스쿨제도를 먼저 도입한 외국 로스쿨에서의 법정보학 또는 법정보조사에 관한 교과목의 편성과 운영은 각 학교의 특성에 따라 다양하게 나타나고 있다. 대체로 미국은 『Legal Research』, 일본에서는 『法情報學』 또는 『리걸 리서치(リ-ガル・リサ-チ)』 등으로 교과목을 편성하여 운영하고 있다. 그러나 일부 대학의 로스쿨의 경우, 법정보조사와 법문서 작성을 통합하여 운영하기도 하고(Legal Research and Writings), 법정보조사를 몇 개의 코스로 세분하여 2~4개의 교과목으로 편성하여 운영하는 사례도 있다.

[표 1] 해외 법정보조사 관련 교육과정 편성사례[11]

구 분	A유형(단일모델)	B유형(통합모델)	C유형(분화모델)
교과목 명칭	- Legal Research (미국) - 法情報学 또는 リーガル・リサーチ (일본)	- Legal Research and Writings(미국) - リーガル・リサーチ & ライティング(일본) - 法の 基礎理論(일본)[12]	- 2Course Mode(버클리) • International & Foreign Legal Research • Advanced Legal Research - 4Course Model(하버드) • First-Year Legal Research and Writing Program(LRW) Course • Legal Research : International, Foreign, and Comparative Course • Legal Research : Advanced Course • Introduction to American and International Law Research(LL.M) Course
교과목 편성	- 단일 법정보조사	- 법정보조사 + 법문서 작성 - 법정보조사 + 법 기초지식	- 기초법정보조사(1학년) - 외국법정보조사(1~2학년) - 고급법정보조사(2~3학년)

11) 각 법정보조사 관련 교육과정의 유형분류는 필자가 각 대학들의 로스쿨 법정보조사 교과목의 명칭과 내용을 분석하여 붙인 것이다.

운영 사례	- 미국 일반 로스쿨 - 日本의 東北大学, 中央大学 로스쿨	- 미국 스탠포드대학 - 일본 立命館大学, 와세다 대학	- 미국 버클리 대학 - 미국 하버드 대학[13]

즉, 외국 로스쿨의 법정보조사 교육과정의 편성은 단일교과목으로 운영하는 방식, 법정보조사와 법문서 작성을 통합하여 하나의 교과목으로 운영하는 방식, 법정보조사를 몇 개의 교과목으로 나누어 운영하는 방식으로 나눌 수 있다. 그러나 우리나라 로스쿨의 경우, 법정보조사를 단일 교과목으로 운영하는 것이 일반적이다.

나. 법정보조사의 교육과정 운영(교수요목)

법정보학 또는 법정보조사의 교과목 운영은 주로 1학년 1학기 필수과목으로 배치하고 있으며, 대체로는 2~3단위(학점)로 교육하고 있다. 교육내용은 주로 국내외 법정보(법령, 판례, 문헌 등)의 탐색·접근·조사·분석 및 활용 등에 관한 기본적인 지식과 운영기술을 학습하는 내용으로 구성되고 있다. 즉, 다양한 법정보의 개별적 특성을 이해하고, 해당 정보의 수집·생산·관리 및 서비스를 제공하는 기관의 소재(site)와 정보내용을 파악하고, 해당 기관에 온라인 또는 오프라인으로 접근하여 필요한 정보를 조사하는 방법론을 익히며, 실제 정보를 검색해보는 방법을 실습한다. 또한 특정한 법적 사안을 상정하여 관련 문제해결에 필요한 정보를 직접 조사하고, 이를 바탕으로 해당 법원리와 내용을 분석·정리하는 수시과제를 부여하는 등 이론교육과 정보검색 실습을 적절

12) 와세다 대학교의 경우 「法の基礎理論」이란 교과목으로, 법정보조사와 함께 법과 재판, 법과 사회이론의 전개 등 비법학자를 대상으로 하는 법률기초지식을 교육하고 있다. 이는 일본의 경우 로스쿨과 병행하여 학부과정이 운영되고, 대부분의 학부과정에서 법정보학 강의가 이루어지는데 기인한 것으로 보인다. 또한 법과대학 졸업생은 수업연한이 1년 정도 단축되는 점을 감안한 것으로 보인다.

13) 미국 하버드대학 로스쿨의 경우, 1학년의 기초과정(First-year Legal Research and Writing Program Course), 2-3학년의 전문/특별과정(Legal Research : Advanced Course, Legal Research : International, Foreign, and Comparative Course)으로 구분하여 편성·운영하고 있다.

히 수행하여 이론과 실무가 조화되도록 지도한다.

교수요목(syllabus)은 보통 15주를 기준으로 작성하고, 세부적인 교육내용은 크게 법령정보·판례정보·문헌정보 등으로 구분하여 국내 법정보와 주요 외국의 법정보를 대상으로 법정보 데이터베이스(DB)를 이용한 정보검색 및 조사방법론을 교육한다. 그러나 법정보조사 전문교육과정의 경우, 특정국가나 국제기구 등을 대상으로 한 심층적 정보검색교육을 제공하기도 한다. 보통 멀티미디어 강의실에서 이론과 실습을 병행하여 수업을 진행하되, 필요한 경우 강의실 수업을 진행하지 않고 과제물 주간을 설정하여 학생 스스로 특정 주제에 대한 정보조사와 리포트를 제출하도록 요구하기도 한다.

[표 2] 해외 법정보조사 관련 교과목 운영사례

구 분	東北大 (단일모델)	立命館大 (통합모델)	하버드대 (분화모델)
이수 학기 단위	- 1학년 1학기 - 2단위 (2학점)	- 1학년 1학기 - 2단위 (2학점)	- 기초과정 : 1학년 1학기 (1단위) - 전문과정 : 2~3학년 (2~3단위)
교과 내용	- 법률정보 조사방법 교육 및 검색 실습 • 법령 및 입법자료 • 판례 및 평석자료 • 법률문헌 자료 등 - 외국 법정보조사론 - 정보검색결과 정리 및 문서화 등 정보 분석·활용법 교육 - 분야별 검색사례 모의훈련	- 법률정보 조사방법 교육 및 검색 실습 • 주요 1차 정보 (판례, 법령, 입법) • 주요 2차 정보 (문헌, 통계 등) 검색방법 훈련 - 법학리포트, 계약서 등 법문서 작성방법 교육 및 실습 - 기타 다양한 임상적 실험 훈련	- 기초과정 : 법정보 조사 및 이용방법 교육 • 학점부여 없이 Pass/Fail 판정 - 전문과정 : 법정보 응용기술 및 전략교육 • 각종 법률정보의 심층 검색 실습 - 외국법과정 : 국제법 정보 교육 및 실습 • 국제관계법 및 주요 외국의 법정보 교육 - L.L.M 과정 : 외국인대상 L.L.M 법정보조사
특징	- 법률정보 검색 및 활용 중심 교육 - 모의훈련 강화	- 법정보조사와 법문서 작성 통합 운영 - 기본교육 중심 운영	- 수업목표 및 수강생 특성에 따른 다양한 교육과정 개설·운영

제2장 법정보학일반론

제1절 법정보학의 객체로서의 법

1. 법의 의미와 특성

가. 법(法)의 어원과 상징

법이란 무엇인가를 이해하기 위해서는 먼저 법(法)이라는 글자의 어원(語源)과 그 의미를 파악해 볼 필요가 있다. '法'에 해당하는 라틴어 ius, 독일어 Recht, 프랑스어 droit는 모두 '옳은 것'이라는 뜻을 가지며, 영어의 Law는 '정해진 것'이라는 뜻을 갖는다. 이러한 표현들은 모두 正義·權利라고 하는 두 가지 뜻을 동시에 함축하고 있다고 할 수 있다. 한편, 한자의 法은 '다스리는 것' 또는 '질서'의 뜻을 가진다. 결국 '법(法)'이라는 글자는 질서를 유지하고, 정의를 바로 세우기 위해 다스린다는 의미를 가진 말이라고 할 수 있을 것이다.

[그림 2] 법의 상징: 해태상

나아가 중국의 설문(說文)이라는 책에 의하면, 法의 옛 글자(古字)는 물수(氵), 해태치(廌), 쫓을 거(去)의 세 글자가 합성된 灋(氵+廌+去)로 표시되었다고 한다. 여기서 수(氵)는 '물'의 속성 즉 공평(公平), 공정(公正), 무사(無私)함을 의미하고, 치(廌)는 상상속의 동물인 '해태'의 정신, 즉 다툼과 분쟁이 일어났을 때 선악(善惡)과 시비(是非)를 판단해 주는 역할을 뜻하며, 거(去)는 '쫓아냄' 또는 '내몲'을 나타내는 글자로서, 악에 대한 제거와 응징을 의미한다. 결국 법(法)이라는 글자는 다툼을 공평무사하게 처리하고, 선악과 시비를 가려 잘못된 것을 제거하고 응징한다고 하는 의미를 내포하고 있다고 할 수 있다.

한편, 서양에 있어서도 법(Law)과 정의(Justice)를 상징하는 여신, 즉 그리스 신화에 나오는 正義의 神인 '디케(Dike)'를 묘사한 이탈리아 바티칸궁의 성서실천장에 그린 '정의의 여신(the goddess of justice)'은 특이한 모습을 보이고 있다. 즉, 두꺼운 천으로 두 눈을 가리고 있으며, 한 손으로는 저울을 높이 들고, 또 다른 한 손으로는 긴 칼을 들고 있는 형상이다. 여기서 두 눈을 가리고 있는 것은 정의를 판단하는데 주관성을 버려야 한다는 것이다. 즉 다툼을 해결함에 있어서 지연·학연·혈연 등 사사로운 것에 눈을 감고 오로지 법과 양심에 의하여 판단하여야 함을 의미한다. 또한 손에 든 저울은 법이라는 저울을 통해 시비와 선악을 공평히 판정하라는 것을 의미하고, 다른 손에 든 칼을 통하여 법이 악에 대한 응징 또는 처벌의 기능을 담당하라는 것을 의미한다.

[그림 3] 정의의 여신상

이와 같이 법(法)이란 동서양을 불문하고 인간사회에서 나타나는 각종 선악과 시비를 객관적인 시각에서 공명정대하게 판정하고, 잘못된 악행이나 비리는 과감히 제거하고 응징하여 정의를 바로 세워야 한다는 것을 상징하는 글자이자 그 뜻을 내포하는 용어인 것이다.

나. 법의 개념과 규범적 특성

인간의 공동 사회생활의 질서를 유지하는 규범(norm)에는 종교(宗敎)·윤리(倫理)·도덕(道德)·관습(慣習)·법(法) 등이 있다. 이 가운데 사회규범으로서의 '법'이란 '인간의 사회생활 관계의 질서를 유지하기 위하여 국가권력에 의하여 강제되는 사회규범'이라고 할 수 있다. 이러한 정의로부터 법은 i) 규범성, ii) 목적성 및, iii) 강제성을 필수적 요소로 하는 규범이라고 할 수 있다. 법이 다른 사회규범과 다른 점을 보다 구체적으로 살펴보면 다음과 같다.

(1) 규범으로서의 법의 특성

① 행위규범

첫째, 법은 '행위규범'이다. 법은 원칙적으로 인간의 생각에 대하여는 간섭

하지 않고, 밖으로 표현되는 행위 즉 "의사에 기초한 외부적 행위"에 대하여만 규율한다. 다만, 모욕과 같이 일정한 생각을 표현하는 행위인 경우에는 처벌을 받을 수 있으며(생각의 외부적 표현행위), 또한 행위를 야기한 의도(고의)의 정도에 따라서 그 처벌의 정도가 달라질 수도 있다.

② 사회규범

둘째, 법은 '사회규범'이다. "사회 있는 곳에 법이 있다(Ubi societas, ibi jus)"는 격언처럼 법은 자연법칙과 같은 존재나 필연의 법칙이 아닌 당위규범이자 사회질서를 유지시켜주는 사회규범이다. 법이 사회질서를 유지시키는 점에서는 종교나 도덕·윤리·관습 등과 같은 규범력을 가지지만, 일정한 계층이나 집단에 따라서는 사회규범으로서의 기능과 역할이 달라 질 수 있다. 예를 들면, 결투는 법과 도덕에 의해서는 금지되지만, 명예라는 윤리규범에 의해서는 허용될 수 있다.

③ 강제규범

셋째, 법은 '강제규범'이다. 법이 다른 사회규범(종교·윤리·도덕·관습 등)과 구별되는 결정적이고 유일한 기준은 국가에 의하여 강제된다는 점이다. 다른 사회규범은 그 준수가 개인의 양심(수치심, 가책)이나 사회적 압력(비난, 집단적 배제, 폭행 등)에 맡겨진 반면, 법은 그것을 위반할 때 '국가공권력'에 의하여 강제되는 사회적 제재력을 갖는다는 점에서 특히 다르다.

④ 조직규범

넷째, 법은 '조직규범'이다. 법의 제정, 집행 및 해석·적용을 담당하는 기관의 조직과 권한을 정하는 조직규범으로서의 특징을 갖는다. 즉, 법을 제정하고, 집행하며, 해석하는 권한을 가진 입법권, 행정권, 사법권 등 국가권력기관을 설치하고 운영하며, 그 권한행사의 근거와 정당성을 부여하는 규범이다.

(2) 법과 다른 규범과의 관계

앞서 본 바와 같이, 인간의 공동 사회생활 관계에 있어서 개인의 행위를 규율하는 규범에는 '법' 외에도 많은 사회규범들이 존재한다. 즉, 도덕·관습·종교 등이 그것이다. 본래 이들은 원시 인간사회에서는 서로 혼합된 사회규범으로서 작용하였으나, 사회의 발달과 사회생활의 복잡화로 인하여 각기 다른 사회규범으로서 분화·독립하여 존재하게 된 것이다. 이에 따라, 이들 사회규범과 법규범과의 관계를 고찰함으로써 법의 의미와 개념을 더욱 분명히 할 수 있다.

① 법과 도덕

먼저, 법과 도덕은 상호 밀접한 관계를 가진다. 즉, '법은 최소한의 도덕'이라는 말처럼 법은 기본적으로 도덕에 기초하고 있다. 법과 도덕의 관계와 관련하여 자연법론자들은 '정당하지 않은 법(unjust law)은 법이 아니다'라고 한다(법과 도덕 일원론). 이에 비해 법실증주의자들은 '도덕에 반한 법이라도 법은 법이다'라고 한다(법과 도덕 이원론). 이와 같이 법과 도덕은 매우 밀접한 관계에 있으나, 오늘날 법과 도덕은 여러 가지 측면에서 서로 다른 특성을 가진다. 법과 도덕의 차이에 대하여는 여러 학자들이 나름대로의 견해를 제시하고 있으나, 양자는 대체로 당해 규범을 관철시키는 기술 내지 방법에 따라 차이가 있다고 할 수 있다. 즉, 도덕은 개인의 자유의사에 의한 자율적이고 내면적인 힘에 의하여 준수되고 그 상대적 속성이 일면적(一面的)인 반면, 법은 국가의 강제력을 기초로 한 타율적이고 외면적인 힘에 의하여 준수되며 그 상대적 속성이 양면적(兩面的)인 점에서 서로 차이가 있다. 다만, 도덕과 법은 사회공공의 질서와 선량한 풍속을 유지한다고 하는 공통의 목적과 사명을 띠고 있으며, 양 규범은 서로 의존하고 보완하면서 올바른 사회적 가치를 실현하는데 기여한다.

[표 3] 법과 도덕의 관계

구 분	법(Law)	도 덕(Moral)
지 배 성	타율적(외부적 힘에 기초)	자율적(개인의 양심에 기초)
한계성(규율범위)	외면성(행위/현실) 중시	내면성(의사/이상) 중시
상 대 성	양면적(권리·의무 병존)	일면적(의무만 존재)
강 제 성	권력적·물리적 강제	비권력적·심리적 강제
제정자/제정원칙	국가기관/성문	사회집단/불문

② 법과 관습

다음으로 법과 관습의 관계이다. '관습'이라 함은 동일한 행동이 다수인에 의해 반복됨으로써 일정한 행위의 준칙으로서 확립되어 그 사회의 구성원을 구속하는 사회규범을 말한다. 국가성립 이전의 모든 사회규범은 관습형태로 존재하였으나, 사회발전에 따라 스스로의 분화과정을 거쳐 법·도덕·종교 등 다른 사회규범으로 분리된 것이다. 관습에는 널리 사회전반에 걸쳐 행해지는 일반관습, 특정 지역에만 행하여지는 지방관습, 특정 직업이나 한정된 사람에게만 행하여지는 특별관습 등이 있다. 이와 같은 관습은 자주적으로 성립되고 사회 일반에서 행하여져 누구나 준수하여야 하는 하나의 규범으로서 법적 확신을 얻게 되면 소위 관습법으로 형성된다. 관습은 실정법상 일정한 요건 아래서 법률행위 해석의 표준이 된다.

③ 법과 종교

법과 종교의 관계도 크게 다르지 않다. 종교는 초인격적인 신을 대상으로 하고, 개인의 내면적인 신앙을 기초로 절대자에게 귀의하기 위해 존재하는 규범이다. 그러므로 종교는 영혼의 구원을 목적으로 하는 신자들에게 일정한 계율을 제시하고 그 준수를 요구한다. 중세시대에는 종교(기독교)와 법이 서로 혼합되어 사회를 규율하는 규범으로서 작용하였다. 그러나 근세 이후 종교의 세속화와 함께 정교분리가 이루어짐으로써 '국가의 법'과 종교 내부에서만 적용되는 '종교법'으로서 분화되었다. 대체로 종교법은 국가법에 비해 평균인의 표준을 능가하는 높은 수준의 규범적 준수를 요구하고 있으며, 개인의 신념의 기초인 신앙을 바탕으로 하는 점에서 국가법과 다르다. 다만, 종교와 법은 모두 특정 권위에 대한 복종을 전제로 하고 있으며, 사회정의와 평화의 실현을 위해 봉사한다고 하는 점에서 공통적이고 서로 유사하다. 또한 종교의 가치는 본래 선(善)을 추구하는데 있으므로, 법은 종교의 자유를 최대한으로 보장하고 있다.

2. 법의 목적과 이념

가. 법의 목적

법은 왜, 무엇을 위해 존재하는 가? 이것이 바로 법의 목적 내지 이념의 문제이다. 즉, 법이 존재하는 이유와 법이 지향하는(법에 내재하는) 궁극적인 목적과 가치가 무엇인가에 관한 문제로서, 모든 실정법에 포함되어 있어야 할 보편적이고 원칙적인 내용을 말한다. 법의 목적 내지 이념에 대하여는 많은 법학자들의 견해가 있지만, 이에 관한 대표적인 학자로서 알려진 독일의 법철학자이자 형법학자인 구스타프 라드부르흐는 법의 일반적 이념을 총체적으로 파악하여 i) 정의(正義), ii) 합목적성(合目的性), iii) 법적안정성(法的安定性)의 3가지를 제시하였다. 즉, 법은 본질적으로 정의·합목적성·법적 안정성을 추구하며, 이와 같은 3가지의 요건이 모두 갖추어졌을 때 비로소 법이 존재하는 목적이 있다고 한다.

나. 법이 추구하는 이념과 가치

(1) 제1의 이념 : 정의

정의란 법의 가장 근본적인 문제로서, 인간이 추구하여야 할 이상적인 가치기준을 말한다. 법은 이와 같은 정의 실현을 기본적 사명으로 하는 사회규범이다. 정의란 무엇인가에 대하여 많은 학자들의 견해가 있지만, 대표적인 견해로서 로마의 법학자 울피아누스는 '정의란 각자에게 그 몫을 나누어 주는 항상적이고 영원한 의지이다'라고 역설하였다. 그런데 여기서의 문제는 몫을 나누는 방법 즉, 각자의 몫의 보편성과 형평성을 어떻게 조화시킬 것인가의 문제인데, 이에 관한 합리적인 해법을 제공해 주는 것이 바로 아리스토텔레스의 견해이다.

아리스토텔레스는 정의를 i) 평균적 정의, ii) 배분적 정의, iii) 일반적 정의로 구분하여 설명한다. 평균적 정의는 인간의 가장 원시적인 권리로서의 순수한 정의의 원리를 말하며, 산술적이고 절대적인 평등의 정신에 입각한 형식적이고 기계적인 정의를 실현하는 경우에 적용된다. 배분적 정의는 국가가 개인에게 부여하는 각자의 능력과 업적에 비례한 공정한 분배로서의 정의의 원리를 말하며, 비례적이고 상대적인 평등의 정신에 입각한 실질적인 정의를 실현하는 경우에 적용된다. 일반적 정의 또는 법률적 정의는 개인이 단체 또는 국가에 대하여 의무를 이행하는데 적용되는 정의의 원리로서, 일반인 모두에게 요구되는 법적·의무적 평등의 정신에 입각한 공공복리 등 합목적적인 정의를 실현하는 경우에 적용된다. 그런데 국가의 법이 지향하는 정의는 이 가운데 어느 한 가지의 정의만을 추구하기 보다는 다양한 분야에서 요구되는 정의의 이념에 따라 하나 또는 그 이상의 정의를 동시에 추구하는 경우도 적지 않다.

(2) 제2의 이념 : 합목적성

합목적성이라 함은 특정 국가의 법질서가 어떠한 표준과 가치관에 의하여 구체적으로 제정·집행되느냐 하는 문제이다. 즉, 법의 이념이 전체적인 관점에서 법의 내용을 일반화한다면, 합목적성은 개별 실정법이 국가가 요구하는 가치관에 따라서 정의의 이념을 구체화하는 것이다. 합목적성의 요청에 따라 법은 언제나 국가가 정한 '고유의 목적과 가치'에 합치되는 방향으로 나아가야 한다.

라드부르흐는 법의 목적과 관련한 국가의 가치관의 종류로 i) 개인주의, ii)

단체주의, iii) 문화주의(초인격주의)를 들고 있다. 개인주의적 가치관은 국가 법질서의 목적을 개인에 둔다. 즉, 개인의 인격이 가치의 궁극적인 기준이 되며, 단체 또는 국가는 개인의 행복을 위한 파생적 가치를 가지는데 불과하다. 여기서는 평균적 정의에 중점을 둔다. 단체주의적 가치관은 단체 또는 국가가 궁극적 가치의 기준이 되며, 개인은 국가 또는 단체를 위해 헌신하고 그 가치에 참여하는 존재로서 인식된다. 여기서는 단체의 유지·발전을 위한 배분적 정의에 중점을 둔다. 문화주의 또는 초인격주의는 개인이 단체 또는 국가 속에서 창조하는 문화(culture)에 국가의 최고 가치를 두며, 개인이나 단체는 문화창조에 기여하는 한도 내에서 그 존재가치를 갖는다. 어느 한 국가가 위의 세 가지 가치 가운데 어떤 것을 선택할 것인가는 결국 각 국가의 선택의 문제라고 할 것이다.

법의 합목적성의 관점에서 주로 논의되고 있는 것이 법의 목적에 있어서 서로 대립되는 두 가지 가치인 공익과 사익의 조정에 관한 문제이다. 법에 있어서 합목적성의 원칙을 구체화함에 있어서는 보통 법의 일반원칙인 '비례의 원칙'을 준수하여야 한다. 비례의 원칙은 국가의 목적을 위해 개인의 권리를 제한하는 경우, 이를 통해 달성하고자 하는 공익적 효과가 크고, 그 행위 외에는 목적 달성을 위한 다른 수단이 없어야 하며, 구체적인 행위와 달성하고자 하는 목적 사이에는 비례관계에 있어야 한다는 것을 그 내용으로 한다.

(3) 제3의 이념 : 법적 안정성

법적 안정성은 정의와 합목적성의 이념을 바탕으로, 법에 의해 사회질서가 유지되는 것을 말한다. 법적 안정성이 유지되기 위해서는 먼저 법 자체의 안정성이 요구된다. 이는 법이 사회생활을 원활히 규율하기 위해서는 그 자체로서 안정되지 않으면 안 된다고 하는 것으로서, 법이 법적 안정성을 확보하기 위해서는 다음과 같은 몇 가지의 요건을 필요로 한다.

첫째, 법의 내용이 명확하여야 한다. 수범자들이 법의 내용을 정확히 인식하고 이를 바탕으로 행동할 수 있는 예측가능성을 제공하여야 한다. 이와 같은 법적 예측가능성을 보장하기 위해 보통은 성문법의 형식을 취한다.

둘째, 법이 너무 자주, 쉽게 변해서는 아니 된다. 사회 환경의 변화에 따른 합리적인 변동이 아니라, 정치적 목적이나 기타 정당하지 못한 동기에 의해 자주 변경되는 것은 법적 안정성을 해치게 된다.

셋째, 법이 개정 또는 폐지되기 전까지는 사문화되어서는 아니 된다. 사법당국은 물론 국민들이 지킬 가치가 없다고 생각하면 그 법은 이미 법적 안정성을 잃게 된다.

넷째, 법이 건전한 상식을 가진 평균인의 법의식 즉, 정의감에 합치되어야 한다. 법 자체가 사회정의와 배치되고 일반인의 사회생활과 유리되는 경우에는 그 자체의 정당성을 얻지 못하므로 법으로서 온전한 기능을 수행하지 못하게 된다.

(4) 법의 이념 상호간의 관계

이상과 같은 법의 이념은 상호 간에 서로 다른 성격과 내용적 특성을 갖는다. 즉, 정의나 합목적성은 법의 내용에 관한 이념인데 비해 법적 안정성은 법의 기능에 관한 이념이라고 할 수 있다. 또한, 정의나 합목적성은 주로 법의 실체적 내용에 중점을 두는 것이라면, 법적 안정성은 주로 법의 형식에 중점을 두는 이념이라고 할 수 있다. 이와 같이 세 이념은 서로 다른 성격을 지니면서 상호 모순·저촉관계에 놓일 수도 있다. 즉, 정의의 이념만을 강조하는 경우 법적 안정성을 해치게 되고, 법적 안정성만을 극단적으로 주장하는 경우에는 정의나 합목적성의 이념을 해치게 된다.[14] 따라서 법의 이념 상호간에는 서로 조화되고 균형을 이룰 수 있도록 입법자와 사회구성원 모두의 노력이 필요하게 된다. 다만 정의, 합목적성, 법적 안정성의 이념이 서로 대립하고 충돌하는 경우에는 궁극적인 법의 이념으로서의 정의의 이념에 최우선적인 지위

14) 예를 들면, "하늘이 무너져도 정의를 세우라"는 격언에서 보듯이 정의만을 강조하면 실정법을 무시하게 된다. 또한, "악법도 법이다"라는 법언에서 보듯이 법적 안정성을 지나치게 강조하면 정의이념에 부합하지 않는 법을 집행하게 된다.

를 안정하는 것이 바람직하다고 할 것이다.

[표 4] 법의 이념 및 상호관계

구 분	정 의	합목적성	법적 안정성
이념의 성격	법의 내용에 관한 이념		법의 기능에 관한 이념
이념의 측면	법의 실체적 내용에 중점		법의 형식에 중점
이념의 내용	인간의 본질적 가치 (형평과 실질적 평등)	국가 목적 추구 사익과 공익 조화	법의 예측가능성과 실효성 확보
주요적용영역	형 법	행 정 법	민법, 소송법

3. 법의 존재형식과 분류

가. 법의 존재형식(법원)

법의 존재형식 또는 법원(法源)이라 함은 법이 어떤 모습으로 또는 어떤 형식으로 존재하는가에 관한 문제이다. 본래 법은 사회생활의 준칙으로서 의식의 세계에 존재하는 것이지만, 실천적인 사회규범으로서 작용하기 위해서는 법의 내용이 어떤 소재를 통해서든 인식될 수 있어야 한다. 즉, 법은 일정한 형식으로 나타나고 또 존재하여야만 한다. 이와 같은 법의 존재형식은 경험적 또는 역사적 사실에 근거한 실정법의 법원으로서, 그 표현방식에 따라 성문의 형식을 띤 성문법과 성문의 형식으로 표현되지 않은 불문법으로 구분된다.

(1) 성문법(成文法)

성문법(written law)이라 함은 국가 또는 국가의 수권에 따라 의회나 지방자치단체 등의 입법기관이 그 규범적 의미를 문장의 형식으로 표현하여 일정한 절차와 방식에 따라 제정·공포한 법으로서, 제정법이라고도 한다. 성문법은 현대국가에 있어서 가장 중요한 법원으로서의 위치를 가지며, 규범의 내용을 문장의 형식으로 표현하고 있어 그 의미와 내용이 명백하고 고정적이어서 국가정책목적을 실현하기 위한 입법을 추진하는 경우에 적합하다. 다만, 그 형식성·고정성으로 인하여 변화하는 사회에 탄력적으로 적용하기 어려운 점이 있으며, 입법자의 자의에 의해 규범이 제정되는 경우 법만능주의(法萬能主義)에 빠지기 쉬운 단점이 있다. 보통 대륙법계 국가들에 있어서 성문법전(法典)으로 편찬되고 있으나, 영미법계 국가들에 있어서도 성문법이 점차 증가하고 있다. 성문법에 속하는 법규범으로서는 i) 성문헌법, ii) 법률, iii) 명령, iv) 규칙, v) 자치법규, vi) 조약 및 국제법규 등이 있다.

① 헌법(憲法)

헌법은 국가의 기본목표와 조직구조 및 통치작용에 관한 기본사항을 정한 국가의 최고규범으로서, 문장의 형식으로 제정된 것을 성문헌법이라고 한다.[15] 헌법은 주권자인 국민이 '헌법제정권력'에 근거하여 헌법이 정한 절차에 따라[16] 제정한다. 헌법은 모든 국가법령의 최상위 규범으로서 법률·명령 등 모든 하위규범은 헌법의 수권에 의하여 그 효력을 가질 뿐만 아니라, 헌법을 전제로 제정되고 운영된다.

② 법률(法律)

법률은 입법기관인 국회에서 법률 제정절차에 따라 제정한 형식적 의미의 법률을 말한다.[17] 법률은 그 종류와 성질 등에 있어서 국가법체계 가운데 가

---

15) 영국과 같은 불문헌법 국가의 경우에는 문장 형식으로 표현된 헌법은 없으나, 국가의 기본조직과 통치작용에 관한 사항을 정하고 있는 불문의 헌법규범이 존재한다.

16) 대한민국의 주권은 국민에게 있고, 모든 권력은 국민으로부터 나온다(헌법 제1조 제2항). 따라서 헌법제정권력은 국민이 가지는바, 보통 헌법 제정은 특별히 구성된 제헌의회에서 담당하며, 이후의 헌법 개정은 헌법에서 정한 절차에 따라서만 이루어진다. 즉, 국회재적의원 과반수 또는 대통령의 발의로 제안되고, 국회재적의원 2/3 이상의 찬성을 얻어 헌법개정안으로 성립되며, 헌법개정안은 국민투표에 붙여 선거권자 과반수의 투표와 투표자 과반수의 찬성으로 확정된다(헌법 제128조 내지 제130조).

17) 법률제정권은 국회에 전속하며(헌법 제40조), 법률의 제·개정은 국회의원과 정부의 제안으로 국회의결(재적의원 과반수 투표와 투표의원 과반수 찬성)을 거쳐 대통령이 공포함으로

장 중요한 위치를 차지하고 있다. 특히, 국민의 권리·의무와 관계되는 중요한 입법사항은 법률로 규정하는 것이 원칙이므로, 법률은 가장 중요한 법원으로서 기능한다. 법률은 헌법의 하위규범이지만 다른 어떤 규범보다도 상위적 효력을 갖는다. 법률 상호 간에는 원칙적으로 효력 상의 우열관계가 없으나, 일반적으로 신법이 구법에 우선하며, 특별법이 일반법에 우선하는 효력이 인정된다.

③ 명령(命令)

명령은 국회 이외의 국가기관이 헌법 또는 법령의 규정에 따라 제정하는 법규범을 말하며,[18] 특히 행정기관의 입법 작용이라는 점에서 행정입법 또는 행정명령이라고도 한다. 명령은 입법기관인 국회의 의결을 거치지 않고 행정관청이 제정하는 점에서 법률과 다르며, 지방자치단체가 제정하는 자치법규와도 구별된다. 명령은 그 제정주체에 따라 대통령령·총리령·부령으로 구분되고, 수권의 근거를 기준으로 위임명령과 집행명령으로 구분된다. 위임명령은 상위법령에서 위임한 사항을 구체적으로 정하기 위하여 발하는 명령이며, 집행명령은 법령을 집행하기 위하여 필요한 사항을 직권으로 발하는 명령을 말한다. 이와 같은 명령은 현대사회에서의 행정기능의 확대 및 복잡한 사회현상의 효율적인 규율 등의 필요성으로 인하여 그 제정이 크게 확대되고 있는바 법원으로서의 중요성이 인정된다.

④ 규칙(規則)

규칙은 권력분립 원칙의 취지에서 입법부(국회), 사법부(대법원) 및 헌법재판

써 그 효력이 발생된다(헌법 제52조 및 제53조).

18) 대통령은 법률에서 구체적으로 범위를 정하여 위임받은 사항과 법률을 집행하기 위하여 필요한 사항에 관하여 대통령령을 발할 수 있으며(헌법 제75조), 국무총리 또는 행정각부의 장은 소관 사무에 관하여 법률이나 대통령령의 위임 또는 직권으로 총리령 또는 부령을 발할 수 있다(헌법 제95조). 이와 같은 근거에 의하여 행정관청인 대통령, 국무총리, 행정 각부의 장이 제정하는 규범이 명령이다.

소와 중앙선거관리위원회 등 헌법기관이 헌법이 부여한 권한에 따라 제정하는 법규범이다.[19] 규칙은 각 기관의 의사진행 및 내부규율을 위해 제정하는 규범으로서, 법률에 저촉되지 않는 범위 내에서 직무권한으로서 제정한다. 규칙은 보통 기관내부 구성원에게만 효력이 미치지만, 『가족관계의 등록 등에 관한 규칙』 등과 같은 경우에는 일반 국민들에게 적용되기도 한다. 앞서 설명한 명령이 행정기관(행정부)이 제정·발령하는 규범이라면, 규칙은 기타의 국가기관이 내부적인 조직운영 및 직무수행을 위해 필요한 사항을 제정·운영하는 규범이라고 할 수 있다. 규칙 또한 하나의 법원으로서 기능한다.

⑤ 자치법규(自治法規)

자치법규는 자치행정기관인 지방자치단체가 헌법이 부여한 권한에 따라 제정하는 규범이다.[20] 우리 헌법은 지방자치를 헌법상의 제도로서 보장하고 있는바, 자치법규는 지방자치단체가 자치권을 실현하기 위하여 자치입법권에 따라 필요한 사항을 법규로 제정하는 것이다. 자치법규는 그 제정주체 및 방식에 따라 조례(條例)와 규칙(規則)으로 구분되는데, 조례는 지방자치단체가 법령의 범위 안에서 그 사무에 관하여 지방의회의 의결을 거쳐 제정하는 자치법규이며(지방자치법 제22조),[21] 규칙은 지방자치단체의 장이 법령·조례가 위임한 범위 안에서 그 권한에 속하는 사무에 관하여 제정하는 자치법규이다(지방자치법 제23조). 이와 같은 자치법규도 해당 지역 또는 업무와 관련된 범위 내에서

---

19) 국회는 법률에 저촉되지 아니하는 범위 안에서 의사와 내부규율에 관한 규칙을(헌법 제64조), 대법원은 법률에 저촉되지 아니하는 범위 안에서 소송에 관한 절차, 법원의 내부규율과 사무처리에 관한 규칙을(헌법 제108조), 헌법재판소는 법률에 저촉되지 아니하는 범위 안에서 심판에 관한 절차, 내부규율과 사무처리에 관한 규칙을(헌법 제113조 제2항), 중앙선거관리위원회는 법령의 범위 안에서 선거관리·국민투표관리 또는 정당사무에 관한 규칙과 법률에 저촉되지 아니하는 범위 안에서 내부규율에 관한 규칙을(헌법 제114조 제6항) 각각 제정할 수 있다.

20) 지방자치단체는 주민의 복리에 관한 사무를 처리하고 재산을 관리하며, 법령의 범위 안에서 자치에 관한 규정을 제정할 수 있다(헌법 제117조 제1항).

21) 다만, 주민의 권리 제한 또는 의무 부과에 관한 사항이나 벌칙을 정할 때에는 법률의 위임이 있어야 한다(지방자치법 제22조 단서).

는 중요한 법원으로서 기능한다.

⑥ **조약**(條約) **및 국제법규**(國際法規)

조약은 국제적 권리·의무의 발생을 목적으로 국가나 국제기구 등 국제법 주체 간에 문서로서 합의한 규범을 말한다. 그 명칭을 불문하고,[22] 국제법 주체간의 문서에 의한 합의이면 모두 조약이라고 할 수 있다. 조약은 보통 체약당사국의 전권위원이 서명하고 주권자가 승인하는 비준절차를 거쳐 성립하며, 상호 문서를 교환하면 효력을 발생한다. 국제법규란 국제관습법이나 우리나라가 협약당사국이 아닌 기타의 국제협약 등과 같이 국제사회에서 그 규범성이 일반적으로 승인되고 있는 국제법상의 규범을 말한다. 이와 같은 조약과 국제법규는 헌법에 의하여 국내법과 같은 효력을 가지는바,[23] 그 한도 내에서는 유효한 법원으로서 기능하게 된다.

(2) 불문법(不文法)

불문법(unwritten law) 또는 비제정법이라 함은 국가 등의 입법기관에 의하여 일정한 절차와 방식에 따라 성문의 형식으로 제정·공포되지 않은 법규범을 말한다. 불문법은 성문법과 달리, 그 성립과정이 명확하지 않을 뿐만 아니라 역사적·경험적으로 장기간에 걸쳐 형성되는 경우도 있다. 불문법은 성문법이 존재하지 않거나 성문법만으로는 해결할 수 없는 경우에 성문법을 보충하는 역할을 한다. 불문법은 보통 영미법계 국가들에 있어서 중요한 법원으로서 기능하고 있으나, 성문법 국가인 대륙법계 국가들에 있어서도 불문법의 보충적 작용이 중요하다. 불문법에 속하는 법규범으로서는 i) 관습법, ii) 판례법, iii)

---

22) 조약은 체약당사자의 협의에 따라 실무상 조약(treaty), 협약(convention), 규약(covenant), 규정(statute), 헌장(charter), 협정(agreement), 의정서(protocol), 약정(arrangement) 등 다양한 명칭으로 체결되고 있다.

23) 헌법에 의하여 체결·공포된 조약과 일반적으로 승인된 국제법규는 국내법과 같은 효력을 가진다(헌법 제6조). 따라서 개별 조약 또는 국제법규의 내용에 따라서 법률 또는 명령과 같은 효력을 가진다고 할 수 있다.

조리 등이 있다. 판례법은 문서의 형식을 띠고 있으나, 법제정기관의 정식적인 입법절차를 거치지 않았다는 점에서 불문법에 속하는 것으로 본다.

① 관습법(慣習法)

관습법(customary law)이라 함은 사회생활의 자연발생적 관습규범을 내용으로 하는 불문 법규범을 말한다. 인간의 사회생활 관계에서 일정한 관행이 오랜 시간 동안 반복되고, 그 것이 법적 확신을 얻어 하나의 법규범으로서 인정될 때에 관습법이 성립한다. 즉, 관습법이 성립하기 위해서는 i) 어떠한 관행이 존재하고, ii) 그 관행이 공서양속에 반하지 않고, iii) 그 관행을 일반국민이 단순한 도덕적·윤리적 규범으로서가 아니라 법적인 규범으로서 인정하고 있으며, iv) 법령상 그에 관한 특별한 규정이 존재하지 않을 때 비로소 관습법이 형성된다.

이와 같은 관습법은 아직 법적 확신에 이르지 못하고 단순한 사실로서만 행하여지고 있는 '사실인 관습' 및 행위적 측면에서 인간들의 특정 행위가 되풀이되어 반복되는 정도에 불과한 '관행' 또는 '관례'와는 구분된다. 관습법은 법령에 의하여 일정한 법적 효력이 부여되거나,[24] 성문법이 존재하지 않는 경우에 일정한 법원으로서 기능한다. 오늘날 성문법의 발달에 따라 관습법의 역할이 축소된 것은 사실이지만, 끊임 없이 변화하는 사회현상을 효율적으로 규율하기 위해서는 관습법의 존재가 여전히 필요하다고 할 수 있다.

② 판례법(判例法)

판례(legal precedents)는 어떠한 법률문제에 대하여 사법기관인 법원이 내린 법적 판단으로서, 개별 법규의 의미와 내용을 해석하고 선언한 것이라고 할 수 있다. 법원이 내린 특정의 판결례가 동일 또는 유사한 사안에 반복 적용되

24) 예를 들면, 민법은 "민사에 관하여 법률에 규정이 없으면 관습법에 의하고 관습법이 없으면 조리에 의한다."고 규정하여 관습법의 법원성을 규정하고 있으며(동법 제1조), 상법은 "상사에 관하여 본법에 규정이 없으면 상관습법에 의하고 상관습법이 없으면 민법의 규정에 의한다."고 규정하여 상관습법의 법원성을 인정하고 있다(동법 제1조).

거나 답습되는 경우 일정한 법적 규범력을 가지게 되는데, 이렇게 형성된 법규범을 판례법(case law)이라고 한다. 불문법주의인 영미법계 국가에서는 판례의 법원성이 당연히 인정되지만, 성문법 국가에서는 판례가 법원을 구속하지 않는 것이 원칙이므로 판례의 법원성에 대하여는 논란이 있을 수 있다. 그러나 상급심의 판결은 당해사건에 관하여 하급심을 구속할 뿐만 아니라,[25] 실제에 있어서 법원 상호간에 동일 사안에 대해 모순된 법령해석을 하는 것이 어려우므로 사실상의 법원성을 갖게 된다. 판례는 협의로는 사법기관인 각급 법원이 내린 법적 판단만을 의미하지만, 광의로는 준사법기관인 행정청의 각종 심판결기관이 내린 심판결례까지를 포함한다.[26] 이때는 선례 또는 선판결례라고 할 수 있다.

③ 조리(條理)

조리(law of nature)라 함은 사물의 합리성 내지 그 본질적 법칙을 말한다. 즉, 인간의 이성에 의하여 합리적으로 인정된 사회생활에 있어서의 일반적 원리로서, 사회통념·신의칙·선량한 풍속 기타 사회질서 등으로 표현되기도 한다. 조리는 보통 법의 흠결이 발생하거나, 합리적인 재판을 위하여 필요한 경우 하나의 보충적 규범으로 작용한다. 따라서 엄밀히 말하면 조리는 법 그 자체는 아니기 때문에 법이라고는 할 수 없으나, 재판의 기준이 될 뿐만 아니라[27] 그 재판의 결과가 하나의 관습법 내지 판례법으로 형성되는 경우 법원성이 인정될 수 있다. 재판은 법치주의 원칙상 반드시 법률에 의하여야 하지만 법의 흠결이 발생하는 경우에는 법률 이외의 다른 규범적 준거에 따라 재판을 하여야 하기 때문에 이 경우에는 법의 일반원칙은 물론, 정의·형평·사회적 통념

25) 법원조직법 제8조 (상급심재판의 기속력) 상급법원의 재판에 있어서의 판단은 당해 사건에 관하여 하급심을 기속한다.

26) 이에 해당하는 것으로는 행정심판위원회의 행정심판례, 특허심판원의 특허심판례, 공정거래위원회·노동위원회·방송통신위원회 등의 소관 심결례 등을 들 수 있다.

27) 우리민법은 조리가 재판의 기준임을 명백히 하고 있다. 즉, "민사에 관하여 법률에 규정이 없으면 관습법에 의하고 관습법이 없으면 조리에 의한다"고 규정하여 조리의 법원성을 선언하고 있다(민법 제1조).

등을 바탕으로 합리적인 결론을 내려야 한다. 이와 같은 의미에서 조리의 규범성 내지 법원성이 인정된다고 할 것이다.

나. 법의 계통과 분류체계

(1) 법의 계통 : 법계(法系)

인간의 생활 관습이나 문화가 지리적·역사적·사회적 환경에 따라 서로 다른 특성을 보이는 것처럼, 각 국가의 법체계와 내용도 그 나라의 정치적·사회적인 역사와 문화적·민족적 특성에 영향을 받아 각각 특색 있는 법문화권(法文化圈)을 형성하고 있으며, 이와 같은 법문화는 상호 영향을 미치면서 형성되고 발전해 나가고 있다. 또한, 법문화가 낮은 국가나 민족은 법문화가 높은 국가나 민족으로부터 법을 계수(繼受)하여 운영하게 되므로, 동일한 법문화를 계수한 특정 국가나 민족들은 서로 유사한 법문화권을 형성하게 된다. 이러한 법문화의 흐름 내지 법제도의 유통을 법의 계통(系統) 또는 법계(法系)라고 한다.

법계는 그 자체의 특색을 가지고 스스로 발전해 나가는데 다른 법계에 흡수·통합되거나 소멸하기도 하고, 법계를 생성한 국가나 민족과는 무관하게 존폐(存廢)되거나 변형되기도 한다. 따라서 지구상에 존재하는 법계는 접근하는 방식에 따라 여러 가지 법계로 나누거나 구분할 수 있다. 법계는 학자에 따라 여러 가지로 분류되기도 하지만, 보통 대륙법계와 영미법계로 구분하는 것이 일반적이다.[28)]

① 대륙법계(大陸法系)

대륙법(Continental law)은 영미법과 대비시키는 의미에서의 법계통을 총칭하는 용어이다. 대륙법은 기원전 753년 도시국가 형태로 출발한 로마 초기부터 기원 후 6세기 중엽의 동로마제국이 번성할 때까지 약 1300년에 걸쳐 형성·

28) 학자에 따라서는 법계를 보다 세분하여, ⅰ) 서구법계, ⅱ) 소비에트법계, ⅲ) 이슬람법계, ⅳ) 힌두법계, ⅴ) 중국법계 등으로 5분류하기도 한다.

발전된 로마법(Civil law)과, 기원전 1세기 경 역사에 등장한 게르만 민족이 13세기에 이르기까지 관습법적으로 발전시킨 게르만법이 융합되어 발전한 법이다. 즉, 귀족법·도시법·상인법적 특색을 갖는 로마법에다가 민중법·농촌법·농민법적 특색을 갖는 게르만법이 혼합되어 형성된 법으로서, 독일과 프랑스 등 유럽제국을 중심으로 계승·발전되어 오늘날 중남미 제국 및 동아시아 국가에 이르기까지 전 세계적으로 확산·전파된 법문화 계통이다.

대륙법은 단체주의적 사상을 바탕으로, 정교한 법이론과 학설 및 법의 근본원칙을 기술한 성문법적 법전을 편찬하고, 그 엄격한 해석과 적용을 중시하는 법문화를 특색으로 하는 법계통이라고 할 수 있다. 이에 따라 대륙법의 인식과 적용에 있어서는 성문법을 중심으로 하는 다양한 법규의 체계와 내용에 대한 이해가 중요하게 된다.

② 영미법계(英美法系)

영미법(Anglo-American law)은 대륙법과 대비시키는 의미에서의 법계통을 총칭하는 용어이다. 영미법은 게르만 민족의 분족(分族)인 노르만인이 1066년 영국을 정복하고 세운 노르만 왕조 이후, 12세기 중엽부터 13세기에 이르는 동안 형성·발전된 법이다. 즉, 영국 고래의 일반 관습을 바탕으로 수세기에 걸쳐 성립된 보통법(Common law)으로서, 중앙재판소와 각지를 순회하는 순회재판소에 의하여 통일적으로 확립된 판례가 집적된 법이라고 할 것이다. 한편, 이 보통법은 17세기 이후 유럽인들의 아메리카 대륙 식민이 시작되면서 미국으로 계수되어 독자적인 발전을 지속하였다. 이에 따라 영국법이나 미국법은 다소간의 차이는 있지만 기본적으로 보통법에 바탕을 둔 것이며, 판례를 중심으로 법리가 형성·발전된 것이 특색이라고 할 수 있다.

영미법은 개인주의적 사상을 바탕으로, 일반시민의 보편적인 사고에 입각하여 분쟁을 해결해 나가는 과정에서 축적되고 형성된 판례를 중시하는 법문화를 특색으로 하는 법계통이다. 따라서 영미법을 인식하고 적용함에 있어서는 판례법을 중심으로 다양한 선례를 파악하고, 그 속에 내포된 보통법 원리를 찾아내는 것이 중요하게 된다.

(2) 법의 분류체계와 유형분류

법의 분류는 앞서 살펴본 바와 같은 각종 형식으로 존재하는 법을 어떤 유형으로 범주를 구분할 수 있을 것인가에 관한 것이다. 특히, 실정법의 표현형식으로서 법의 종류를 체계적으로 파악하고자 하는 것이다. 보통 법을 분류함에 있어서는 그 발생·법익·효력·내용 및 기능 등을 기준으로 하여 상호 구분하여 설명하고 있다.

① 국내법(國內法)과 국제법(國際法)

법은 그 발생 및 작용지역을 기준으로 할 때, 국내법과 국제법으로 구분할 수 있다. 국내법은 국가단위로 제정·공포되고 한 국가 내에서만 적용되는 법이다. 이때의 법은 주로 국가와 국민 또는 국민상호간의 권리·의무관계를 규율한다. 국제법은 국제사회의 법으로서 국가 간의 권리·의무관계와 국제기구 등 국제조직에 관한 법이다.

국내법과 국제법의 본질적인 차이점은 법의 인정주체와 법의 효력 측면에서 파악할 수 있는데 국내법은 단일의 국가가 법을 승인하고 해당 국가 내에서 효력을 발생하고 이행이 강제되는데 비해, 국제법은 복수의 국가 내지 국제조직이 법을 승인하고 국제적인 범위에서 효력을 발휘한다. 다만, 국제법은 국제사회의 정치성 및 국제조직규범의 실행력 미흡 등의 특성상 국내법에 비해 그 강제성이 약하다.[29]

② 공법(公法)·사법(私法)·사회법(社會法)

법은 그 보호법익 또는 법률관계 등을 기준으로 공법과 사법 또는 사회법으

---

29) 국제법과 국제사법은 구분된다. 즉, 국제법 중 국제공법과 국제사법이 있는 것이 아니라, 국제법은 '국가 간의 법'이라는 의미에서 국제공법만을 가리키는 것이며, 국제사법은 국민의 섭외적 사법관계에 있어서 나타나는 법 간의 저촉을 피하기 위해 분쟁해결의 근거법규 및 재판지 등에 관하여 국가가 제정한 법으로서, 국내법의 일부를 구성한다.

로 구분하고 있다. 법의 분류에 있어서 가장 전형적인 방식이자 난점도 많은 것이 공법과 사법의 분류이다. 즉, 공법과 사법을 나누는 기준을 무엇으로 할 것인가, 그 분계선은 어떻게 할 것인가 등과 관련하여 여러 학자들 사이에 주장과 논란이 대립되어 왔다. 그리고 최근에는 공법과 사법의 중간적 성격의 법으로서 사회법이라고 하는 제3의 영역을 범주로 하는 새로운 법 분류방식이 제시되고 있다. 다만, 이와 같은 법의 분류방식은 절대적인 것이 아니라 상대적·편의적인 구분에 불과한 것으로서, 경우에 따라서는 하나의 법이 공법, 사법, 사회법적인 요소를 모두 가지고 있을 수도 있는 것이다.

공법과 사법의 구별기준과 방식은 여러 가지를 들 수 있으나,[30] 법률관계의 성질 또는 내용을 중심으로 판단하는 것이 일반적이라고 할 수 있다. 즉, 국가와 국민간의 관계 또는 국민으로서의 생활관계를 규율하고 공익의 보호를 주된 목적으로 하는 법을 공법이라고 하고, 사인 상호 간의 관계 또는 사인으로서의 생활관계를 규율하고 사익의 보호를 주된 목적으로 하는 법을 사법이라고 구분하고 있다. 공법과 사법을 구별하는 실익은 크게 두 가지 측면에서 검토할 수 있는바 해당 법률관계에 적용되는 법원리(공법원리와 사법원리)와, 분쟁해결시의 쟁송방법(행정소송과 민사소송)에 있다고 할 것이다.

한편, 사회법은 자본주의 사회의 발달에 따라 새로 등장한 법 영역이다. 즉, 개인주의·자유주의 사상에 기초한 근대시민법의 원리가 고도 자본주의 사회로 진화하는 과정에서 제기된 경제적 독과점의 확대, 시민 경제생활의 편중 등으로 더 이상 유지되기 어렵다는 정치·사회적인 판단에 따라 그 수정원리로서 새롭게 등장한 것이다. 소유권의 불가침·계약의 자유·과실 책임으로 집약되는 근대시민법의 원리는 그것을 상대적으로 제약하는 공법원리와 결합하여 공법도 사법도 아닌 제3의 영역이 새롭게 형성되었는데, 이것이 곧 사회법이다. 결국 사회법은 사법의 영역에 국가가 일정한 개입을 통해 사회적·경제적 약자를 보호함으로서 실질적 평등과 정의를 실현하는 법체계라고 할 수 있

30) 공법과 사법의 구별에 관한 학설로는 i) 주체설, ii) 이익설, iii) 법률관계설, iv) 통치관계설, v) 생활관계설 등이 있다.

다. 다만, 사회법은 강학상의 분류개념으로서 인식되고 있으며, 여기에 속하는 법은 노동법·경제법·사회보장법 등을 들 수 있다.

③ **일반법**(一般法)**과 특별법**(特別法)

법의 효력이 미치는 범위를 기준으로 법을 분류하면 일반법과 특별법으로 분류할 수 있다. 일반법은 법의 효력범위에 특별한 제한이 없는 것이며, 특별법은 일정한 범위 안에서만 그 효력을 갖는 제한적인 법이다. 즉, 법이 적용되는 사람·장소·사항·기간 등에 제한 없이 적용되는 법이 일반법이고 특정 사람, 특정 지역, 특정 사항, 특정 기간 내에서만 적용되는 법이 특별법인 것이다. 다만, 일반법과 특별법은 상대적인 것으로서, 하나의 법이 다른 법과의 관계에서는 특별법이지만 또 다른 법과의 관계에서는 일반법이 될 수도 있다. 예를 들면, 상법은 민법과의 관계에서는 특별법이지만, 신탁업법이나 은행법과의 관계에서는 일반법의 지위를 갖는다. 일반법과 특별법의 관계는 독립된 법 사이에서만 존재하는 것이 아니라, 하나의 법 속에서도 존재할 수 있다. 즉, 특정법의 어떤 조문과 또 다른 조문사이에서 일반규정과 특별규정의 관계로서도 성립될 수 있다

한편, 일반법과 특별법의 구별의 실익은 특별법이 일반법에 우선한다는데 있다. 다만, 어떤 특별법이 확대되거나 누적되는 경우 일반법을 대체하게 되고, 그 법에 대한 또 다른 특별법이 생성된다는 점에서 일반법과 특별법은 상호작용관계에 있다고 할 수 있다. 요컨대, 특별법은 특수한 경우에 대하여 적용하는 것이므로 현실적으로 보다 타당한 내용을 갖는 경우가 대부분이어서 보통은 일반법을 보충하거나 수정하는 내용을 갖게 된다.

④ **실체법**(實體法)**과 절차법**(節次法)

법이 규율하는 내용을 기준으로 할 때 법은 실체법과 절차법으로 구분할 수 있다. 실체법은 권리·의무의 실체관계를 규율하는 법이고, 절차법은 실체법상의 권리·의무의 이행 또는 강제를 실현하는 절차와 방법을 규율하는 법이다.

민법·상법·형법 등은 실체법이고, 민사소송법·형사소송법·비송사건절차법 등은 절차법이다. 그러나 실체법이라고 하더라도 그 내용 중에는 소송법적인 내용을 포함하고, 절차법이라고 하더라도 실체법적인 내용을 포함하기도 한다. 따라서 양 법의 구별은 상대적인 것이라고 할 수 있다.

⑤ 강행법(强行法)과 임의법(任意法)

당사자의 의사에 의하여 법의 적용을 배제할 수 있느냐의 여부에 따라 강행법과 임의법으로 분류할 수 있다. 당사자의 의사와 관계없이 적용되는 법이 강행법이고, 당사자가 법 규정과 다른 의사를 표시한 경우에 그 의사에 따라 적용이 배제될 수 있는 법이 임의법이다. 임의법도 일단 당사자의 의사가 표시되고 그 것을 적용하기로 한 경우에는 강행된다는 점에서 강행법규와 같으나, 미리 당사자의 의사에 따라 그 적용을 배제할 수 있는 점에서 강행법과 구별된다.

행정법이나 형법·소송법과 같은 공법분야의 경우 그 내용실현을 강제할 필요가 있으므로 주로 강행법규로 구성되어 있으며, 민법이나 상법과 같은 사법분야의 경우 당사자의 의사를 존중하는 사적 자치의 원칙이 적용되는 것이 일반적이므로 주로 임의법규로 구성된다. 그러나 강행법규 안에도 당사자의 합의를 인정하는 규정이 존재하고,[31] 임의법규 안에도 일정한 경우에는 법 규정에 의한 적용이 강제되는 경우가 있다.[32] 이와 같이 강행규정인지 임의규정인지가 불명확하거나 양자가 혼합된 경우가 있는바, 이 경우에는 개별 규정의 구체적 문언이나 그 해석을 통해 강행규정인지 임의규정인지의 여부를 결정하여야 할 것이다. 강행법은 다시 그 규정에 위배되는 경우 행위의 법률효과가 부인되는 효력규정과, 그 규정에 위배되는 경우에도 벌칙의 적용이 있을 뿐 행위의 효력 자체에는 영향을 미치지 않은 단속규정으로 나눌 수 있다. 임

31) 예를 들면, 민사소송법 제26조는 제1심 재판관할에 대한 당사자의 합의가 있으면 이를 변경할 수 있도록 허용하고 있다.

32) 즉, 민법 중 권리능력에 관한 규정이나 친족·상속에 관한 규정, 상법 중 어음·수표법 등의 규정은 당사자의 의사와는 관계없이 법 규정이 강행적으로 적용된다.

의법규도 당사자의 의사표시로 법규내용을 보충하는 보충규정과, 당사자의 의사표시로서 규정의 내용을 일정한 의미로 해석하는 해석규정으로 나눌 수 있다. 강행법과 임의법은 결국 의사표시의 효력을 어떻게 취급할 것인가의 문제라고 할 것이다.

4. 법의 해석과 적용

가. 법 적용과 법 해석

법은 그 속성상 인간의 사회생활 관계를 규율하는 규범으로서, 사회생활 관계에서 발생하는 구체적 사실을 규율하여야 하는 실천적인 성격을 가지고 있다. 따라서 법 그 자체로서는 의미가 없으며, 법적 사안에 적용되어 문제를 해결할 때 법으로서의 존재가치가 있게 된다. 그런데 법의 규정내용은 일반적이고 추상적이므로 실제 생활에 이를 적용하기 위해서는 법의 의미와 내용을 특정 사실에 결부시킬 수 있도록 구체화하는 것이 필요하다. 요컨대, 법은 적용되어야 하며, 법을 적용하기 위한 전제로서 법은 해석되어야 한다.

나. 법 적용의 의미와 단계

(1) 법 적용의 의의

법은 그 조문(條文)이 가언판단(假言判斷)의 형식으로 구성되어 있다. 즉, “어떠한 사실이 존재하는 경우 어떠한 효과가 발생한다.”고 하는 가언판단(if, so) 형식의 논리구조로 구성되어 있다. 여기서 ‘만일 어떠한 사실이 있다면’이라고 표현된 조건명제에 해당하는 것을 ‘법률요건’이라고 하며, 법률요건을 구성하는 개개의 사실을 ‘법률사실’이라고 한다. 법은 특정의 법률사실이 법률요건에 해당하는 경우에 해당 법규에서 정한 일정한 법률효과를 발생시키게 된다.

법의 적용이란 법의 내용과 효력을 구체적 사실에 적용하여 법을 실현하는 것을 말한다. 구체적으로는 법률요건을 대전제로 하고 법률사실을 소전제로 하여 논리적 삼단논법의 방법에 의하여 법의 효과를 발생시키는 것이다. 따라서 법을 적용함에 있어서는 먼저 구체적 사실을 확정하고, 그 사실에 적용될 법규를 찾아낸 다음, 그 법을 해석하여 이미 확정된 사실에 적용하는 과정 즉, 재판의 과정을 거쳐야 한다. 이와 같은 일련의 과정을 법의 적용 또는 법의 운용이라고 한다.

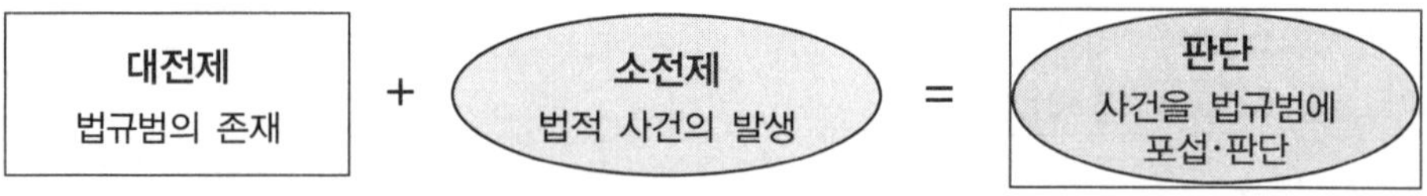

[그림 4] 법적용의 논리구조

(2) 법 적용의 단계와 방법

법을 적용함에 있어서는 논리적 3단계를 거쳐야 한다. 즉, 사실을 확정하는 단계(사건의 정리), 법의 발견 단계(적용법규의 확인), 재판의 단계(법의 해석과 적용)를 거쳐 법의 최종적인 규범작용을 실현한다.

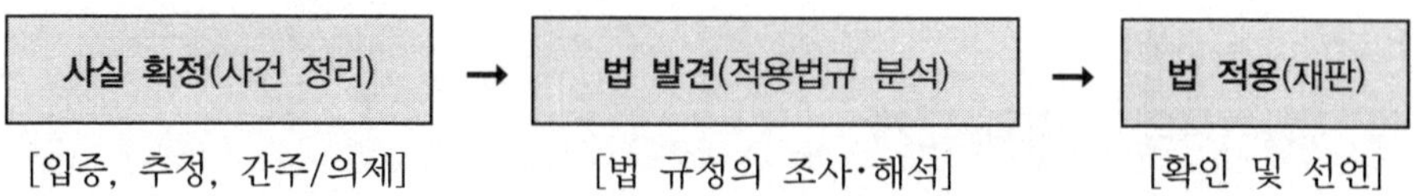

[그림 5] 법 적용의 단계(순서)

① 사실의 확정

법 적용을 위한 첫 단계로서 어떠한 사실의 존부(存否) 및 그 내용을 확정하여야 한다. 사실의 확정은 법 적용을 위한 전제로서, 자연적 인과법칙으로서의 사실 또는 사회적 현상으로서의 사실이 아닌 '법적 사실'로서의 확정을 말한다. 사실의 확정은 원칙적으로 증거에 의하여 이루어져야 하는데, 이와 같이 증거에 의한 사실의 확인을 입증이라고 한다. 그러나 입증이 불가능하거나 곤란한 경우에는 입증을 보완하기 위하여 사실을 추정하거나 의제하기도 한다.

사실 확정의 근거가 되는 것을 '증거'라고 하며, 증거를 일정한 법칙에 따라 주장하는 것을 '입증'이라고 한다. 입증은 넓은 의미로는 사실의 존부에 관하여 확신을 얻게 하는 자료 혹은 증거에 의하여 사실의 내용을 확정하는 과정을 의미한다. 입증은 원칙적으로 사실을 주장하는 자가 부담하는데, 입증의 방법에는 증명과 소명의 두 가지가 있다. 증명(證明)은 당사자가 법원으로 하여금 특정 사실관계에 대한 확신을 갖도록 입증하는 것이며,[33] 소명(疏明)이란 확신에는 이르지 못하지만 그러할 것이라는 개연적인 심증을 갖게 하는 정도의 입증을 말한다.

한편, 입증이 곤란하거나 공익적인 견지에서 입증을 완화할 필요가 있는 경우에, 사실의 존부 내지 내용을 확정하는 방법으로 추정과 간주가 있다. 추정(推定)이란 증거에 의해 확정하지 못한 사실을 '우선 있는 그대로 확정'하여 법률효과를 발생시키는 것을 말한다.[34] 추정은 입증을 기다리지 않고 우선 사실관계를 인정하는 것으로 잠정적인 결정에 불과하며 반증이 있으면 추정이 깨지게 된다. 간주(看做) 또는 의제(擬制)는 '법률의 규정에 의해 일정한 사실의 존재여부를 확정'하는 것을 말한다.[35] 간주는 상대적 법률효과를 발생시키는 추정과 달리, 절대적 법률효과를 발생시킨다. 간주는 단순히 반증이 있는 것만으로는 뒤집을 수 없고, 법원의 확정판결에 의해서만 번복된다.

② 법의 발견과 해석

법 적용의 두 번째 단계는 확정된 사실에 적용할 법규를 찾아내는 것이다. 즉, 수많은 법 중 사실관계에 대응하는 법을 조사하여 그것이 규정하고 있는

33) 입증을 위한 증거자료 또는 거증의 방법으로는 일반적으로 진술(자백), 증언, 문서 증거, 전문가 감정, 현장 검증 등의 방법이 동원된다.

34) 법문상의 추정규정은 보통 "…로 추정한다"라는 형식을 취한다. 예를 들면, 민법 제844조는 "처가 혼인 중에 포태한 자는 부의 자로 추정한다"고 규정하고 있다.

35) 법문상의 간주규정은 보통 "…로 본다" 또는 "…로 간주한다"라는 형식을 취한다. 예를 들면, 민법 제19조는 "주소를 알 수 없으면 거소를 주소로 본다"고 규정하고 있으며, 형법 제60조는 "형의 선고유예를 받은 날로부터 2년을 경과한 때에는 면소된 것으로 간주한다"고 규정하고 있다.

내용을 파악하여야 한다. 여기서 법정보학 또는 법정보조사의 필요성과 중요성이 제기된다. 법을 찾아내는 방법은 여러 가지가 있으나, 일반적으로 사실관계의 내용에 따라 하나 또는 그 이상의 법규를 조사하고, 조사된 법규를 체계적으로 분석하여 정리한다.

한편, 법을 올바로 발견하기 위해서는 일반적·추상적으로 규정되어 있는 법을 해석하는 것이 필요하다. 법의 해석이란 일반적·추상적인 법문(法文)의 의미와 내용을 분명히 하는 것을 말한다. 법 해석의 대상은 주로 성문법이 된다. 불문법(특히, 관습)은 그 존재 자체에서 내용을 나타내므로 해석보다는 존부가 중요하기 때문이다. 법을 해석함에 있어서는 형식적·논리적인 해석을 넘어 목적론적인 해석을 하는 것이 요구된다. 즉, 각 법규가 가지는 객관적인 목적과 그 시대의 사회적 사정을 고려하여 목적론적·가치론적으로 해석하여야 한다.

법을 해석하는 방법은 그 주체 및 내용에 따라 여러 가지 유형으로 분류할 수 있다. 먼저, 해석의 주체 및 그 구속력 여부에 따라 유권해석과 학리해석으로 구분할 수 있다. 유권해석은 '법을 해석할 권한이 있는 기관'이 유권적으로 내리는 법 해석이며, 해석의 주체기관에 따라 입법해석,[36] 사법해석,[37] 행정해석[38]으로 구분된다. 이와 같은 해석은 권한 있는 관청의 유권적 해석이므로 그 구속력이 인정된다.

학리해석은 주로 법학자들이 입법부가 제정한 법의 내용 또는 사법부의 판

---

36) 입법해석은 입법부가 입법의 형식으로 법을 해석하는 것을 말하며, 특정 법문의 의미를 법으로 규정하여 그 뜻을 명확히 하는 것이다. 예를 들면, 민법 제98조는 "본 법에서 물건이라 함은 유체물 및 전기 기타 관리할 수 있는 자연력을 말한다"고 규정하여, 민법에서 규정하고 있는 '물건'의 의미와 내용을 입법적으로 해석하고 있다.

37) 사법해석은 사법부가 재판을 통해 법을 해석하는 것을 말하며, 특정 법문의 의미와 내용을 판결문으로 기재하여 선언한다. 가장 전형적인 법의 해석이라고 할 수 있다. 판례법 국가인 영미에서는 사법해석의 법적 구속력이 당연히 인정되지만, 우리나라를 포함한 대륙법계 국가의 경우 구속력의 인정여부에 대해 논란이 있을 수 있으나 판례가 사실상의 구속력을 가지고 있는 점에서 유권해석의 일종으로 볼 수 있다.

38) 행정해석은 행정관청이 법을 집행하기 위하여 내리는 해석으로서, 법을 집행함에 있어서 불문명한 법의 의미와 내용을 명확히 하는 것이다. 보통 상급관청이 하급관청에 대한 훈령, 지령, 회답 등의 형식으로 법의 내용을 확인하고 선언한다.

단에 대하여 학문적 입장에서 올바르게 인식하고 적용하는 방안을 제시하는 해석방법이다. 즉, 학설로서 법을 해석하는 것이다. 학리해석은 다시 그 방식과 관련하여 두 가지로 나누어지는바, 문리해석(文理解釋)과 논리해석(論理解釋)이 그 것이다. 문리해석은 법 규정의 문언이나 자구를 언어적인 의미에 충실하게 해석하는 것으로, 법 해석의 기초가 된다. 논리해석은 법 규정의 문언이나 자구에 구애받지 않고 법 규정 전체에 관하여 유기적·논리적 연관성에 입각하여 해석하는 것이다. 여기에는 확장해석, 축소해석, 보정(변경)해석, 반대해석, 물론해석 등의 방법이 있다.[39]

나아가 어떤 사항에 대하여 적용할 법 규정이 존재하지 않는 경우, 이와 유사한 사항을 규정하고 있는 다른 법의 규정을 참조하여 양 사항의 공통적 요소를 발견하고 동일한 법리의 적용이 타당하다고 판단되는 때 그 규정을 적용하는 유추해석(類推解釋)의 방법이 있다. 또한, 문리해석과 논리해석을 한 다음에도 그 해석내용이 다른 법규범과의 체계적 통일성을 갖도록 하는 체계해석(體系解釋)이 요구되는 경우도 있다. 즉, 특정의 법규범은 단편적으로 존재하는 것이 아니라 다른 법규범과 더불어 국가 전체의 통일적인 법규범체계를 형성하고 있으므로 법규범 상호간 조화와 통일을 이룰 수 있도록 하는 것이 중요하다.

③ 법의 적용 및 선언 : 재판(裁判)

법의 적용은 확정된 사실에 법을 적용하여 법에서 규정하고 있는 법적 효과

39) 확장해석은 법 규정의 의미를 본래의 문언보다 확장하여 해석하는 것이고(예 : 꽃을 꺾지 마시요 → 나무도 꺾어서는 아니 된다고 해석), 축소해석은 본래 의미보다 축소하여 해석하는 것이며(예 : 미성년자 입장 불가 → 대학생인 미성년자는 제외되는 것으로 해석), 보정(변경)해석은 법 규정의 문언이 법의 목적이나 취지에 명백히 반할 때 바로잡아 해석하는 것이다. 반대해석은 법 규정에 명시되지 않은 사항을 법 규정의 반대해석을 통해 의미를 도출하는 것이고(예 : 미성년자 입장 불가 → 성년자는 입장가능하다고 해석), 물론해석은 사물의 성질상 당연히 법 규정에 해당하는 것으로 해석하는 것이다(예 : 승용차 통행금지 → 당연히 화물차나 버스도 통행금지로 해석). 이와 같은 다양한 해석 방법을 통해 법의 의미와 내용을 명확히 함으로써 문제된 법적 사실에 적용할 수 있게 된다.

를 발생시키는 것이다. 법의 적용은 다양한 국가작용에서 일어나고 있다. 즉, 일정한 소득이 발생한 경우 세금을 부과한다든가, 부동산 양도를 원인으로 한 이전등기의 신청이 있는 경우 등기이전이 이루어지는 것 등이다. 그러나 법 적용의 가장 전형적인 것이 바로 재판이다. 재판은 입증, 추정, 간주 등을 통해 확정된 구체적 사실에 대해 발견된 법을 적용하여 집행하는 단계를 말한다. 재판의 담당은 헌법에 의하여 재판권이 부여된 법관이 관장한다.[40] 국가는 법의 최종적 적용단계인 공정한 재판을 보장하기 위하여 사법권 독립, 일사부재리원칙, 심급제 등의 다양한 제도를 운영하고 있다.

---

40) 모든 국민은 헌법과 법률이 정한 법관에 의하여 법률에 의한 재판을 받을 권리를 가지며, 신속한 재판과 공개된 재판을 받을 권리를 가진다(헌법 제27조 제1항 및 제3항).

제2절 법정보의 유형 및 탐구대상

1. 법정보의 의미와 내용

가. 법정보의 개념

법정보(legal information)라 함은 법에 관한 일체의 정보로서, 법 자체 또는 법에 관한 정리된 지식이나 자료(data)를 말한다. 즉, 법과 관련된 여러 자료들을 특정 사람이나 사항에 관하여 의미 있는 상태로 조직하여 정리한 자료의 집합체라고 할 수 있다. 따라서 앞에서 설명한 바와 같은 각종 유형의 법규범과 그 해석 등에 관한 일체의 정보를 의미한다. 나아가 법과 관련된 기타의 사실이나 자료들도 넓은 의미의 법정보에 포함된다. 결국 법정보는 그 형식이나 내용에 관계없이 법에 관한 것이면 모두 법정보에 해당된다고 할 수 있다.

나. 법정보의 내용과 존재형식

법정보의 내용은 매우 포괄적이다. 법 자체의 정보는 물론, 법과 관련된 인적·물적·사항적 정보들이 모두 포함된다. 법 자체 또는 그 해석 등에 관한 정보로서는 법의 생성부터 법의 해석·적용 및 소멸에 이르기까지 전 주기에 걸쳐 생산·축적·관리·이용되고 있는 각종 법규범 정보와, 법규범의 의미와 내용을 해석하고 추론하고 분석·평가한 연구자료 등을 말한다. 법과 관련된 정보로서는 법 관련 인물정보, 법률기관 및 단체정보, 법률통계·법률뉴스·법률서식·법률용어 등 법에 관한 각종 참고 정보들을 들 수 있다. 따라서 법정보는 입법부·사법부·행정부 등 국가기관의 정보는 물론, 대학이나 연구소 및 민간기관에서 자체적으로 생산·수집·가공한 정보에 이르기까지 법과 관련된 정보이면 모두 법정보에 해당하므로 그 범위와 내용이 매우 광범위하다.

또한, 법정보는 그 존재형식이 매우 다양하다. 즉, 법령·판례·단행본·연속간행물·데이터베이스(DB)·CD-ROM 등의 형태로 법정보가 수록되고 전달·유통된다. 특히, 정보통신기술의 발달에 따라 오늘날의 법정보는 주로 데이터베이스를 통해 관리·이용된다. 법정보 DB는 각종 법 관련 자료들을 종합적으로 수집·분류·정리하여 정보처리장치를 이용하여 상시적으로 검색 및 활용할 수 있도록 체계적으로 처리·가공·축적한 자료의 집합체를 말한다.[41] 법정보 DB는 법정보의 검색을 위한 중요한 기반이자 자원으로 간주된다.

다. 법정보의 가치와 활용

법정보는 법학교육 및 학습을 위한 기본 도구이자 원천이다. 따라서 법학을 교육하거나 학습함에 있어서는 국내외 법학에 관한 각종 정보를 체계적으로 파악하고 활용하는 것이 필수적이다. 또한, 법정보는 법학연구의 선행자료이자 법학연구의 결과로서 발생된 정보라는 특성을 갖는다. 즉, 법정보는 법학을 연구하는데 필요한 정보를 제공함과 동시에, 법학연구의 결과로서 새로운 법정보가 생성된다. 이 점에서 법정보는 선순환적인 속성을 갖는다. 나아가 법정보는 구체적 법률문제를 해결하는데 필요한 중요한 정보를 제공한다. 어떠한 선행 사건의 정보는 다음에 발생하는 유사사건을 해결하는데 있어서 귀중한 판단자료를 제공할 수 있다. 이와 같이 법정보는 법학을 교육·학습하거나, 법학을 연구하거나, 혹은 법률실무 분야에 있어서 법적인 문제를 해결하는데 필요한 중요한 자료를 제공한다. 따라서 법정보는 법과 관련된 모든 활동의 핵심 기반이자 유용한 자원이라고 할 수 있다.

2. 법정보의 유형분류

법정보는 일정한 분류기준에 따라 다양한 유형으로 분류할 수 있다. 이는 일반적인 정보의 유형분류와도 일맥상통하지만, 특히 법정보의 관점에서 유

41) 법정보 DB의 개념적 요소는 세 가지로 나누어 볼 수 있다. 즉, i) 법 관련 자료, ii) 정보처리장치의 이용, iii) 체계적으로 조직·구성된 것이라고 할 수 있다.

형을 분류하면 다음과 같다. 다만, 이와 같은 법정보의 분류체계는 필연적 요청에서라기보다는 특정 법률문제와 관련한 법정보의 출처와 소재를 원활히 파악하고, 그 접근방법상의 편의성을 제고하기 위한 것으로서 이해되어야할 것이다.

가. 법정보의 속성에 따른 분류

법정보를 그 형식 또는 속성을 기준으로 분류하면, i) 법령정보, ii) 판례정보, iii) 문헌정보, iv) 기타 정보 등으로 분류할 수 있다. 법령정보는 제정법 및 입법 관련 정보로서, 주로 국회·정부·지방자치단체 등의 입법기관이 제정·공포한 성문법적 효력을 갖는 법규범에 관한 정보를 말한다. 판례정보는 헌법재판소·법원 등의 사법기관이 개별적 사건에 대하여 내린 판결·결정 등에 관한 정보를 말한다. 넓은 의미의 판례정보에는 사법기관은 물론, 법령에 의하여 사법적 권한이 부여된 행정심판기관 등의 준사법기관이 내린 심판 또는 심결례 등이 포함된다. 문헌정보는 학자나 연구자 등이 법에 관한 조사·분석·연구·해설·논평한 결과를 발간한 문헌에 관한 정보를 말한다. 마지막으로 기타 정보란 상기 법정보에 속하지 않는 정보로서, 법조인·법학자 등 법 관련 인물정보, 법 관련 기관·단체정보, 법 관련 뉴스정보 등 법과 관련된 각종 참고정보를 말한다. 해외 법정보의 경우에도 그 속성에 따라 각각 해외 법령정보, 해외 판례정보, 해외 문헌정보 등으로 유형을 분류할 수 있음은 물론이다.

나. 법정보의 가공 정도에 따른 분류

법정보를 가공한 정도 또는 발생순서에 따라 분류하면, i) 1차 정보와 ii) 2차 정보로 분류할 수 있다. 1차 정보는 처음 생성되어 가공되지 않은 최초의 정보자료로서, 법률안·재판서·논문·보고서 등의 원자료를 말한다. 이들 정보는 처음 생산된 그대로 관리·유통되는 점에서 원문정보라고도 한다. 2차 정보는 1차 정보인 원문정보를 효과적으로 관리 및 활용하기 위하여 요약·편집·

가공한 정보로서, 도서목록·초록집·색인집 등을 들 수 있다. 2차 정보를 다시 취합하여 재정리한 정보를 3차 정보라고 부르기도 한다. 다만, 최근에는 원문자료 그대로를 데이터베이스(DB)로 구축하여 활용하고 있는 경우가 있는데, 이때에는 사실상 1차 정보와 2차 정보가 통합되어 운영된다고 할 수 있다. 즉, 법률정보 DB를 구축함에 있어서 색인 DB와 원문 DB를 각각 구성하고 이들을 상호 연결(link)하여 운영하고 있다.

다. 법정보의 수록·전달매체에 따른 분류

법정보의 수록매체 또는 전달매체를 기준으로 할 경우에는 인쇄형태로 존재하는 정보(오프라인 정보)와, 디지털 형태로 존재하는 정보(온라인 정보)로 분류할 수 있다. 인쇄형태의 정보는 책자나 문서 등의 가시적인 매체에 기록되고 전달되는 현실공간에서 직접 이용 가능한 법정보를 말한다. 이에 비해 디지털 형태의 정보는 데이터베이스 등 정보처리장치를 이용하여 가공·처리·수록되고, 인터넷 등 정보통신망을 통하여 접근·이용할 수 있는 전자적 법정보를 말한다. 그러나 인쇄된 법률도서나 문서 등이 전자문서로서 다시 가공되는 경우에는 오프라인 정보와 온라인 정보가 중복적으로 존재하기도 한다.

라. 기타 법정보의 분류 방법

법정보는 위와 같은 분류방법 외에도, 정보의 형태나 소재 등에 따라서도 분류해 볼 수 있다. 즉, 정보의 형태에 따라서 문헌(biblo) 정보와 사실(fact) 정보로 나눌 수 있다. 문헌정보는 도서·간행물 등 책자나 문서형태로 존재하는 법정보를 말하며, 사실정보는 수치·그림·단순 데이터 등 비문헌 형태의 정보를 말한다. 사실정보로서는 법률통계, 법조인물, 법률뉴스 등의 특정 사실이나 데이터에 관한 법정보를 들 수 있다.

한편, 법정보의 소재 또는 사용언어 등을 기준으로 할 경우에는 국내정보와 해외정보, 한국어 정보와 외국어 정보 등으로 분류할 수도 있다. 해외정보의 경우에도 그 발생지에 따라 미국·일본·독일·프랑스·중국 등 개별 국가별로 구분하거나, 국제연합(UN)·유럽연합(EU)·아시아(ASIA)·영미국가(Anglo-American) 등 국제기구별 또는 주요 권역별 법정보로 구분할 수 있다.

3. 법정보의 탐구대상과 정보가치

가. 법정보의 대상과 범위

법정보학 또는 법정보조사의 대상과 범위는 앞서 설명한 바와 같은 다양하게 존재하는 주요 정보원(情報源)들을 그 대상으로 한다. 즉, 성문법으로서의 제정법 및 입법에 관한 정보를 비롯하여, 불문법으로서의 판례와 심판결 등 판례정보 및 이들 법에 관하여 조사·분석·연구한 학술연구자료 등의 법률문헌정보를 주요 대상으로 한다. 나아가 법률 전문가로서 활동하는데 필요한 기타 법과 관련된 참고정보들도 그 대상이 된다. 이와 같은 법정보의 대상에는 인쇄형 정보와 디지털 정보가 모두 포함되며, 1차 정보는 물론 2차 및 3차 정보, 문헌형태의 정보와 비문헌 형태의 사실정보까지 그 속성이나 존재형식을 불문하고 법정보로서 일정한 의미와 가치를 갖는 정보는 모두 포함한다. 또한, 국내 법정보와 함께 주요 외국의 각종 법정보까지도 포함하는 넓은 의미의 법정보를 그 범위와 대상으로 한다.

[표 5] 법정보의 주요 대상과 범위

구 분	대상과 범위	비 고(정보원)
제정법/입법정보	- 헌법, 법률, 명령, 규칙, 자치법규, 조약 및 국제법규, 고시·예규 등 - 이와 관련된 입법과정, 결과정보	국회, 정부(법제처) 등의 각 입법 자료(법령집, 법령 DB)
판례/심판결정보	- 헌법재판소 및 각급 법원의 판례 - 각종 준사법기관의 심판·심결례	헌법재판소, 법원, 행정심판기관 등
법문헌/연구정보	- 단행본, 논문, 보고서, 판례 평석 - 교과서, 주석서, 해설서, 참고서 등	출판사, 학회, 대학, 연구기관·단체 등

구 분	대상과 범위	비 고(정보원)
기타법참고정보	- 법률 관련 인물, 뉴스, 기관, 용어, 서식, 통계 등의 참고자료 정보	언론사, 출판사 및 법 관련 기관·단체
주요해외법정보	- 미국, 일본, 독일 등 개별국가정보 - UN, EU 등 주요 국제기구 법정보	해당국의 국가기관, 공공 및 민간 정보기관

나. 개별 법정보의 속성과 정보가치

(1) 법령정보 : 제정법 및 입법정보

법령정보는 법률과 명령 등에 관한 정보를 총칭한다. 여기서 법령이라 함은 법문서의 형식을 갖춘 모든 법률 및 그 하위명령과 규칙을 말한다. 법령은 보통 법조문의 형식을 띠고 있으나, 일반문서의 형식으로 이루어진 경우도 있다. 즉, 지침·고시·조약 등은 편의에 따라 일반적인 행정문서의 형식으로 제정되기도 한다.

법령정보는 법률, 명령, 규칙 등 주로 제정법에 관한 정보가 주를 이루며, 넓은 의미의 법령정보에는 입법정보와 법령연혁정보 등 법령의 제정 및 개정에 관한 정보도 포함된다. 법령정보는 헌법에 의하여 입법권한을 부여받은 국회·대통령·국무총리·각 부 장관·지방자치단체 및 기타의 헌법기관이 생산하고, 관리·유통한다.

법령은 정보적 측면에서 다음과 같은 특징과 가치를 갖는다. 따라서 법령정보를 조사·분석하고 해석·적용함에 있어서는 그와 같은 특성들을 고려하여야 한다. 첫째, 사건 해결의 1차적 정보원으로서의 위치를 갖는다. 법령은 특정의 법률문제가 발생한 경우 이를 해결하기 위하여 가장 먼저 찾아야 할 정보로서, 관련 법령의 문언적 의미를 최우선 기준으로 하여 해석하고 적용하여야 한다. 둘째, 개념적·추상적인 언어로 표현되어 있어 법령의 구체적인 의미와 내용을 파악하기 위해서는 법령에 대한 해석과정이 필요하다. 셋째, 법령은 상호간에 일정한 위계질서가 존재한다. 즉, 헌법-법률-명령-조례-규칙 등으로 효력의 순위가 정해져 있어 하위법령을 해석·적용함에 있어서는 상위법령의 규정 및 그 위임 범위 내에서만 효력을 가진다는 점에 유의하여야 한다. 넷째, 법령은 복잡한 운용체계를 갖는다. 즉, 하나의 법적 사안에 관계된 법령이 다수 존재하고, 상호 유기적인 관계 속에서 규율되는 것이 일반적이다. 따라서 특정 사건을 해결하기 위해서는 관계된 법령을 모두 조사하고, 상호 작용 및 규율체계와 내용을 분석하여 합목적적으로 해석·적용하는 입체적인 접근이 필요하다. 다섯째, 법령정보는 현행 정보뿐만 아니라, 관련 입법정보가 함께 존재한다. 이에 따라 해당 법령의 취지와 목적, 입법과정, 입법추진에 있어서의 주요 쟁점사항 등에 관한 종합적인 정보를 파악할 수 있다. 법령정보를 조사·분석함에 있어서는 이와 같은 배경 및 과정정보를 동시에 고려하여 파악하는 것이 요구되며, 이를 통해 관련 법령에 대한 목적론적이고 체계적인 해석과 적용이 가능하게 된다. 여섯째, 내용의 변동 가능성이 상존한다. 법령은 시대, 환경 및 사회경제적 사정의 변화에 따라 수시로 개정되고 변동된다. 법령정보를 조사·분석함에 있어서는 이와 같은 변화가능성을 항상 고려하여야 한다. 일곱째, 법령은 그 제정 주체별 또는 내용 분야별로 일정한 기준에 따른 분류체계가 확립되어 있다. 이에 따라 법령정보를 탐색함에 있어서는 이와 같은 분류체계를 바탕으로 한 검색이 가능하다. 현행 정부 법령집이나 법령정보시스템에서는 개별 법령에 대한 분류검색서비스를 제공하고 있다.

(2) 판례정보 : 판결 및 심판정보

판례정보는 법원 등의 사법기관이 구체적 사건을 해결하기 위하여 관련 법령을 해석·적용하여 판단을 내린 정보를 말한다. 판례는 본래 법원이 일정한 절차와 형식을 거쳐 결정을 내린 판결을 통해 보여주고 있는 통일적인 법이론이나 원칙을 의미하지만, 광의적인 의미로는 법원의 판결뿐만이 아니라 헌법재판소나 행정심판기관 등이 사법적 기능으로 판단한 결정·심판·심결 등을 통해 제시하고 있는 일정한 법해석 원칙이나 기준에 관한 정보를 총칭한다. 즉, 각급 법원의 판결례정보, 헌법재판소의 결정례정보, 행정심판기관의 행정심판례정보, 공정거래위원회 등 행정위원회의 심결례정보 등을 모두 포함한다.

이와 같은 판례정보는 헌법 및 법률에 의하여 사법적 권능이 부여된 각 국가기관이 소관 권능에 따라 사무를 수행한 결과로서 관련 정보가 생산·관리 및 제공된다. 또한 판례정보의 생산은 일정한 형식에 따라 작성되고 관리되며, 하나하나의 정보가 그 자체로서 완성된 정보로서의 의미를 가진다.

판결 또는 판례는 정보적 측면에서 다음과 같은 특징과 가치를 가지므로, 판례정보를 탐색하고 활용함에 있어서는 이와 같은 점을 고려하여야 할 것이다. 첫째, 판례는 사건해결의 2차적 정보원으로서 위치를 갖는다. 즉, 특정 법률문제를 해결하는데 적용할 1차적 정보원인 법령이 불명확하거나 존재하지 않는 경우에 판례정보를 통해 사건에 적용할 법적 근거와 원리를 발견해 내게 된다. 따라서 판례는 법령에 대한 2차적 정보원 또는 보충적 정보원으로서 기능하게 된다. 물론, 법령정보와 판례정보는 상호 보완적인 역할을 하지만, 양자 간의 관계에서는 법령정보가 판례정보에 우선하게 된다. 둘째, 판례는 다수의 판결 집적을 통해 정립되는 것으로 유사사건에서 나타난 법원의 입장을 표시한 것이다. 따라서 판례는 장래의 동일 또는 유사사건에 적용할 수 있는 사실상의 구속력을 갖는 규범적 가치를 보유한다. 셋째, 판례도 법령과 마찬가지로 일정한 위계질서가 존재한다. 즉, 헌법재판소의 결정과 법원의 판결 사이에는 헌법재판과 일반재판이라는 위상관계가 형성되고, 법원의 판결에 있어서도 상급심과 하급심으로 구분되는 등 일련의 위계가 형성된다. 특히 동일사건에 관하여 상급심은 하급심을 기속하게 되어 상급심의 우선적 효력이 인정된다. 또한, 행정심판기관의 심판결과 법원의 재판 간에도 위계가 형성된다. 행정기관의 심판 작용은 사법작용과는 달리 행정기관 내부에서만 효력을 가지며, 특히 행정심판 결과에 불복하는 경우 법원의 정식재판을 청구할 수 있고 법원의 판결에 따라 행정심판의 효력이 부인될 수 있는 점에서 일반적으로 법원의 판결이 행정심판보다 우위적 효력을 갖는다고 할 수 있다. 넷째, 판례는 법령에 비해 상대적으로 변동가능성이 적다. 법령은 수시로 개정되지만, 판례는 특별한 경우가 아니면 변경되지 않는 것이 일반적이다. 물론 판례도 상황변화에 따라 변경될 수는 있다. 그러나 종전의 판례를 변경함에 있어서는 특별히 인정되는 사유가 있을 때만 변경되고, 특히 대법원의 판례 변경은 전원합의체를 통해서만 변경할 수 있도록 하여[42] 한번 내린 법원의 판례가 변경되는 것은 매우 드물다. 따라서 판례정보를 분석함에 있어서는 당해 판례가 변경된 경우에 그 이유와 시기를 정확히 파악하는 것이 중요하다. 다섯째, 판례도 법령과 같이 그 생산주체별 또는 판결유형별로 분류되어 생산·집적·관리된다. 즉, 주체에 따라 헌법재판소, 법원, 행정심판기관, 행정위원회 등의 판결례로 분류되고, 단위기관의 판결례도 그 내용에 따라 일정한 분류기호가 부여되어[43] 분야별·성격별로 분류·처리된다.[44] 따라서 판례정보를 조사함에 있어서는 이와 같은 기관별 및 내용별 분류특성을 고려하여 조사하고, 그 특성에 따른 분석 작업을 수행하는 것이 바람직하다.

(3) 법률문헌정보 : 법학연구 및 학술정보

법률문헌이란 법에 관한 교육·연구·학습 등의 기초자료가 되는 각종 서적이나 문서자료를 말한다. 법률문헌은 그 속성상 법의 의미, 연혁, 체계, 내용, 해석의 기준·절차 및 방법 등에 관하여 조사·분석·연구·해설·논평한 자료들이라고 할 수 있다. 따라서 법률문헌은 특정의 주제에 관하여 전문적이고 깊이 있는 분석과 해설을 제공한다는 점에서 정보로서의 가치가 있다.

이와 같은 법률문헌은 주로 학자나 연구자들에 의해 저작되고, 출판사·학술단체·연구기관 등에 의하여 발행된다. 법정보로서의 법률문헌은 그 종류가 매우 다양하다. 그 형태에 따라 단행본·논문·잡지·보고서 등으로 구분된다. 법

---

42) 즉, '종전에 대법원에서 판시한 헌법·법률·명령 또는 규칙의 해석적용에 관한 의견을 변경할 필요가 있음을 인정하는 경우'에는 대법원장을 재판장으로 하고, 대법관 전원의 3분의2 이상의 합의체에서 이를 심판한다(법원조직법 제7조 참조).

43) 헌법재판소 사건의 접수에 관한 규칙, 법원재판사무 처리규칙 및 사건별 부호문자의 부여에 관한 예규에 따라 사건의 분야, 성격, 심급 등에 따라 일정한 분류기호가 부여된다.

44) 예를 들면, 헌법재판소의 경우 위헌법률심판, 헌법소원심판, 탄핵심판, 권한쟁의심판, 정당해산심판 등으로 분류되고, 법원의 경우 민사, 형사, 행정, 특허 등으로 분류된다.

률문헌정보는 보통 책자형태의 서적으로 원문이 생산된 다음, 디지털 정보형태로 가공되어 유통·제공된다. 최근에는 온라인 서적이 발행되는 등 처음부터 디지털 형태로 가공·생산 및 유통되는 사례가 점차 증가하고 있다.

법률문헌은 정보로서 다음과 같은 특성과 가치를 가진다. 첫째, 사건해결의 3차적 정보원으로서 위치를 갖는다. 법률문헌은 보통 법령 또는 판결에 대한 전문가의 해석 또는 의견을 표시한 것이므로, 사건해결에 있어서 법령 및 판례의 의미와 내용을 보다 명확히 할 수 있는 제3차적 정보원으로서 기능한다. 법령 또는 판례가 직접적 정보원이라면 문헌정보는 간접적 정보원이라고 할 수 있다. 둘째, 법학교육·연구·학습 활동의 원천자료로서의 성격을 갖는다. 법률문헌은 법학을 인식하고 이해하는 데 필요한 기본적이고 중요한 정보자료이다. 따라서 법학을 연구하고 학습함에 있어서는 우선적으로 이들 법률문헌을 찾아서 탐구하는 것이 필요하다. 셋째, 법학문헌은 종합적이고 체계적인 정보자료이다. 즉, 특정 주제 또는 법률조항에 대하여 국내외의 전반적인 정보자료 및 관련 전문가의 견해들을 종합적이며 체계적으로 다루고 있다. 법령 또는 판례가 단순 사실에 대한 정보를 제공한다면 법률문헌은 관련되는 정보와 자료를 다각적으로 분석한 정보를 제공한다. 이러한 점에서 법률문헌의 정보로서의 가치가 상대적으로 크다고 할 수 있다. 넷째, 정보유형이 다종·다양하다. 교과서·논문·보고서·수험서·논문집·판례평석 등 그 주제와 목적에 따라 매우 다양한 유형의 문헌들이 존재한다. 다섯째, 정보의 형식이 비정형적이다. 법령이나 판례가 일정한 형식에 따라 가공·처리되는데 비해 법률문헌은 그 종류에 따라 형식이 자유롭다. 법령이나 판례와 달리 법률문헌을 저작하고 발행하는 방법은 법령에 규정된 것이 아니라 각 발행기관이 자체적으로 마련한 기준에 따라 제작된다. 물론, 논문이나 보고서 등 일부 자료의 경우 보편적인 형식이 존재하지만 이것이 반드시 준수되어야 하는 것은 아니다. 여섯째, 정보원이 다양하다. 즉, 정보자료를 생산·관리·제공하는 주체와 수단이 매우 다양하므로, 관련 정보를 조사함에 있어서는 도서관, 정보센터, 출판사 등 운영기관별로 서비스의 특성과 내용을 사전에 파악하는 것이 필요하다. 일곱째,

주제별·형태별 분류체계가 확립되어 있다. 즉, 학문주제별로 또는 자료형태별로 일정한 도서 분류기호에 따라 정리되고 관리된다. 이에 따라 법학도서관 등에서 법률문헌을 찾고자 할 때에는 이와 같은 분류체계를 바탕으로 도서검색과 대출 등을 할 수 있다.

(4) 법 참고정보 : 법관련 사실정보 및 기타 정보

법 참고정보는 법전문가로서의 활동을 수행하거나 기타 법관련 업무를 수행하는데 필요한 유의미한 각종 정보자료를 의미한다. 예를 들면 법조인, 법률기관 및 단체, 법률뉴스, 법률상담, 법통계 및 현황 등에 관한 정보를 말한다. 이와 같은 정보들은 문헌 또는 문서형태보다는 데이터, 자료 등의 형태로 생산·가공 및 유통되고 있으며, 비정형성을 띠고 있다. 이와 같은 정보들은 법에 관한 특정한 사실이나 데이터를 표시하고 있으므로 사실(fact) 정보로서 취급되고 있다. 또한 이들 정보들은 생산기관이나 제공기관들이 많지 않고 제한적인 범위에서 유통 및 서비스하고 있으므로 특히 그 정보원과 이용방법을 정기적으로 파악해 둘 필요가 있다.

(5) 해외 법정보 : 개별국가 및 국제기구 법정보

해외 법정보는 외국의 개별국가 및 국제기구들이 생산·관리 및 운영하고 있는 법정보를 말한다. 미국·일본·중국·독일·프랑스 등 단위국가의 법정보와, 국제연합(UN)·유럽연합(EU)·세계지적재산권기구(WIPO) 등 국제기구나 지역기구들의 법정보가 여기에 해당된다. 이들 해외 법정보는 앞서 설명한 바와 같은 법령정보, 판례정보, 문헌정보들을 모두 포함하는 총괄적 의미에서의 법정보를 말한다. 해외 법정보는 해당 국가 및 조직의 특성에 따라 법정보를 생산·관리·제공하는 방식이 서로 차이가 있을 수 있으며, 언어적 장벽과 공간적 문제 등으로 인하여 그 접근과 이용이 제한적일 수 있다. 따라서 해외 법정보를 조사·분석함에 있어서는 이와 같은 특성을 감안하고, 관련 정보서비스체계와 이용기관을 미리 파악하는 것이 중요하다. 또한 해외 법정보의 이용은 국내기관에서 제공하는 해외 법정보를 활용하는 방법과 해당 국가의 정보기관을 직접 방문하거나 정보시스템을 활용하는 방법이 있으므로 어느 것이 효과적인지를 사전에 검토하고, 필요한 정보의 유형과 내용에 따라 차별적인 접근을 시도하는 것이 바람직하다. 나아가 해외 법정보는 민간정보기관에서 제공하는 법정보시스템이 잘 발달해 있는 경우도 많으므로, 해당 기관의 정보서비스 체계와 시스템을 이용하는 방법을 꾸준히 학습할 필요가 있다.

4. 법정보의 생성 및 유통체계

가. 법정보의 생산 및 유통과정

법정보는 정보의 일반적인 순환측면에서 생산·가공·축적 및 유통 등의 과정을 거쳐 일반에 공개·제공된다. 즉, 법과 관련된 원시자료의 생산, 원시자료를 정보원으로 한 1차 정보의 가공, 원시정보 및 1차 정보를 활용한 2차 정보의 구축과 검색서비스 제공 등의 단계를 거치게 된다. 원시자료는 법정보 관련 기관에서 최초로 제작·생산한 자료로서 국회의 법률안, 법원의 재판서, 연구자의 논문원고 등이 이에 해당된다. 1차 정보는 원시자료를 체계적으로 수집·분류·정리한 것으로서, 법령집·판례집·논문집 등이 전형적인 형식이다. 이와 같은 1차 정보의 제작 및 유통은 원시정보의 보존·관리업무를 수행하는 공공기관들이 주로 담당한다.[45] 2차 정보는 원시자료 또는 1차 정보를 이용하여 일정한 법정보 데이터베이스로 가공·구축한 것으로서, CD-ROM·전자저널·Web DB 등의 형태를 띠게 된다. 2차 정보의 가공·축적 및 검색서비스는 보통 해당 공공기관이 기본적인 서비스를 추진하고, 민간업체들이 이를 융합·재가공하여 새로운 부가가치 서비스를 개발하는 방식으로 유통 및 제공된다.

그러나 최근에는 법률정보화의 진전 및 관련 정보처리기술의 발달에 따라

45) 각 분야별 1차 정보의 대표적인 제작 및 배포기관으로는 국회도서관, 법원도서관, 정부간행물제작소, 대학출판사, 학술단체, 출판기관 등을 들 수 있다.

원시자료가 처음부터 디지털 형태로 생산·관리되고, 이를 정보유통시스템으로 구축하여 직접 서비스하는 방법으로 발전하고 있다. 이에 따라 정보의 전통적인 순환과정 및 단계가 생략되거나 축소되고, 일련의 정보관리 및 유통체계가 유기적으로 통합되어 운영되고 있다. 한편, 종전에는 법령·판례·문헌별로 각각의 독립적이고 단일한 정보시스템이 개발·운영되었으나 오늘날에는 이들 정보가 하나의 시스템으로 연계된 통합정보시스템으로 구축되고 있다.

나. 법정보 유통체계의 발전

오늘날과 같은 법정보의 수집·관리 및 유통체계가 형성·발전된 것은 법 관련 자료들이 종합적·체계적으로 수집·관리되기 시작하면서 부터라고 할 수 있다. 즉, 법을 운용하는 입법·사법·행정 조직들이 관련 자료들을 체계적으로 관리하고, 일반 국민들에게도 정보를 제공하기 위하여 해당 정보들을 한곳에 수집하고 이를 분류·편집하여 별도의 자료집으로 제작·배포하면서부터 법정보의 유통이 이루어졌다고 할 수 있다. 세계적으로 1차 정보원인 법령집이나 판례집의 경우 일찍이 17~18세기부터 제작된 것으로 나타나고 있다. 데이터베이스를 중심으로 하는 2차 정보원의 경우에는 1960년대 이후 정보통신기술의 발전에 따라 법정보를 컴퓨터로 가공·처리하고, 이를 정보시스템으로 구축하여 정보통신망을 통한 온라인 서비스를 추진하면서부터 법정보 유통체계가 형성되었다.

우리나라의 법정보 유통체계는 고유의 국가법체계가 확립되고 관련 정보의 수집과 관리가 체계적으로 이루어지기 시작한 1950년대 이후 본격적으로 형성·발전되었다고 할 수 있다. 초기에는 법률관련 국가기관이나 공공기관을 중심으로 책자형태의 다양한 자료집으로 발간·배포되었으나, 1980년대 법률정보화의 추진과 맞물려 법정보의 전자화가 이루어지고, 정보처리장치를 활용한 정보관리와 이용이 점차 확대됨으로써 온라인 정보유통체계가 지속적으로 발전하기 시작하였다.

초기의 온라인서비스는 PC통신 방식을 통해 이루어 졌는데,[46] 1988년 정부의 열린정부(opengo) 법령정보서비스가 개시되고, 이어서 1994년 법제연구원의 KOLD 서비스가 제공되는 등 온라인 법정보 유통체계가 본격 시작되었다. 민간에서는 K&B 컨설팅의 LAC 서비스가 제공되었다. 이와 동시에 CD-ROM 등 전자매체를 활용한 전자정보의 이용체계도 보편화되었는데, 1988년의 판례검색프로그램 LEX, 1993년 법고을 LX, 1998년 법고을 LX DVD 등으로 발전하였으며,[47] 민간분야에서는 한컴의 현행법령서비스, 기타 킹스필드나 법누리 등의 법정보 서비스가 이루어졌다. 나아가 인터넷이 본격적으로 서비스되기 시작한 1990년대 중반 이후에는 웹(Web) 방식의[48] 온라인 법정보 유통체계로 발전하여 오늘에 이르고 있다. 현재 국내의 법정보 유통체계는 법제처·대법원·국회·헌법재판소 등 국가기관과 법제연구원·한국저작권위원회 등 공공기관 및 로앤비, 한국학술정보㈜, 누리미디어 등 일부 민간기관들을 중심으로 구축·운영되고 있다. 그러나 외국에 비해 민간부문의 법정보 서비스체계가 활성화되지 못하고 있다는 점이 하나의 특징이라고 할 수 있다.

---

46) PC통신은 공중회선을 통해 다른 컴퓨터(PC)와 접속하여 정보를 교환하는 통신수단을 말한다. PC통신은 PC에 모뎀을 장착해 전화나 디지털 데이터 교환 장치와 같은 공중회선에 접속한 후 호스트 컴퓨터나 다른 PC와 연결하는 시스템이다. 이렇게 다른 PC와 연결한 후 전자우편이나 전자게시판 등을 이용하여 정보를 교환한다.

47) 이들 CD-ROM을 이용한 법정보 유통은 대법원이 국가정보화사업의 일환으로 구축하여 일반에게 제공하기 시작한 것으로, 법령·판례·문헌정보를 통합하고 주기적인 업데이트를 통해 최신성을 유지하는 등 매우 활용도가 높게 나타나고 있다. 현재도 많이 이용되고 있다.

48) 웹(world wide web)은 인터넷상의 정보를 하이퍼텍스트 방식 및 멀티미디어 환경에서의 검색을 통해 이용할 수 있게 해주는 정보검색시스템을 말한다. 웹서비스는 개방형 인터페이스 구조로 인하여 자유로운 정보유통과 편리성이 크게 향상된 정보이용이 가능하다.

제3절 법정보조사의 목적과 방법론

1. 법정보조사의 개념과 필요성

가. 법정보조사의 의미

법정보조사란 특정 목적의 법적 행위 또는 법률 활동에 필요한 각종 유형의 법정보를 주요 정보원을 대상으로 하여 종합적·체계적으로 찾아내는 일련의 활동 또는 그 행위를 말한다. 법정보조사는 법에 관한 정보를 전문적으로 탐색·조사하는 활동으로서 법정보학의 핵심내용을 구성한다. 법정보조사는 법적 행위나 법률 활동을 수행하기 위한 선행적 활동이지만, 법정보조사의 결과로 수집된 자료가 다시 새로운 법정보로서 형성되고 관리된다는 점에서 법정보조사와 법률 활동의 관계는 상호작용적이며 연속과정으로서 수행된다고 할 수 있다.

나. 법정보조사의 목적과 중요성

법정보조사는 당연히 특정의 법적 행위 또는 법률 활동을 수행하기 위하여 필요한 정보와 자료를 획득하기 위하여 수행된다. 즉, 법학을 교육·연구·학습하거나, 법적 사건 또는 법률문제를 해결하기 위하여 또는 법률상담이나 강연 등 법률서비스 활동을 수행하기 위해 필요한 기초적인 정보와 자료를 얻고자 하는데 그 목적이 있다.

법정보조사는 의도하는 법적 행위 또는 법률 활동을 수행함에 있어서 그 정확성, 신속성 및 객관성을 확보하기 위하여 반드시 필요한 과정이라고 할 수 있다. 법률가가 특정 주제와 관련된 법적 사안을 다루는데 있어서는 관련된 정보와 지식이 필요하다. 사람의 머릿속에 기억하고 있는 법적 지식이 있겠으나 기억력의 한계로 그 지식과 정보의 양과 질이 제한적일 수밖에 없으며, 특히 그 지식과 정보도 시시각각으로 변하기 때문에 특정 시점에서의 지식은 더 이상 유효하게 작동하기 어렵게 된다. 여기에서 사람의 법적 사고를 보완하고, 법적 판단행위의 정확성을 높이기 위해서는 다양한 정보를 바탕으로 한 객관적인 분석과 평가를 수행하는 것이 필요하다. 여기에서 법정보조사의 필요성과 그 중요성이 인정된다.

다른 한편, 정보사회가 진전됨에 따라 정보의 양이 폭발적으로 증가하고, 다양한 정보들이 분산적으로 축적·관리되고 있는 상황에서는 각 정보의 소재를 신속히 파악하고 효과적으로 찾아내는 능력이 무엇보다 중요하다. 정보학계의 연구결과에 의하면 학문연구 등 문제해결 활동의 전체시간 중에서 정보를 찾아내고 분석하는 정보활동의 비중이 60% 이상을 차지하는 것으로 나타나고 있다. 이와 같은 사실은 어떠한 문제를 해결함에 있어서는 신속하고 효과적인 정보조사가 매우 중요함을 의미하는바 이는 법률문제 해결을 위한 업무에 있어서도 그대로 적용된다. 즉, 특정 법률문제를 해결하기 위해서는 전문가의 분석·판단에 소요되는 시간보다는 그 사전적 준비 작업으로서의 정보조사활동에 소요되는 시간을 최대한 단축시키는 것이 경쟁력을 높이는 지름길이라고 할 수 있다. 여기에서 신속하고 체계적인 법정보의 조사와 분석능력을 배양하는 것이 무엇보다 중요하며, 법정보조사의 목적 또한 이와 같은 시간적·공간적·상황적 한계를 효율적으로 극복하는데 있다고 할 것이다.

다. 법문서의 작성과 법정보조사

(1) 법문서의 개념과 종류

법문서라 함은 어떠한 법적 행위나 법률 활동의 수행과 관련하여 서면의 형식으로 작성하는 각종 문서를 말한다. 일반적으로 법적 행위 또는 법률 활동은 주로 문서를 통해 이를 행한다. 물론, 법률상담이나 강연 등은 구두로 하거나 대화를 통해 수행하기도 하지만 대부분의 법률 활동은 법문서를 바탕으로 한다. 법률상담이나 강연도 미리 상담 자료나 원고를 작성하는 경우가 대부분이므로 결국 법문서에 기초하여 업무를 수행하게 된다.

법문서는 다양한 형식과 내용으로 작성된다. 법문서는 그 목적 및 방식에 따라 다양하게 나눌 수 있으나 대표적인 것으로는 법률문서, 법학논문, 보고서 등을 들 수 있다. 법률문서는 특정 법률문제를 해결하기 위한 소송사무 또는 기타 법적 사무의 수행과 관련하여 일정한 절차와 형식에 따라 작성되는 것으로 주로 변호사 등 법률가에 의하여 작성된다. 소장, 답변서, 재판서, 계약서 등의 서류가 이에 해당한다. 법학논문은 특정 주제에 대해 체계적이고 심도 있게 분석·연구한 결과를 적은 글로서 주로 법학자나 연구자에 의하여 작성된다. 보고서는 특정 주제나 사실에 대하여 조사·연구·실험한 결과를 정리하여 적은 글로서, 그 목적에 따라 다양한 형식으로 작성된다. 즉, 학생들이 학습과제를 수행한 결과를 제출하기 위하여 또는 입법·사법·행정 업무의 수행과정에서 법률과 관련된 지식을 체계화하거나 의사결정을 지원하기 위하여 주로 작성된다.

(2) 법문서의 작성단계와 정보조사과정

그런데 이와 같은 법문서의 작성은 일정한 업무수행 단계와 과정을 거쳐 수행된다. 즉, i) 주제분석, ii) 정보조사, iii) 정보분석, iv) 문서작성 등의 단계를 거치게 된다. 현실에서는 이와 같은 업무단계의 구분을 특별히 의식하거나 인식하지 못할 수도 있지만, 개념적으로는 각 업무단계를 거쳐 법문서를 작성하게 된다. 주제분석은 법문서 작성을 위한 최초의 단계로서 해당 법문서를 작성하기 위한 목적·방향·내용 등을 설정하고, 이를 수행하기 위한 핵심 주제요소에 대한 분석 작업을 수행하게 된다. 다음으로 정보조사는 해당 주제에 적합한 각종 정보를 탐색하고 조사하는 단계로서 조사범위와 대상의 결정, 조사도구 선정, 요구정보의 탐색과 조사결과의 분류·정리 등을 수행한다. 정보분석은 조사·검색한 정보를 종합 분석하는 과정으로서, 정보의 내용을 분석하고 요약 및 체계화하여 문서작성을 위한 준비 작업을 수행한다. 마지막으로 법문서 작성은 앞서 수행한 정보활동 결과를 바탕으로 실제 법문서를 작성하는 집필과정으로서 주요 목차를 구성하고 각 사안별 내용을 작성한다. 특히 이 단계에서는 법문서 작성의 목적과 의도한 결론에 적합하도록 논지를 세우고 내용을 전개하는 것이 무엇보다 중요하다. 이와 같이 법정보조사는 법문서 작성을 위한 필수적인 업무수행 과정이자 중요한 절차라고 할 수 있다.

[표 6] 법문서의 작성단계 및 내용

1단계 : 주제분석	2단계 : 정보조사	3단계 : 정보분석	4단계 : 문서작성
• 주제 선정 및 목표 확인 • 핵심 주제요소 발견 및 상호 관계 분석 • 주제어 및 분류 체계 등 검토	• 조사범위 및 대상 결정 • 조사도구 확인 및 평가 • 정보탐색·조사 • 조사자료 분류 및 정리	• 검색정보 내용분석 ·평가 • 내용의 요약 및 체계화 • 항목별 종합과 정리 • 문서작성 검토	• 주요목차 구성 • 각 목차별 문서 내용의 집필 • 작성된 내용의 종합 및 완성 • 검토 및 피드백

2. 법정보조사의 형식과 방법

가. 법정보조사의 형식

법정보조사는 조사의 목적 및 검색대상이 되는 정보원의 종류와 내용에 따라 몇 가지 형식으로 구분해 볼 수 있다.

(1) 참조정보조사

먼저, 서지(書誌) 데이터베이스를 바탕으로 주요 참조사항을 중심으로 조사 및 검색하는 참조정보조사(Reference data Search, Reference data Retrieval)가 있다. 이것은 법정보의 전체 내용을 조사하기에 앞서 해당 정보원이 보유하고 있는 각 정보자료의 개괄적이고 총괄적인 현황을 조사하기 위한 것으로, 정보자료의 제목(명칭), 저자(생산자), 정보가 수록된 자료집(생산기관) 및 해당 권·호(수록번호), 정보자료의 생산년도와 일자 등의 주요 서지사항을 파악하기 위한 조사이다.

(2) 전문정보조사

다음으로 전문정보조사(Full text Search, Full text Retrieval)가 있다. 이것은 법정보의 전체 내용을 확인하기 위한 조사로서 전문(全文) 데이터베이스를 통해 서지사항은 물론, 정보내용 전체가 수록된 본 자료를 탐색하는 것이다. 전문정보조사는 보통 서지정보조사를 통해 파악된 정보현황자료(Information List)를 바탕으로, 조사자의 입장에서 찾고자하는 주제의 내용과 가장 잘 부합되는 정보자료를 선택하여 순차적으로 세부내용을 확인하는 경우에 실시된다. 과거에는 서지정보 데이터베이스와 전문정보 데이터베이스를 상호 연동하여 운영하였으나 최근에는 서지정보와 전문정보가 하나의 데이터베이스로 통합 구축되어 운영되고 있다. 이러한 측면에서 서지정보조사와 전문정보조사는 상호 밀접한 관계에 있으며, 특정 사안에 대한 법정보 조사활동으로서의 연속적인 관계를 이루고 있다고 할 수 있다.

(3) 사실정보조사

마지막으로 사실정보조사(Fact data Search, Fact data Retrieval)가 있다. 이 조사는 법에 관한 현황, 통계, 인명, 도표, 그림 등의 사실적 데이터를 획득하기 위한 것이다. 즉, 특정 사안에 대한 객관적인 사실이나 데이터를 확보하기 위하여 필요한 경우에 수행하는 조사이며, 법에 관한 사실정보 데이터베이스를 그 근간으로 한다. 법에 관한 사실정보는 독립적인 데이터 자료로서 존재하기도 하지만, 보통은 다른 정보자료에 포함되어 특정의 내용과 결부되어 존재하는 경우가 많다. 사실정보 데이터베이스는 특정 분야의 사실정보들을 모아 하나의 데이터베이스로 구축한 것으로서 인명데이터베이스, 통계데이터베이스, 용어사전데이터베이스 등이 대표적이라고 할 수 있다.

특정 사안에 대한 법정보를 조사함에 있어서는 위와 같은 조사유형 가운데 적절한 방식을 선택하여 조사하기도 하지만, 필요한 경우에는 이와 같은 조사 방식들을 병행하여 수행함으로써 효과적이고 망라적인 정보를 조사할 수 있다. 앞서 설명한 바와 같이 최근에는 서지정보 데이터베이스와 전문정보 데이터베이스가 통합적으로 운용되고 있는바, 보통은 서지정보조사와 전문정보조사 방식을 함께 사용하여 필요한 정보를 찾는 것이 일반적이라고 할 수 있다.

나. 법정보조사의 방법

법정보조사는 대체로 해당 정보를 제공하는 기관이나 서비스 매체에 접근하여 찾고자 하는 정보를 탐색하여 수행한다. 따라서 법정보 조사방법은 매우 다양하고 여러 경로를 통해 실시할 수 있다. 그러나 현실에 있어서는 대체로 두 가지의 방법을 사용하여 조사하고 있다. 즉, 오프라인(off line)을 통한 조사와 온라인(on line)을 통한 조사이다.

(1) 오프라인 정보조사 : 도서관 방문

오프라인 정보조사는 법학도서관 등 정보자료가 소재한 장소를 직접 방문하여 수작업으로 법정보를 조사·수집하는 방법이다. 과거에는 국내외의 다양한 정보자료를 수집하고 이용자들에게 열람 및 복사서비스를 제공하는 도서관을 통해 정보를 조사하는 오프라인 방법을 주로 이용하였다. 이와 같은 조사방법은 전통적으로 도서관서비스가 제공된 때로부터 사용한 방식이라고 할 수 있다. 도서관서비스 특히, 법학도서관 서비스는 국가의 입법 및 사법기능이 본격적으로 수행되고, 대학에서의 법학교육이 시작되면서부터 활용되었다고 할 수 있다. 오늘날에도 법학도서관을 이용한 법정보조사는 여전히 유효한 방법으로 간주되고 있다.

(2) 온라인 정보조사 : 정보검색 수행

온라인 정보조사는 컴퓨터와 네트워크를 통해 미리 가공·축적된 정보파일이나 데이터베이스를 검색하여 법정보를 찾는 것이다. 온라인 정보조사는 종전의 책자형 정보를 디지털화하거나, 처음부터 디지털 형태로 정보를 생산·가공하여 제공하면서부터 수행되기 시작되었다. 최근에 들어와서는 이와 같은 온라인을 통한 법정보조사의 비중이 점차 증가하고 있다. 즉, 1950년대 이후 정보기술의 발전에 따라 법률분야에서의 정보화가 진전되고, 각종 법률자료의 데이터베이스 구축과 정보시스템을 통한 정보서비스가 활성화됨으로써 인터넷 등 정보네트워크를 통한 온라인 정보조사 방법이 급속히 확대되고 있다. 특히, 공공기관이나 민간전문업체에서 제공하고 있는 법정보시스템은 종래의 도서관 소장자료는 물론, 입법·사법·행정 등 각 분야에서 생산·관리되고 있는 다양한 유형의 디지털 법정보를 종합적으로 구축하여 서비스함으로써 법정보조사의 새로운 장을 열어주고 있다.

(3) 바람직한 법정보의 조사방법

오늘날 법정보는 다양한 기관에서, 또한 여러 가지 경로와 방법을 통해 제공되고 있다. 법정보를 조사함에 있어서는 무엇보다도 찾고자 하는 중요한 정보가 누락되지 않으면서, 시간이나 비용 측면에서 가장 효율적인 방법을 선택하는 것이 중요하다. 따라서 정보조사자가 쉽고 편리하게 이용할 수 있는 도서관을 방문하거나 인터넷 매체를 통해 관련 정보원에 접근하여 조사하는 것이 바람직하다. 또한 앞서 설명한 어느 하나의 방법을 이용하기보다는 두 가지 방법을 상호 보완적으로 사용하는 것이 합리적이라고 할 수 있다. 특히, 정보기술의 발전에 따라 도서관정보화가 급속히 진행되어 최근의 도서관서비스는 책자형 정보와 전자형 정보를 동시에 제공하고 있으며, 외부 정보업체와의 협력을 통해 전자저널 등 디지털 정보자원을 중심으로 한 정보제공서비스를 강화하고 있는 점을 고려할 때, 두 가지 방식을 서로 밀접하게 연계하여 이용하는 것이 바람직하다.

제3장 법학도서관과 정보이용

제1절 법학도서관의 의의와 역할

1. 법학도서관의 의의

가. 법학도서관 개요

법학도서관은 법에 관한 다양한 정보자료를 전문적으로 조사·수집·정리·분석·보존 및 축적하고, 법학연구자나 학생 또는 법률가들의 법률 활동에 필요한 각종 정보나 자료를 열람·대출 및 복사 등의 이용에 제공하는 것을 주요 임무로 하는 조직이다. 법학도서관은 본래 대학의 법학교육을 지원하는 조직이지만, 오늘날에는 국회나 법원 등 국가기관들도 국가의 입법 및 사법작용을 수행하기 위하여 다양한 법학도서관들을 설치·운영하고 있다.

법학도서관은 법학을 교육·연구하거나 법률문제를 해결하는데 필요한 정보를 조사하고, 법에 관한 다양한 경험과 실습을 위한 장소를 제공하는 등 법학교육 및 연구 활동과 관련하여 필수적으로 운영해야 하는 시설이다. 이에 따라 로스쿨을 설치·운영함에 있어서는 그 필수적 시설로서 법학도서관을 반드시 설치하도록 규정하고 있다.[49] 이는 판례법을 기초로 하는 영미법계뿐만 아니라 성문법을 주축으로 하는 대륙법계에 있어서도 법학도서관의 운영이 매우 중요함을 나타낸다. 로스쿨에서의 법학도서관은 학습에 필요한 정보를 제공하는 장소일 뿐만 아니라 변호사 등 법조인을 양성하는 교육의 장이기도 하다.

나. 로스쿨과 법학도서관

미국 하버드대학교 로스쿨학장을 역임한 랑델은 로스쿨 법학교육의 방법으로서 사례연구(Case Study)가 도입됨에 따라 학문으로서의 법학은 충분한 여건을

49) 우리나라의 법학전문대학원 설치·운영에 관한 법률 제17조 제1항; 미국변호사협회(ABA)의 로스쿨 교육기준(ABA 기준 제601a조) 및 미국로스쿨협회(AALS)의 로스쿨 운영준칙(AALS준칙 제6-8b조) 참조.

갖춘 대학에서만 그 교육이 이루어 질 수 있으며, 이러한 교육이 이루어지기 위한 교육여건 중 법학전문도서관이 매우 중요하다고 강조하였다. 또한, 법학전문도서관은 '교육과정을 위한 중추' 및 '법학교육을 위한 정보원'이며, 나아가 법학실습을 위한 '실험실' 및 '교수와 학생들을 위한 작업장'으로 규정하였다.[50] 이와 같이 법학도서관은 로스쿨의 다른 시설들과 달리 교육을 지원하는 기능 외에도 법률교육을 직접 실시하는 기관이라고 할 수 있다. 이러한 점에서 법학도서관은 법정보를 조사하기 위한 가장 기본적인 정보원이라고 할 것이다.

2. 법학도서관의 발전과 역할

가. 법학도서관의 역사와 발전

세계적으로 법학도서관은 대학에서 법학교육이 본격적으로 시행되면서부터 설립되고 발전되었다고 할 수 있다. 법학도서관은 1800년대 로스쿨제도가 탄생된 미국에서 처음 설치되었으며, 변호사의 개인도서관으로부터 출발하여 법률 관련 종사자들을 위한 공동이용 도서관으로 점차 발전하였다. 입법부의 의회도서관이나 사법부의 법원도서관과 같은 국가공공도서관[51]을 제외한 세계 최초의 법학전문도서관은 1802년 설립된 미국의 Law Library Company of Philadelphia로 알려져 있다. 이후 1804년에는 Boston's Social Library가 설립되었으며, 1806년에는 최초의 공공 법률도서관인 Allegheny County Law Library가 Belmont에 설립되었다. 한편, 대학의 법학도서관으로서는 1817년에 Harvard Law Library가 설립되었다.[52]

50) 이종만, "법학전문사서의 역할과 자격요건에 관한 연구", 청주대학교대학원, 석사학위논문, 2011.7, 17면 이하 참조.

51) 세계 최초의 공공도서관은 이집트의 프톨레마이오스 1세가 기원전 3세기 초에 당시 헬레니즘 문화와 교역의 중심지인 알렉산드리아에 세계 최고의 학문의 전당을 만들기 위해 설립한 알렉산드리아 도서관으로 알려지고 있다. 또한, 세계 최고의 근대적 국가도서관인 영국왕립도서관은 1753년에 설립되었으며, 세계 최대의 대표적인 법률도서관인 미국의회도서관은 1800년에 설립되었다(http://ko.wikipedia.org/wiki/도서관).

우리나라의 법학교육을 위한 독립적인 법학도서관은 1980년대 이후에 들어와 설치·운영되기 시작하였다.[53] 즉, 1983년 12월 서울대학교에 법학도서관이 처음 설치된 이후, 각 대학들이 법학에 관한 전문도서관을 독립조직으로 설치하여 운영하기 시작하였다. 특히, 2000년대 중반 정부의 로스쿨제도 도입을 위한 정책이 수립되면서 각 대학들이 로스쿨 교육을 위한 법학도서관을 본격적으로 설치하였다.

나. 법학도서관의 기능과 역할

법학도서관은 이용자들이 요구하는 법 관련 정보자료를 충실히 그리고 정확히 제공할 수 있어야 한다. 또한 법 관련 연구수행에 필요한 정보를 정확히 파악하고, 충실한 정보자료를 수집·정리·축적하여 이용자에게 신속히 제공하기 위하여 자격 있는 법학전문사서[54]와 제반시설을 확보하는 등 기본적인 여건을 갖추어야 한다.[55]

법학전문도서관은 기본적으로 교수와 학생의 교육과 연구를 지원하는 임무를 수행한다. 나아가 법률기관의 종사자 및 일반 대중에게 법률분야에 관한 전문적인 봉사를 제공하여야 한다. 미국 로스쿨협회는 이와 같은 기능과 역할을 원활히 수행하기 위하여 법학전문도서관은 로스쿨의 교수·학생·행정당국과 직접적이며 지속적인 그리고 상호 이해하는 관계를 가져야 한다고 규정하

---

52) D. S. Panella, "Basics of Law Librarianship", The Haworth Press, 1991, p.3.

53) 우리나라의 법학 관련 국가공공도서관인 국회도서관은 1963년(1952년에 설치된 국회도서실이 국회도서관으로 독립), 법원도서관은 1989년(1972년에 설치된 법원행정처 도서과가 법원도서관으로 독립)에 각각 설립되었다. 한편, 우리나라 최초의 근대적 국가도서관인 규장각은 조선말기 정조 원년인 1776년에 설립되었다.

54) 법학전문사서(Law librarian)는 법학분야를 다루는 주제전문사서로서, 법학에 관한 전문적 지식을 가지고 법학에 관한 도서자료를 선택하고 평가할 책임과 정보봉사 및 서지적 조직을 수행하는 부가적 책임을 지는 도서관 직원을 말한다. 법학전문사서의 역할과 자격요건에 관하여는 이종만, 앞의 논문 21면 이하 참조.

55) 법학전문도서관의 요건 및 기능과 역할 등에 관하여는 홍명자, "법학전문대학원 법학전문도서관의 기준에 관한 연구", 한국도서관·정보학회지, 제37권 제2호, 2006 참조.

고 있다.[56] 이는 법학도서관이 단순히 정보자료를 제공하는 지원기관이 아닌 로스쿨 교육의 핵심적이고 필수적인 기관임을 나타낸다고 할 것이다.

법학도서관의 역할은 다음과 같이 정리할 수 있다. 첫째, 교육 및 연구 등에 필요한 정보를 지원하는 역할이다. 법학도서관은 그 본래적 기능으로서 이용자들의 다양한 법률정보서비스 요구에 맞추어 신속하고 정확하게 필요한 정보를 수집하여 제공하여야 한다. 둘째, 이론 및 실무교육을 보충하는 역할이다. 법학도서관은 정규 교육과정에서 시행하지 못한 다양한 지식이나 정보를 찾아 볼 수 있도록 지원하고, 법학지식의 응용과 적용을 체험할 수 있는 교육설비들을 구비하여 이용자 스스로의 학습과 실무적 능력을 배양할 수 있도록 하여야 한다. 셋째, 사회 및 국민에 대한 법 관련 정보자료실로서의 역할이다. 법학도서관은 그 소속구성원들에 대한 봉사를 일차적인 의무로 하지만, 지역사회 및 일반 국민들에 대한 법정보 제공기관으로서의 역할 수행도 요구된다. 이는 법학도서관이 그 공공적 사명과 사회적 봉사 기능에 따라 담당하여야 할 또 하나의 중요한 역할이라고 할 수 있다.[57]

---

56) 미국변호사협회(ABA)의 로스쿨 교육기준(ABA 기준 제601조) 및 미국로스쿨협회(AALS)의 로스쿨 운영준칙(AALS준칙 제6-8a조) 참조.

57) Robert G. Desiderio, "The Role of Law Libraries in Legal Education and the Legal Profession", Profile, No.2, 1992, p.9 ; 이종만, 앞의 논문, 21면 참조.

제2절 법학도서관의 종류 및 이용방법

1. 법학도서관의 종류와 운영체계

법학도서관을 널리 법학에 관한 정보자료를 체계적으로 수집·관리하고 대내외적인 이용에 제공하는 전문적인 도서관이라고 할 때는 그 설립 목적 및 운영주체에 따라 크게 대학도서관, 국가도서관 및 기타 공공도서관으로 구분할 수 있다.

가. 대학도서관

대학도서관은 대학이 운영하는 도서관으로서, 법학도서관 또는 법학전문도서관의 이름으로 설치·운영된다. 대학의 법학도서관은 학생들의 법학교육과 교수 및 연구 활동 지원을 주된 목적으로 하고 있으며, 대학 당국에 의하여 운영된다. 대학전체의 중앙도서관의 분관형태로 운영되거나, 법과대학이 직접 관장하여 운영하는 독립형태의 도서관으로 운영된다. 대학의 법학도서관은 로스쿨 등 법학교육과정과 밀접하게 연계되어 운영된다.

미국, 일본 등 로스쿨제도가 운영되고 있는 국가에서는 로스쿨의 주요 기관의 하나로서 독립적이고 전문적인 운영체계를 갖추고 있다. 미국 로스쿨협회(AALS)에 따르면 법학도서관 관장과 로스쿨 학장은 도서관 직원의 선발 및 유지에 대한 책임을 지도록 규정하여 자치권을 보장하고 있으며,[58] 일부 대학의 경우 도서관 직원에 대해 교수 직위와 종신 재직권을 부여하는 등 전문성과 책임성을 확보하고 있다.[59] 우리나라의 경우도 로스쿨 설치대학에서는 법학전문도서관을 의무적으로 설치·운영하도록 하고 있다.[60] 현재 전국 25개 로

58) ABA 기준 제602c조 및 AALS 준칙 제6-10b조.

59) 홍명자, "효율적인 법학교육을 위한 법과대학 도서관의 제도화 방향", 한국도서관·정보학회지, 제31권 제2호, 1999, 318면; 이종만, 앞의 논문, 51면 참조.

스쿨에는 로스쿨제도 운영기준에 따른 법학전문도서관이 설치되어 운영되고 있다.

한편, 우리나라 로스쿨의 법학전문도서관은 그 원활한 기능수행을 보장하기 위하여 일정한 요건을 갖추도록 하고 있다. 즉, "법학전문대학원 설치인가 심사기준"에 따르면, 법학전문도서관은 장서의 수장 및 학생열람에 필요한 충분한 공간[61]과 법률정보서비스를 위한 전문인력[62]을 확보하고, 법학교육에 필요한 충분한 법률관련 단행본 및 저널, 법률정보 DB 등의 최신 법률정보자료[63]와 법률정보조사를 위한 컴퓨터 LAB 등의 첨단시설을 갖추도록 하고 있다.

나. 국가도서관

법과 관련한 국가도서관은 국가의 입법 및 사법기관 등이 그 기능수행에 필요한 법률정보의 제공을 위하여 설치·운영하는 도서관이다. 즉, 의회의 입법활동을 효율적으로 지원하기 위하여 설치되는 의회도서관이나 사법기관의 재판사무를 체계적으로 지원하기 위하여 설치되는 법원도서관 등이 그것이다. 이들 국가 법률도서관은 그 성질상 국가기관의 하부조직 또는 독립조직의 형태로 운영되며, 국가가 그 운영주체가 된다. 국가도서관은 해당 기관의 법률사무를 효율적으로 지원하기 위하여 자체적으로 생산·관리하는 정보는 물론, 국내외에서 수집하는 다양한 정보자료를 체계적으로 가공·축적하여 기관 내 구성원들의 이용에 제공하고, 나아가 일반국민에게도 국가공공정보의 대외서비스 차원에서 공개 및 제공하고 있다.

---

60) 법학전문대학원 설치·운영에 관한 법률 시행령 제10조(교육시설) 참조.

61) 도서관 공간으로서 약 10만권 이상의 법률자료를 수장할 수 있는 서고와 학생정원의 70% 이상이 상시 열람할 수 있는 열람석 등을 구비하도록 하고 있다.

62) 전문 인력으로서는 1급사서와 2급사서 등 전문사서와 수서, 배열, 정리 및 참고봉사 등의 업무를 담당하는 행정직원을 두어야 한다.

63) 법률정보자료로서 단행본 7만권 이상, 저널(전자저널 포함) 50종 이상, 법률정보 DB 3종 이상 등의 장서기준을 충족하고, 전체 도서 중 일정비율 이상의 법학도서와 외국도서를 갖추어야 함은 물론, 최신자료의 비중도 일정하게 유지하도록 명시하고 있다.

국가 법률도서관의 대표적인 것으로는 의회도서관과 법원도서관을 들 수 있다. 의회도서관은 그 고유기능인 입법 활동을 효과적으로 지원하기 위하여 수집한 정보는 물론, 각종 법안의 제출부터 심사·처리, 위원회 및 본회의 심의 결과 등 각종 입법사항에 관한 다양한 정보를 제공한다. 따라서 각종 제정법률의 이력사항이나 유효사항 등에 관한 정보를 찾고자 할 때 중요한 정보원으로서 기능한다.

법원도서관은 대법원을 비롯한 각급 법원의 재판사무를 지원하기 위한 정보, 판결 및 결정정보 등 자체적으로 생산하거나 등기·등록 등을 통해서 관리되는 각종 사법정보를 제공한다. 특히, 재판의 결과인 판례는 영미법계의 국가는 물론, 대륙법계 국가에 있어서도 사실상의 법원으로서 중요하게 작용하는바, 관련 정보의 수집과 이용은 법학교육이나 실무과정에서 매우 중요하게 취급되고 있다. 한편, 우리나라와 같이 헌법재판기관이 별도로 존재하는 경우에는 자체 도서관을 설치하고, 헌법재판 관련 연구정보 및 헌법재판정보를 전문적으로 제공하기도 한다. 우리나라의 헌법재판소 도서관은 헌법을 비롯한 공법 전문 도서관으로서, 국내외의 헌법 관련 각종 연구정보 및 헌법재판 정보를 종합적으로 수집하여 제공한다.

이외에도 행정부 소속의 국가기관인 법무부, 문화체육관광부, 공정거래위원회, 국민권익위원회, 특허청, 경찰청 등의 법률관련 부처들도 소관업무 수행과 관련하여 자료실 등의 정보조직을 두고 각종 법정보를 수집·관리·제공하고 있으나, 위의 국회도서관이나 법원도서관처럼 대규모의 조직과 운영시스템을 갖춘 것은 아니다. 그러나 해당기관을 통한 각종 법정보의 조사와 이용이 가능함은 물론이다.

다. 공공도서관

공공도서관은 지방자치단체나 공공기관 등이 운영하는 공공목적의 도서관이다. 공공도서관은 대학도서관이나 국가도서관에 비해 법정보의 제공기능과 역량은 미흡하지만 나름대로 전문분야의 법학도서관으로서 관련 법정보를 제공한다. 다만, 이들 기관은 정식 도서관이라는 명칭보다는 자료실 또는 정보자료관 등으로 설치하여 운영하고 있다. 우리나라의 경우 대표적인 공공 법률도서관으로서의 역할을 수행하는 기관은 한국법제연구원, 법령정보관리원, 한국형사정책연구원, 한국지식재산연구원, 한국교육학술정보원, 한국특허정보원, 대한법률구조공단 등이 있다. 이들 기관들은 특정 분야의 법정보를 중심으로 일반 국민에게 열람, 복사 및 참고봉사 서비스 등을 수행한다.

2. 법학도서관의 이용절차와 방법

가. 도서관 이용절차와 단계

위에서 설명한 바와 같은 각종 법학도서관을 이용하여 특정 법정보를 조사 및 이용하는 방법은 일반 도서관의 정보자료 이용방법과 크게 다르지 않다. 즉, 해당 도서관을 방문하여 자신이 찾고자 하는 도서자료가 배치된 서가와 위치를 확인한 다음, 해당 서적을 열람 및 복사하거나 대출하여 정보를 획득한다. 직접 방문을 통한 정보이용절차와 방법을 구체적으로 살펴보면 다음과 같다.

일반적인 도서관 이용절차는 i) 조사대상 범위 설정, ii) 소장여부 및 내용확인, iii) 분류체계 검토 및 서가 확인, iv) 서가방문 및 열람·대출 등의 단계를 거치게 된다. 물론 이와 같은 절차를 의식하지 않거나 동시에 이행할 수도 있으나, 개념적 측면에서 보면 위와 같은 단계를 거치는 것이 일반적이다. 먼저, 조사대상 범위 설정은 찾고자 하는 법정보 주제를 바탕으로, 조사대상 도서관 및 정보자료의 범위를 결정하는 것이다. 다음 소장여부 및 내용확인 단계는 조사대상 도서관이 찾고자 하는 정보자료를 소장하고 있는지 여부 및 소장도서의 내용이 의도하는 자료에 해당하는지를 확인하는 것이다. 보통 소장여부 및 내용의 확인은 도서관 내의 컴퓨터 단말기 또는 자료카드 등을 이용하여 파악 및 확인한다. 이와 관련하여 해당 도서관이 소장하고 있는 정보자료의 유형, 수량, 커버리지 등에 대한 사항을 사전에 미리 숙지할 필요가 있다. 세 번째 단계는 소장되어 있는 자료가 어디에 있는지를 도서분류체계를 바탕으로 배치된 서가와 그 위치를 파악하는 것이다. 도서는 보통 단행본, 잡지(연속간행물), 보고서, 학위논문 등 도서자료의 유형 및 형태에 따라 서가에 배치하므로 찾고자 하는 정보자료별로 그 소장위치와 배치상황을 확인한다. 특히, 해외도서나 귀중자료 등의 경우 별도의 독립공간에 배치하여 관리하는 것이 일반적이므로 공간배치 상황을 미리 파악하는 것이 중요하다. 마지막 단계는 정보자료가 소재하고 있는 서가의 위치로 직접 이동하여 해당 자료를 확인하고 열람 및 대출 등을 통해 정보를 획득한다.

나. 도서분류체계와 정보이용방법

법학도서관을 방문하여 정보자료를 이용할 때에는 보통 도서분류체계에 따라 도서의 서가배치와 위치를 확인하고, 해당 장소로 이동하여 관련 자료를 찾게 된다. 따라서 법학도서관을 효율적으로 이용하기 위해서는 도서분류체계를 이해할 필요가 있다. 우리나라 도서관의 도서분류체계는 한국도서관 십진분류법(KDC)에 근거하고 있다.[64)]

동 분류법은 모든 지식분야를 총류(0), 철학(1), 종교(2), 사회과학(3), 자연과학(4), 기술과학(5), 예술(6), 언어(7), 문학(8), 역사(9) 등의 10가지 주류(主類 : section)로 구분하고, 각 주류마다 다시 10가지로 나누어 강목(綱目 : division)으로 구분한다. 총류에는 여러 주제를 포괄하거나 특정 주제로 분류하기 어려운 것들이 속하며 백과사전, 사전(辭典), 전집, 총서 등이 여기에 분류된다.

---

64) 한국십진분류법(韓國十進分類法, KDC: Korean Decimal Classification)은 한국도서관협회에서 세계 공통으로 인정되고 있는 듀이십진분류법(DDC: Dewey Universal Decimal Classification)의 주류를 바탕으로 한국 실정에 맞게 변형한 자료 분류법이다. 1964년 초판이 발행되어 지금까지 4차례 수정되었으며, 현재는 2009년에 수정 발행된 제5판에 따라 분류되고 있다.

[표 7] 한국도서관 십진분류법체계(KDC)

구 분	주 류(主類)	강 목(綱目)	요 목(要目)
분류체계	000 총류 100 철학 200 종교 300 사회과학 400 순수과학 500 기술과학 600 예술 700 언어 800 문학 900 역사	300 사회과학 310 통계학 320 경제학 330 사회학 340 정치학 350 행정학 360 법학 370 교육학 380 풍속, 민속학 390 국방, 군사학	360. 법학 361. 국제법 362. 헌법 363. 행정법 364. 형법 365. 민법 366. 상법 367. 사법제도/소송법 368. 기타 제법 369. 각 국법 및 예규

한편, 사회과학(3)에 속하는 분야는 다시 세부 주제에 따라 10가지 강목으로 나누어지는바, 법학은 360번으로 분류된다. 또한, 법학(360) 강목은 다시 세부 전공주제에 따라 10가지 요목(要目)으로 분류되고 있다. 구체적으로는 법학일반(360), 국제법(361), 헌법(362), 행정법(363), 형법(364), 민법(365), 상법(366), 사법제도/소송법(367), 기타 제법(368), 각 국법 및 예규(369)로 분류되어 관리된다. 최근에는 법학분야의 학문연구가 세분화됨에 따라 이와 같은 분류를 기준으로하면서 세부적인 전문분야의 자료를 별도의 공간에 집합하여 배치·관리하기도 한다.

따라서 도서관에서 법학에 관한 정보자료를 찾고자 할 경우에는 360번 대의 분류기호(360~369)를 가진 서가를 찾아서 세부 전공별로 배치된 도서자료를 찾으면 된다. 다만, 법정보의 분류에 있어서 한 가지 유의할 점은 헌법은 정치학, 행정법은 행정학, 노동법은 사회학으로 분류되는 등 법학도서가 유사학문 분야로 분류될 수 있다는 것이다. 즉, 정치학을 교육·연구함에 있어서도 헌법 등의 법률과목이 필요하므로 이들 법과목의 도서는 법학 분야나 정치학 분야에 모두 배치될 수 있다. 따라서 관련 정보를 찾을 때는 이와 같은 점을 고려하여 조사하여야 한다. 나아가 법학도서관을 이용하여 정보를 조사할 때에는 전문사서 등의 도움을 받아 필요한 정보를 찾거나, 서가번호 또는 도서번호 등을 함께 이용하여 정보자료를 찾는 것이 효율적이다.

제3절 국내 주요 법학도서관 현황

1. 로스쿨 법학도서관

로스쿨제도의 도입과 함께 각 로스쿨에 설치된 법학도서관은 법학교육과 연구를 수행하는데 가장 유용하고 밀접한 관계를 갖는 도서관이다. 로스쿨 법학도서관은 개별 대학마다 그 설치·운영상황이 모두 다르기 때문에, 법학도서관의 조직 및 운영에 관한 사항을 일률적으로 설명하기에는 한계가 있다. 따라서 이하에서는 법학전문대학원의 설치·운영에 관한 법률 등에 의한 법학도서관 운영원칙 및 대학도서관으로서의 일반적인 기능에 따른 도서관의 공통적인 현황과 정보서비스를 중심으로 살펴본다.[65]

가. 연혁 및 기능

대학의 법학도서관 특히, 로스쿨 운영과 관련한 법학도서관은 앞서 설명한 바와 같이, 로스쿨제도의 도입을 전후로 하여 설치·운영되었다. 즉, 일부 대학을 제외하고는 2000년을 전·후로 하여 설립되기 시작하였다.[66] 현재 전국 25개의 모든 로스쿨에서 법학도서관을 설치하여 운영하고 있다. 로스쿨의 법학도서관은 학생들에 대한 법학교육 및 교수와 연구원들의 연구 활동에 필요한

65) 이하의 내용은 각 대학의 법학도서관 홈페이지 등을 통해 안내되고 있는 자료를 바탕으로 작성하였으며, 특히 로스쿨 법학도서관들이 공통적으로 제공하고 있는 서비스를 중심으로 기술하였다. 따라서 개별 법학도서관의 법정보서비스에 관한 구체적인 내용은 각 대학의 법학도서관을 직접 방문하거나 정보시스템을 통해 확인하고 이용하여야 한다.

66) 각 대학에서 "법학도서관" 또는 "법학전문도서관"이라는 명칭으로 도서관을 설치한 시기를 살펴보면, 1980년대 1개 대학(서울대), 1996~2000년 6개 대학(부산대, 전남대, 전북대, 성균관대, 동아대, 경희대), 2001~2005년 5개 대학(연세대, 충북대, 강원대, 한양대, 중앙대), 2006~2009년 10개 대학(건국대, 서강대, 아주대, 영남대, 인하대, 제주대, 충남대, 한국외국어대, 경북대, 원광대) 등으로 나타나고 있다(전국대학법학도서관협의회 회원교 편람 편집위원회, "2009 전국대학법학도서관협의회 회원교 편람", 전국대학법학도서관협의회, 2009 참조).

국내외의 전문정보를 수집·관리하고 이용자들의 요구에 따른 법정보의 제공을 그 임무로 한다.

나. 조직 및 운영체계

로스쿨 법학도서관은 대체로 해당 대학 중앙도서관의 분관 형태로 설치되고 있으나, 일부대학의 경우 중앙도서관의 직제로부터 독립시켜 법학전문대학원 소속의 도서관 운영팀 등으로 운영되는 경우도 있다.[67] 보통은 하부조직으로서 수서·정리·열람 및 대출 등을 담당하는 부서 또는 담당직원을 두고, 이용자들의 정보요구에 대응하고 있다. 각 대학의 도서관 조직 구성 및 운영에 관하여는 도서관 운영규정 등을 통해 구체적으로 정하고 있다.

다. 소장도서 현황

로스쿨 법학도서관의 소장도서 등 운영기준에 관하여는 법학전문대학원의 설치·운영에 관한 법률 등에서 각 영역별로 일정한 기준을 제시하고 있다. 따라서 개별 대학의 도서관 운영현황은 각 도서관의 설치시기나 지원 상황 등에 따라 다를 수 있지만, 법학교육에 필요한 최소한의 운영기준은 충족하여야 한다.

로스쿨 개원 첫해인 2009년을 기준으로 할 때, 전국 로스쿨의 법학도서관은 평균적으로 운영기준을 대체로 충족하고 있는 것으로 나타나고 있다. 즉, 전국 로스쿨 법학도서관의 평균 장서 수는 70,800여권, 연속간행물은 158종, 법률 DB는 6종 등으로 파악되고 있으며, 도서관 운영을 위한 인력은 평균 3.5명, 예산은 평균 2억 8천만 원으로 나타나고 있다.[68] 국내 로스쿨 제도의 도입시기 등을 고려할 때, 우리나라 로스쿨의 법학도서관들은 법학교육에 필요한 각종 정보자료를 적절히 확보하고 있다고 할 수 있다.

---

67) 미국 로스쿨의 법학도서관은 중앙도서관으로부터 독립하도록 하고 있으며, 인력·예산 운영 등에 있어서 법학도서관의 자치제도를 인정하고 있다(ABA 기준 및 AALS 준칙 참조).

68) 전국대학법학도서관협의회, 앞의 자료 참조.

[표 8] 전국 로스쿨 법학도서관 현황

KNU 강원대학교 법학도서관 KANGWON NATIONAL UNIVERSITY LIBRARY [http://library.kangwon.ac.kr/]	KU KONKUK UNIVERSITY 법학전문대학원 KONKUK LAW SCHOOL 법학전문도서관 [http://lawschool.konkuk.ac.kr/]
KNU 경북대학교 법학전문대학원 [http://kudos.knu.ac.kr/]	경희대학교 법학전문대학원 KYUNG HEE UNIVERSITY LAW SCHOOL KHU Library [http://khis.khu.ac.kr/law/]
고려대학교 KOREA UNIVERSITY 고려대학교 해송법학도서관 [http://www.korealawschool.com/]	동아대학교 법학도서분관 DONG-A UNIVERSITY LAW LIBRARY [http://dalis.donga.ac.kr/lib/]
부산대학교 법학도서관 Pusan National University Law Library [http://lawlib.pusan.ac.kr/]	서강대학교 법학전문도서관 SOGANG UNIVERSITY LAW LIBRARY [http://lawlibrary.sogang.ac.kr/]
Seoul National University Law Library 서울대학교 법학도서관 [http://lawlib.snu.ac.kr/]	서울시립대학교 법학전문도서관 LAW LIBRARY, UNIVERSITY OF SEOUL LIBRARY [http://lawlib.uos.ac.kr/]
SUNGKYUNKWAN UNIVERSITY(SKKU) Law School 법학전문도서관 [http://lib.skku.edu/index.ax]	아주대학교 AJOU UNIVERSITY 법학전문도서관 Law Library [http://lawlib.ajou.ac.kr/]
YU LIBRARY 연세대학교 법학도서관 Yonsei University Law Library [http://lawlib.yonsei.ac.kr/]	영남대학교 법학전문도서관 Yeungnam University Law Library [http://lawlib.yu.ac.kr/lawlib/]
원광대학교 법학전문도서관 WONKWANG UNIVERSITY LAW LIBRARY [http://elibrary.wonkwang.ac.kr/]	이화여자대학교 EWHA WOMANS UNIVERSITY 이화여자대학교 법학도서관 [http://law.ewha.ac.kr/ko/library/]
인하대학교 법학도서관 [http://lawlib.inha.ac.kr/]	전남대학교 CHONNAM NATIONAL UNIVERSITY 전남대학교 법학도서관 CNU LAW LIBRARY [http://lawlib.chonnam.ac.kr/]
전북대학교 법학도서관 CHONBUK NATIONAL UNIVERSITY LAW LIBRARY [http://lawlib.jbnu.ac.kr/]	제주대학교 법학전문도서관 JEJU NATIONAL UNIVERSITY LAW SCHOOL LIBRARY [http://lawlib.jejunu.ac.kr/]
중앙대학교 CHUNG-ANG UNIVERSITY CAU 중앙대학교 법학도서관 [http://lawlibrary.cau.ac.kr/]	충남대학교 법학전문대학원 CHUNGNAM NATIONAL UNIVERSITY LAW SCHOOL [http://law.cnu.ac.kr/]
충북대학교 CHUNGBUK NATIONAL UNIVERSITY 충북대학교 법학도서관 CHUNGBUK NATIONAL UNIVERSITY LAW LIBRARY [http://lawschool.cbnu.ac.kr/]	한국외국어대학교 HANKUK UNIVERSITY OF FOREIGN STUDIES 한국외국어대학교 법학도서관 HANKUK UNIVERSITY OF FOREIGN STUDIES [http://weblib.hufs.ac.kr/law/]
한양대학교 HANYANG UNIVERSITY 한양대학교 법학학술정보관 [http://lawlib.hanyang.ac.kr/]	이상 전국 25개 로스쿨 도서관

라. 주요 법정보서비스 현황

(1) 열람 및 대출서비스

로스쿨 법학도서관은 도서관으로서의 기본적인 정보서비스를 수행한다. 즉, 교육 및 연구에 필요한 정보자료에 대한 열람 및 복사, 자료대출 등의 도서관 서비스를 제공한다. 자료대출의 경우, 각 대학의 정책에 따라 대출 책 수와 대출기간 등이 다를 수 있으며, 경우에 따라 귀중도서, 외국도서 등은 대출대상에서 제외하기도 한다.

(2) 자료검색서비스

각 대학의 법학도서관은 교육정보화사업 등으로 추진된 도서관정보화계획에 따라 각종 법정보를 DB로 구축함은 물론, 전자저널·Web DB 등의 디지털 자료를 구입하거나 외부기관과 연계하여 상시 서비스하고 있다. 이에 따라 도서관 방문자나 인터넷 이용자들은 법학도서관을 통해 각종 국내외 법정보의 자료검색서비스를 활용할 수 있다.

(3) 법률정보연계서비스

최근 국내외 출판사들의 전자저널 발행 및 인터넷을 통한 정보제공과 연계하여 민간 정보업체들의 법정보서비스가 활성화되고 있다. 즉, 외국의 WESTLAW, LEXIS/NEXIS, D1 LAW, Juris Spectrum, 국내의 KISS, DBPIA, LawnB 등이 그 것이다. 각 대학 법학도서관들은 이와 같은 외부업체의 DB를 도입하거나 시스템 연계를 통해 각종 법정보를 온라인으로 이용할 수 있는 서비스체계를 운영하고 있다.

(4) 기타 서비스

위와 같은 법정보서비스 외에도, 이용자들에 대한 법정보교육, 각종 국내외 법률기관 안내서비스, 전자사전서비스 등 도서관 이용을 보다 효율적으로 지원하기 위한 부가서비스를 제공한다. 또한 다른 대학의 도서관과 협력하여 자료의 공동이용서비스, 상호대차서비스 등 정보제공 범위 확대를 위한 협력사업도 수행하고 있다.

마. 법학도서관 이용방법

로스쿨 법학도서관 이용은 기본적으로 각 대학의 도서관 정책에 따라 달라질 수 있으나, 기본적으로는 온·오프라인을 통한 이용방식을 채택하고 있다. 보통 방문서비스는 일정 근무시간 내에, 온라인 정보검색서비스는 연중무휴로 제공하고 있다. 최근에는 학교 내는 물론 교외에서도 접근 활용할 수 있는 서비스체계를 구축하여 언제, 어디서든 필요한 정보를 이용할 수 있도록 지원하고 있다.

2. 법원도서관 [http://library.scourt.go.kr/]

가. 연혁 및 기능

법원도서관은 대법원의 소속기관으로서,[69] 1972년 2월 법원행정처의 도서과로 출발하여 1989년 9월 법원조직법상의 독립기관으로 확대 개편되었다. 법원도서관은 재판사무 지원 및 법률문화 창달을 위하여 판례·법령·문헌·사료 등 정보를 조사·수집·편찬하고 이를 관리·제공하는 업무를 담당한다(법원조직법 제22조). 또한, 홈페이지 등을 통해 일반국민에게도 소장 자료 및 기타 판례정보 등을 제공하고 있다.

나. 조직 및 운영체계

법원도서관에는 관장을 두며, 관장은 대법원장의 지휘를 받아 법원도서관

69) 이하 내용은 대법원 및 법원도서관의 홈페이지〈http://library.scourt.go.kr/〉와 법원도서관 안내 자료를 참고하여 정리하였다.

의 사무를 관장하고, 소속 직원을 지휘·감독하며, 각급 법원의 도서에 관한 사무를 지도·지원한다. 법원도서관에는 조사심의관을 둘 수 있다. 조사심의관은 도서관장의 업무를 보좌하며, 도서관 업무에 관한 계획의 입안, 연구·조사, 심사·평가, 업무의 종합조정과 도서관장이 지정한 업무를 분장한다. 기타 법원도서관 조직은 사무국 아래에 총무과, 자료편찬과, 자료기획과, 지식운영과 등으로 구성되어 있으며, 그 설치 및 분장 사무는 대법원규칙으로 정한다.[70] 한편, 법원도서관은 각급 법원의 정보자료 이용을 지원하기 위하여 전국의 법원에 본원과 연계한 도서실을 운영하고 있다.

다. 소장도서 현황

법원도서관은 대법원 청사에 종합열람실을, 서울고등법원 청사에 분관열람실을 운영하고 있으며, 종합열람실과 분관열람실에 총 30만권 이상의 장서를 보유하고 있다.[71] 2012년 말 현재, 국내외 법률도서 및 일반도서 33만여 권을 수집·보관하고, 목차 DB 4만7천여 건, 원문 및 초록 DB 7만9천여 건을 각각 구축하여 운영하고 있다.

한편, 법원도서관이 발간하는 자료로는 대법원판례집, 대법원판례해설집, 대법원전원합의체판례집, 대법원 판결요지집, 대법원 판례공보 및 각급법원(제 1, 2심) 판결공보, 사법논집, 재판자료집, 영문판례집, 중문판례집, 영문저널 등이 있다.

라. 주요 법정보서비스 현황

(1) 전자도서관

법원도서관이 법률정보화사업의 일환으로 구축한 전자도서관으로서, 인터넷

---

70) 법원도서관의 조직구성 및 운영 등에 관한 사항은 법원도서관규칙(대법원규칙 제1082호, 1989.8.5, 제정)으로 정하여 시행한다.

71) 구체적으로 국내도서 18만여 권, 동양서 9만여 권, 서양서 6만여 권 등을 보유하고 있으며, 법률도서 외 일반도서도 3만여 권을 보유하고 있다.

으로 법원도서관의 소장 자료를 검색할 수 있고, 저자의 동의를 얻은 자료는 직접 출력할 수 있으며, 최신 판례정보 검색, 희망도서 구입 신청, 신착 도서 정보 수령과 함께 법률 관련 귀중본 및 고서를 전자책으로 열람할 수 있다. 디지털도서관은 법원도서관의 각종 소장 자료와 기타 정보서비스 자료를 전자정보로 가공·축적하여 운영하는 것으로서, 직접 방문을 통해서도 이용할 수 있다.

(2) 종합법률정보시스템

종합법률정보시스템은 대법원 홈페이지(www.scourt.go.kr)에 접속하거나 법원 내부 LAN을 통하여 이용이 가능하다. 판례정보·법령정보·법률문헌정보·규칙/예규/선례정보를 유기적으로 통합하여 재판, 학술연구, 분쟁해결, 법학교육 등에 널리 이용될 수 있도록 인터넷을 통해 서비스함으로써 이용자들이 어느 곳에서나 컴퓨터를 통해 필요한 법률정보를 직접 취득할 수 있다. 종합법률정보시스템을 제공하는 사이트의 도메인 네임은 〈http://glaw.scourt.go.kr/〉이다.

(3) 법고을 LX

CD-ROM 형태의 작은 종합법률정보시스템으로 온라인 종합법률정보시스템의 보완적 프로그램으로 활용되고 있으며, 제공되는 정보는 종합법률정보시스템과 유사하다. 매년 개정판이 제작되며, 그 내용은 대법원 홈페이지 법원도서관 사이트(www.library.scourt.go.kr)에서 확인할 수 있다. 또한, 동 CD-ROM을 구입한 사람은 주기적으로 추가되는 정보파일을 다운받아 정보자료를 갱신하고 업데이트할 수 있다.

(4) 외국 판례검색

법원 내부 전용망을 통하여 다양한 외국 사법 정보 자료의 검색과 출력이 가능하다. 현재 미국·독일·프랑스·일본·중국의 판례·법령·학술지·정기간행물 원본 등을 온라인으로 제공하고 있으며, 법률용어에 중점을 둔 한일번역 프로그램을 개발하여 일본 자료를 바로 한국어로 번역하여 볼 수 있도록 하였다. 그러나 외부서비스는 제한적으로만 운영하고 있다.

(5) 이미지 검색시스템

법원도서관은 소장 자료 중 원본의 훼손상태가 심하여 보존상 문제가 있거나 열람에 제공하기 어려운 자료 및 귀중 자료 등을 원본 형태 그대로 이미지 파일로 변형하여 반영구적으로 보존 및 열람할 수 있도록 데이터베이스와 프로그램을 개발하여 이용에 제공하고 있다. 법원도서관의 귀중자료실은 우리나라 사법 분야에 관한 다수의 역사자료들을 보관하고 있다.

마. 법원도서관 이용방법

법원도서관의 이용대상자는 일정한 사람으로 정하고 있다. 즉, i) 법관 및 법원공무원, ii) 검사, 검찰공무원, 변호사, 법무사, 사법연수원생 및 대학교수, iii) 국가기관과 연구기관의 임직원으로서 소속기관장의 의뢰로 법원도서관장의 승인을 받은 사람, iv) 기타 상당한 이유가 있어 법원도서관장의 승인을 받은 사람 등이다. 로스쿨 학생들은 법원도서관장의 승인을 얻어 정보자료를 이용할 수 있다.

이용시간은 토요일과 공휴일을 제외하고, 오전 9시부터 오후 6시까지 방문하여 이용할 수 있다. 물론 홈페이지를 통한 정보이용은 24시간 상시 접근하여 이용할 수 있다. 도서관을 직접 방문하여 이용하는 사람은 필요한 자료를 복사할 수 있으나, 복사용지는 이용자가 준비하도록 하고 있다. 기타 자세한 사항은 해당 안내정보를 참고하면 된다.

3. 국회도서관 [http://www.nanet.go.kr/]

가. 연혁 및 기능

국회도서관은 1952년 2월 전시수도 부산에서 국회의원들의 자료를 모아 국회도서실을 설치한 것을 계기로 출발하였으며, 1963년 국회도서관법의 제정으로 국회의 독립기관이 되었다.[72] 1964년에는 국회도서관법에 의해 정보자료의 납본제도가 개시됨으로써 장서가 질적·양적으로 발전하는 계기가 되었다. 국회도서관은 도서관자료 및 문헌정보의 수집·정리·보존·제공과 참고회답 등의 도서관봉사를 수행함으로써 국회의 입법 활동을 지원하며(국회도서관법 제2조 제1항), 나아가 국회 이외의 국가기관, 지방자치단체, 기타 공공단체, 교육·연구기관 및 일반 공중에 대하여 도서관서비스를 제공한다(동조 제3항).

나. 조직 및 운영체계

국회도서관에는 관장을 두며, 관장은 의장의 감독을 받아 도서관 사무를 통할하고 소속공무원을 지휘·감독한다(국회도서관법 제4조). 국회도서관은 업무의 효율적인 수행을 위하여 의회정보실·법률정보실·정보관리국·정보봉사국 및 국회기록보존소 등의 운영조직을 두고 있다.[73] 또한 국회도서관은 전자도서관의 구현, 열람 및 대출서비스, 외부기관과의 정보자료 협조 등의 각종 사업을 수행하며, 그 구체적인 내용은 국회도서관 운영에 관한 규칙에서 정하고 있다.[74]

다. 소장도서 현황

국회도서관의 장서는 주로 인문·사회과학 분야의 자료로 구성되어 있으며, 국내 각종 법정보 자료는 물론 주요국의 의회자료와 각국의 헌법·법령집 그리고 정부간행물도 소장하고 있다. 또한 국회도서관은 국제기구의 기탁도서관으로서 UN 및 UN 전문기구와 WTO 등에서 간행한 각종 자료도 수집·정리하여 보관하고 있다.

2013년 2월 현재, 단행본 348만여 권, 전자도서 100만 책, 시청각자료·마이

---

72) 이하 내용은 국회도서관 홈페이지〈http://www.nanet.go.kr/〉의 도서관 소개 자료를 참조하였다.

73) 국회도서관직제(국회규칙 제4호, 1964.2.28, 제정) 제2조 제1항.

74) 국회도서관 운영에 관한 규칙(국회규칙 제52호, 1989.3.9, 제정) 참조.

크로자료 등 비도서 38만여 점 등 총 487만여 책(점)을 보유하고 있다. 또한, 국내외 정기간행물 2만4천여 종, 신문 1천종 등의 최신자료들을 정기적으로 수집하고 있으며, 각종 목록정보 DB 744만여 건, 원문정보 DB 300만여 건 등을 구축하여 제공하고 있다.

한편, 국회도서관은 입법 활동 지원 및 수행사업 성과의 대외홍보 등을 위하여 자체자료를 발간하고 있으며, 법과 관련된 주요자료로서는 입법현안 법률정보, 글로벌 핫이슈, 외국법률 번역목록집, 국내정기간행물기사색인, 석·박사학위논문 총목록 등을 들 수 있다.

라. 주요 법정보서비스 현황

(1) 전자도서관

국가 법률정보화사업으로 구축된 국회 전자도서관은 자체 소장하고 있는 전자정보를 제공하며, 이와 함께 학술 및 입법정보 교류협력기관 등 외부기관의 데이터베이스와의 통합검색도 지원한다. 전자도서관 검색시스템을 통해 메뉴검색, 명령어 검색 등 다양한 검색기능을 제공한다. 일반이용자는 저작물 이용이 허락된 원문만을 조회할 수 있으며, 협약체결기관 이용자 및 국회 내부 이용자의 경우에는 저작권법상의 도서관간 정보전송이 가능한 원문을 열람할 수 있다.

(2) 국가서지 작성 및 배포

국가차원의 종합정보안내를 위해 1910년 이후 국내에서 발간된 정기간행물 가운데 입법정보 및 학술정보로서 가치가 높은 기사를 선정하여 데이터베이스화한 대한민국의 대표적인 종합 기사색인목록과, 1945년 이후 국내에서 수여된 석·박사학위 논문을 망라한 한국 박사 및 석사학위논문 총목록을 발간하여 배포하고 있다. 종전에는 책자형태로 발간하였으나, 현재는 CD-ROM 및 데이터베이스로 제작하여 국회 전자도서관 시스템을 통해 일반에 제공하고 있다.

(3) 의회정보서비스

의회정보서비스는 국회도서관에서 입법 및 국정현안 자료를 국회의원 및 입법 관련 부서에 의회정보회답, 팩트 북 및 자료발간, 데이터베이스 구축 및 서비스, 이메일 서비스 등 다양한 유형으로 제공하는 입법지원 활동이다. 이 가운데 특히, 입법지식 DB는 입법 및 의정활동에 참고가 될 각종 지식을 제공하는 데이터베이스로서 각 분야의 주요 현안 및 정책사항들에 대한 다양한 분석정보를 제공한다.

(4) 법률정보서비스

법률정보서비스는 국내·외 법률관련 자료를 국회의원 및 입법보좌직원과 일반국민에게 제공하는 종합적인 법률정보제공 서비스로 법률정보회답, 법률관련 DB 구축 및 서비스, 법률관련 자료발간 및 메일링 서비스, 법률정보검색, 법률자료열람 등을 포함하고 있다. 특히 법률쟁점 DB는 개별 법률 단위로 법령, 판례, 법률안 및 법률별 쟁점사항 등을 제공하며, 입법현안 법률정보는 입법현안과 관련된 국내·외 법률 및 관련정보를 조사하여 제공하는 것으로, 특정 법률사항과 관련된 종합적인 정보를 얻는데 중요한 정보원이 될 수 있다.

(5) 기타 정보서비스

국회도서관은 내·외부 이용자들의 정보열람을 효율적으로 지원하기 위하여 법령자료실, 의회·국제기구자료실, 의원열람실 등을 설치하여 법률자료 등의 열람서비스를 제공하며, 또한 국회와 지방의회 회의록 자료, 각국 의회의 의회자료 등에 대한 정보도 제공하고 있다.

마. 국회도서관 이용방법

국회도서관의 이용대상자는 일정한 사람으로 정하고 있다. 즉, i) 전·현직 국회의원 및 국회 소속 공무원, ii) 대학생 또는 18세 이상인 자, iii) 학교장,

공공도서관장, 기타 기관장의 추천을 받은 중·고등학생과 비재학생, iv) 그 밖에 도서관 소장 자료가 필요하다고 국회도서관장이 인정한 자, v) 외국인의 경우 여권 또는 외국인 등록증 소지자 등으로 정하고 있다. 방문이용은 휴관일인 공휴일과 매월 둘째, 넷째 토요일을 제외하고 매일 오전 9시부터 오후 10시(단, 토요일과 일요일은 오후 5시)까지 이용할 수 있다. 앞서 설명한 제반 서비스를 이용할 수 있으며, 이용에 필요한 실비를 납부하여야 한다.

4. 헌법재판소도서관 [http://library.ccourt.go.kr/]

가. 연혁 및 기능

헌법재판소도서관은 국내 유일의 공법전문 도서관으로서 1988년 11월 헌법재판소 설립과 더불어 설치되었다.[75] 처음에는 심판자료국 자료과 내의 도서실로 출발하였으며, 현재는 심판자료국 법률정보운영과 내의 헌법재판소도서관으로 확대 개편되었다. 본 도서관은 헌법재판소의 고유기능인 헌법재판 및 헌법연구 활동을 효율적으로 지원하고, 나아가 일반국민이 헌법정보를 비롯한 각종 법률 지식정보를 쉽게 접근할 수 있도록 지원하는 것을 주요 기능으로 한다.

나. 조직 및 운영체계

헌법재판소도서관에는 도서관의 자료선정, 자료교류, 헌법재판소공보 및 헌법재판소판례집에 게재할 판례의 선정 등에 관한 중요사항을 심의하기 위하여 헌법재판소 도서 및 판례심의위원회를 두고 있다.[76] 동 위원회는 산하에

75) 이하 내용은 헌법재판소도서관 홈페이지〈http://library.ccourt.go.kr/〉의 도서관 소개 자료를 참조하여 작성하였다.

76) 동 위원회는 위원장 1인과 부위원장 1인을 포함하여 20인 이내로 구성한다. 위원장은 재판관회의의결을 거쳐 헌법재판소재판관 중에서, 부위원장은 위원 중에서 헌법재판소장이 위촉 또는 임명한다. 위원은 i) 법관·검사 또는 변호사의 자격이 있는 자, ii) 법학 또는 문헌정보학 조교수급이상인 자, iii) 헌법재판소 사무처에 근무하는 4급 이상 직원,

판례심의소위원회, 자료선정위원 등의 조직과 기구를 두고 주요 공개대상 헌법판례의 선정 및 국내외 수집대상 자료의 선정 업무를 수행하게 하고 있다.[77] 일반적인 도서관 운영은 심판자료국 내의 법률정보운영과에서 담당하고 있다.[78]

다. 소장도서 현황

헌법재판소도서관은 2012년 12월 현재 약 11만여 권의 장서와 595종의 연속간행물, 11종의 신문, 585종의 비도서 자료를 보유하고 있다. 또한 영미, 일본, 독일, 프랑스 등 각국 판례집 190종, 법령집 24종 등을 보유하고 있으며, 기사색인 DB 69만여 건, 국내외 Web DB 8종 등을 확보하여 내·외부에 서비스하고 있다.

헌법재판소가 발간하는 자료로서는 헌법재판소공보·헌법재판소판례집·헌법재판소결정해설집·헌법재판연구 등의 연속간행물과 헌법재판실무제요·기타 헌법재판 관련 연구보고 자료 등의 단행본이 있으며, 이외에도 국내·외 헌법재판제도에 관한 참고자료 등을 보유하고 있다. 나아가 이들 자체 발간 자료들은 전자책으로도 발행하고 있어 온라인을 통한 이용이 가능하다.

라. 주요 법정보서비스 현황

(1) 정보검색서비스

헌법재판소도서관이 소장 또는 보유하고 있는 국내외의 각종 법정보 DB를 이용하여 주요 서지사항을 중심으로 한 정보검색서비스를 제공한다. 소장자료검색, 신착자료검색, 통합검색, 분류검색 등의 기능을 통해 다양한 정보검색서비스를 제공한다. 이는 헌법재판 및 공법분야를 중심으로 하는 특화된 법정

헌법연구관 또는 헌법연구관보, iv) 헌법재판을 위한 조사연구 분야의 계약직공무원 중에서 헌법재판소장이 위촉 또는 임명한다(헌법재판소도서및판례심의위원회규칙 제2조).

77) 헌법재판소도서및판례심의위원회규칙 제2조의2 및 제2조의3.

78) 헌법재판소 사무기구에 관한 규칙 제12조.

보 검색서비스로서 이용가치가 있다.

(2) 헌법재판정보서비스

정보검색서비스의 일환으로서 헌법재판소판례집 및 판례요지집 등에 수록된 정보와 헌법재판소가 발간한 각종 간행물을 대상으로 한 정보서비스를 제공한다. 이 서비스는 서지사항뿐만 아니라, 원문정보를 동시에 연계 제공하고 있어 정보서비스의 충실성을 확보하고 있다. 특히 개별 헌법재판사건에 대한 주요 처리사항과 헌법재판 사건 유형별로도 검색할 수 있어 정보이용의 편리성을 도모하고 있다.

(3) 기타 서비스

도서관의 기본기능으로서 헌법재판소도서관이 보유하고 있는 각종 소장도서에 대한 열람 및 복사, 대출서비스 등을 시행하며, 참고정보서비스, 온라인 도서관이용교육 등의 부대서비스를 제공하고 있다.

마. 헌법재판소도서관 이용방법

헌법재판소도서관의 이용대상자는 모든 국민을 대상으로 한다. 따라서 기관내의 임직원은 물론, 일반 국민들도 필요한 정보를 상시 이용할 수 있다. 다만, 일반이용자는 도서대출 등에 있어서 관내 열람만 가능하고 대출은 허용되지 않는다. 일반이용자는 도서관 담당공무원에게 자신의 신분을 증명하여 승인을 얻은 후 도서 및 자료를 열람하고, 자료복사는 복사용지를 지참하고 담당자의 승인을 얻어 복사한다. 공법 관련 주제에 대한 전문적인 참고봉사 및 도서관 전반에 관한 안내를 받을 수도 있다. 방문을 통한 정보이용시간은 토요일 및 공휴일을 제외한 평일 오전 9시부터 오후 6시까지이다.

5. 국립중앙도서관 [http://www.nl.go.kr/]

가. 연혁 및 기능

국립중앙도서관은 범국가적 차원에서 설치·운영하는 중앙도서관으로서 가장 긴 역사와 전통을 갖는다.[79] 1945년 10월 국립도서관으로 개관하였으며, 1963년 10월 도서관법 제정으로 국립중앙도서관으로 개칭되었다. 국립중앙도서관은 법학전문 도서관은 아니지만, 국내의 법률도서 및 법학연구자료 등 법과 관련된 일반정보를 폭넓게 제공하고 있다. 특히, 2009년 5월 국내 대표도서관으로서 각종 도서관들과 연계한 국가전자도서관을 구축·운영하고 있어 국가정보의 종합포털로서의 기능과 역할을 수행하고 있다.

나. 조직 및 운영체계

국립중앙도서관은 문화체육관광부 소속 국가대표도서관으로서 그에 필요한 조직을 구성하여 운영한다. 즉, 관장을 중심으로 자료관리부, 디지털자료운영부, 도서관연구소 등의 하부조직을 설치하고, 국내외 도서자료의 수집·제공·보존관리 등의 업무를 수행한다. 국가도서관으로서 특히 국가서지 및 표준화에 관한 업무를 관장한다. 국립중앙도서관은 도서자료의 효과적인 수집을 위하여 도서관 자료에 대한 납본제도[80]를 운영하고 있으며, 또한 도서관 업무의 효율적인 수행을 위하여 국회도서관 등 다른 도서관과 협력하여야 한다.[81]

---

79) 이하 내용은 국립중앙도서관 홈페이지〈http://www.nl.go.kr/〉의 도서관 소개 자료를 참조하여 작성하였다.

80) 납본제도는 국가도서관 기능의 원활한 수행과 국가문화자원인 각종 도서류의 영구적 보존·관리를 위하여 국내 출판사나 기관·단체 및 개인 등이 도서자료를 발행 또는 제작한 경우 그 자료를 국립중앙도서관에 의무적으로 제출하게 하는 제도를 말한다(도서관법 제20조).

81) 도서관법 제18조 및 제19조, 제20조 및 제20조의2 등 참조.

다. 소장도서 현황

국립중앙도서관은 2013년 2월 현재 총 896만여 권의 장서를 보유하고 있다. 주제별로는 총류 65만여 권, 인문과학 369만여 권, 사회과학 236만여 권, 자연과학 224만여 권 등이다. 소장도서에는 고서, 대한민국 관보, 연속간행물, 신문, 비도서 자료 등 모든 형태의 자료를 망라하고 있다.

한편, 국립중앙도서관이 중심이 되어 국내 주요 9개 기관·단체가 참여하여 공동으로 구축한 국가전자도서관[82]은 각 분야의 서지정보 DB와 원문정보 DB 등 70여종의 데이터베이스를 통합시스템으로 구축하고 있으며,[83] 온라인을 통해 상시 제공하고 있다.

라. 주요 법정보서비스 현황

(1) 열람 및 복사서비스

국립중앙도서관은 기본적 도서관기능으로서 각종 도서에 대한 방문열람 및 복사서비스를 제공한다. 일부 귀중도서나 희귀도서에 대하여는 열람과 이용이 제한될 수 있다. 법정보와 관련하여 특히 대한민국 관보 등 과거의 입법추진에 관한 정보를 조사함에 있어서는 직접 방문을 통한 정보이용이 유용하다. 또한 정보이용의 효율성을 제고하기 위하여 자체적으로 디지털도서관을 구축하여 운영하고 있다. 도서관의 각 층별 및 실별 도서와 일부 전자정보 등의 자료검색 및 열람서비스는 방문이용자를 대상으로 하고 있다.

---

82) 국자전자도서관사업은 국내 주요 도서관을 연계하여 국가정보능력을 신장시키고 지역간 균형 있는 발전을 꾀하며, 향후 전국도서관들을 연결하여 국가문헌정보 유통체제를 구축하는 정보화 기반을 확립하고자 1997년 '전자도서관 시범사업'으로 출발하여 2005년까지 총 6차에 걸쳐 추진되었다. 국가전자도서관사업의 참여기관은 국립중앙도서관, 국회도서관, 법원도서관, 한국과학기술정보연구원 과학기술도서관, 한국과학기술원 과학도서관, 농업진흥청 농업과학도서관, 국방전자도서관, 한국교육학술정보원, 국가지식포털 등이다. 국가전자도서관의 인터넷 사이트는 〈http://www.dlibrary.go.kr/〉이다.

83) 국가전자도서관이 제공하고 있는 각 분야별 도서정보 및 데이터베이스(DB) 등 정보자원은 해당 홈페이지 [참여기관/DB소개]를 방문하면 자세히 파악할 수 있다.

(2) 전자도서관서비스

국립중앙도서관의 정보검색서비스는 앞서 설명한 국가전자도서관을 통해 각종 정보자료에 대한 검색 및 이용서비스를 위주로 하고 있다. 전자정보에 대한 검색은 국가전자도서관에 연결된 9개 기관의 70개 데이터베이스를 대상으로 통합검색, 간략검색, 상세검색 등의 다양한 검색방식을 제공하고, 검색된 정보는 각 기관의 형식에 따라 열람 및 출력을 통한 이용이 가능하다. 또한 일부 자료의 경우는 다운로드를 통해 자신의 컴퓨터에 저장하여 이용할 수도 있다.

마. 국립중앙도서관 이용방법

국립중앙도서관의 이용대상자는 16세 이상인 모든 국민을 대상으로 한다. 방문자는 물론, 우편·통신을 통한 복사이용도 가능하다.[84] 도서관 자료복사는 저작권법에 위배되지 않는 범위 내에서 일정 부분으로 제한되며, 복사에 따른 비용은 이용자가 부담한다. 이용시간은 매월 둘째, 넷째 월요일과 공휴일을 제외한 매일 오전 9시부터 오후 6시까지이다. 직장인 등 주간에 이용하기 어려운 사람을 대상으로 오후 6시부터 10시까지 제한된 범위의 야간도서관을 운영한다.

6. 기타 공공 법학도서관[85]

가. 한국법제연구원 도서관 [http://www.klri.re.kr/]

법제연구원은 법제에 관하여 전문적으로 조사·연구하고 법령정보를 체계적

84) 도서관을 방문하지 못하는 사람은 인터넷이나 FAX 등으로 신청하고, 복사물을 우편 또는 FAX로 제공 받을 수 있다. 이 경우는 일반도서, 연속간행물 및 학위논문을 대상으로 하며, 비도서, 신문, 마이크로필름, 특수자료, 북한자료센터자료, 귀중본은 제외된다.

85) 이하의 법학도서관은 국내 공공 도서관 가운데 법정보조사와 밀접하게 관련된 도서관(실)을 중심으로 소개한다. 이외에도 법정보와 직·간접적으로 관계된 각종 도서관의 소재 및 운영현황에 관한 정보는 국립중앙도서관의 전국도서관안내 서비스를 통해 확인할 수 있다. 동 사이트는 〈http://www.nl.go.kr/nl/c4/page5.jsp〉이다.

으로 수집·관리함으로써 국가 입법정책 수립의 지원 및 법령정보의 신속·정확한 보급과 아울러 법률문화의 향상에 이바지하기 위하여 설립된 기관이다. 위 도서관은 법제 관련 전문도서관으로서[86] 국내외 법제 및 입법에 관한 정보와 자체발간 자료를 중심으로 수집·관리하고, 관련 연구자 및 일반국민에 대한 정보검색서비스를 제공한다. 각국의 법제 및 법령정보를 조사하는데 유용한 정보원이다.

나. 국가인권위원회 인권도서관 [https://library.humanrights.go.kr/]

국가인권위원회 인권도서관은 인권전문 도서관으로서 다양한 인권관련 자료를 수집·정리·보존하고 직원, 인권단체, 일반국민들에게 제공하고 있다. 단행본 3만5천여 권, 연속간행물 149종, 전자책 308종 등을 보유하고 있으며, 인권위원회가 소장하고 있는 각종 인권 관련 자료의 열람·복사, 인권관련 자료목록, 인권사이트 등의 정보를 제공한다. 방문 및 온라인 이용이 가능하며, 인권관련 메일링서비스도 제공한다. 인권 관련 전문정보를 조사하는데 유용한 정보원이다.

다. 한국형사정책연구원 도서관 [http://www.kic.re.kr/]

한국형사정책연구원은 각종 범죄의 실태와 원인 및 그 대책을 종합적·체계적으로 분석·연구함으로써 국가의 형사정책수립과 범죄방지에 이바지하기 위하여 설립된 기관이다. 위 도서관은 형사정책 전문도서관으로서 관련 연구에 필요한 정보를 수집·관리·제공하고, 소장도서 및 발간자료의 배포 등 대국민 정보서비스를 제공한다. 형사정책 및 형사법 관련 법정보의 조사에 유용한 정보원이다.

---

86) 위 기관은 내부 직제 및 정보시스템상 도서관으로서는 편제하지 않았으나, 정보관련 부서를 통해 국내외 관련 정보의 종합적인 수집·관리 및 서비스체계를 구축· 운영하고 있다.

라. 특허청 특허도서관 [http://library.kipo.go.kr/]

특허청의 특허도서관은 특허 등 산업재산권 관련 전문도서관으로서 1946년 상공부 특허국의 도서관으로 출발하였으며, 2000년에 온라인 정보서비스체계를 갖춘 특허전자도서관으로 확대 개편되었다. 동 도서관은 특허협력조약(PCT)에 따른 최소(필수)문헌, 과학기술도서 및 지식재산권 자료를 특허조사자료 등으로 활용될 수 있도록 제공하는 것을 주요 목적으로 하고 있으며, 아울러 국가 지식재산권 관련 대국민 정보서비스를 수행하고 있다. 2012년 9월 현재 특허 관련 단행본 3만3천여 권, 정기간행물 546종, Web DB 24종 등 각종 자료와, 각 국의 특허문헌(특허, 실용신안, 디자인, 상표 등의 출원·등록서류 등)을 완비하고 있으며, 특허청 내 심사관 및 외부 이용자에 대한 정보서비스를 수행한다. 산업재산권 관련 법제정보, 권리정보, 출원·심사정보 등의 법정보 조사에 반드시 활용하여야 할 정보원이라고 할 수 있다.

마. 한국지식재산연구원 지식재산도서관 [http://lib.kiip.re.kr/]

지식재산도서관은 한국지식재산연구원이 운영하는 지식재산 관련 전문도서관으로서, 세계 각국의 지식재산에 관한 정보 및 전문자료를 수집·보급하여 지식재산 분야의 대국민 학술연구기반 구축과 학술정보 등에 대한 종합적인 정보교환망의 구축을 목적으로 2009년 설치되었다. 지식재산연구에 필요한 학술자료, 기업업무와 관련된 지식재산실무서, 연구보고서, 간행물 등 각종 전문도서와 일반도서, 지식재산 관련 데이터베이스, 기타 E-Resource 등 다양한 자료를 구비하고,[87] 내외부의 연구자 및 일반국민을 대상으로 열람·복사 등 서비스를 제공한다. 지식재산관련 법정보를 조사하는데 유용한 정보원이다.

87) 주요 소장도서로서 지식재산 관련 전문 연구보고서 및 단행본 2천여 권, 연속간행물 65종, 학술 DB 12종 등을 보유하고 있다.

바. 한국저작권위원회 저작권도서관 [http://www.copyright.or.kr/]

저작권위원회의 저작권도서관은 저작권 분야의 전문도서관으로서 저작권 분야의 단행본, 연구보고서 및 세미나 자료, 연속간행물 등을 보유하고, 유관기관 종사자 및 연구자, 일반인 및 학생들을 대상으로 열람 및 복사 등의 정보서비스를 제공한다. 저작권 관련 법정보를 조사하는데 유용한 정보원이다.

사. 한국노동연구원 도서관 [http://dl.kli.re.kr/]

한국노동연구원은 노동관계에 대한 각종 문제를 체계적으로 분석·연구함으로써 합리적인 노동정책 개발과 노동문제에 관한 국민일반의 인식제고에 이바지하기 위한 목적으로 설립된 기관이다. 위 도서관은 노동 분야의 전문도서관으로서 노동 관련 국내외 정보자료를 수집·관리하고, 원내외 연구자 및 일반국민에 대한 정보서비스를 제공한다. 노동법 및 관련 정책연구정보를 조사하는데 유용한 정보원이다.

아. 한국조세연구원 도서관 [http://www.kipf.re.kr/]

한국조세연구원은 조세·공공지출·공공기관의 운영 관련 사항을 조사·연구·분석함으로써 국가의 관련 정책 수립을 지원하고 국민경제의 발전에 이바지함을 목적으로 설립된 기관이다. 동 도서관은 조세 관련 전문도서관으로서 조세정책 및 조세제도 등에 관한 각종 국내외 자료를 수집하여 연구활동을 지원함은 물론 전자도서관시스템을 구축하여 대내외에 서비스하고 있다. 소장자료의 열람, 복사, 대출 및 관련정보의 검색서비스를 제공한다. 조세관련 법령 및 정책에 관한 법정보의 조사에 유용한 정보원이다.

자. 국립외교원 도서관 [http://www.knda.go.kr/]

국립외교원 도서관은 1976년 외교안보연구원의 도서관으로 출발한 외교안보 분야의 전문도서관으로서, 외교안보 분야의 정책연구 및 교육활동을 지원하고, 관련 공무원 및 외교안보 연구자 등에게 필요한 정보자료의 제공을 목적으로 설립되었다. 국제정치 및 외교안보분야의 단행본 4만5천여 권, 학술지 465종, 유엔 및 OECD 등 국제기구자료 1만여 책, 외국 주요 신문 23종 등의 정보자료를 보유하고 열람, 복사, 정보검색 등의 정보서비스를 제공한다. 특정 국가의 정보 및 국제법 관련 법정보 조사에 유용한 정보원이다.

[표 9] 국가 및 공공 법학도서관 현황

 [http://library.scourt.go.kr/]	 [http://www.nanet.go.kr/]
 [http://library.ccourt.go.kr/]	 [http://www.nl.go.kr/]
국가인권위원회 인권도서관 Human Rights Library [https://library.humanrights.go.kr/]	KIC 한국형사정책연구원 Korean Institute of Criminology KIC 도서관 [http://www.kic.re.kr/html/library/]
특허청 특허청 도서관 [http://library.kipo.go.kr/]	한국지식재산연구원 Korea Institute of Intellectual Property 한국지식재산연구원 | 지식재산전문도서관 [http://lib.kiip.re.kr/]
한국저작권위원회 KOREA COPYRIGHT COMMISSION 저작권도서관 [http://www.copyright.or.kr/]	KLI 한국노동연구원 KLI 한국노동연구원 전자도서관 [http://dl.kli.re.kr/]
KIPF 한국조세재정연구원 KOREA INSTITUTE OF PUBLIC FINANCE 한국조세재정연구원 전자도서관 [http://lib.kipf.re.kr/]	국립외교원 Korea National Diplomatic Academy 국립외교원 전자도서관 KNDA Digital Library [http://www.mofat.go.kr/ifanslib.html]

제4장 온라인 정보검색 방법론

제1절 온라인 정보검색 개관

1. 온라인 정보검색의 의의 및 필요성

가. 온라인 정보검색의 의의

정보검색(IR : Information Retrieval)이란 다양한 정보자료를 수집·분석·가공하여 정보시스템으로 축적하고, 축적된 정보를 일정한 목적에 따라 다시 찾아내는 일련의 과정을 말한다. 따라서 정보검색은 광의로는 정보의 축적과 검색을 모두 포함하지만 검색은 축적을 전제로 하므로 보통은 검색만을 의미한다. 또한, 정보검색은 정보조사와 달리 주로 컴퓨터시스템에 축적된 정보(data)를 찾는 활동을 일컫는다.

온라인 정보검색(on line information retrieval)은 컴퓨터와 인터넷 등 정보통신망을 이용한 정보검색을 말한다. 즉, 이용자가 정보통신망을 이용하여 정보제공자의 컴퓨터시스템[88]에 접속하여 필요한 정보를 탐색하여 찾아내는 정보조사 방식이다. 컴퓨터를 이용한 단순 정보검색은 1960년대부터 이루어졌으나,[89] PC통신 등 네트워크를 통한 온라인 정보검색시스템은 1970년대에 들어와 개발되었고, 현재와 같은 웹정보검색서비스는 1990년대 이후 보편화되었다. 최근에는 유선통신은 물론 스마트폰 등 무선통신을 이용한 온라인 정보검색도 보편화되고 있다.

88) 온라인 정보검색시스템은 온라인 정보검색이 가능하도록 만들어진 일련의 정보체계로서 H/W, S/W, N/W, DB 등 다양한 정보자원으로 구성된 서비스시스템을 말한다.

89) 이때의 정보검색은 마그네틱테이프 등 컴퓨터 가독형 매체에 수록된 전산정보파일을 컴퓨터시스템에 연결하여 정보를 찾아내는 조사방식이었다. 즉, 정보통신망을 통해 공간적으로 분리된 장소에 소재하는 정보시스템에 접속하는 것이 아니라, 컴퓨터 단말기를 통해 컴퓨터에 연결된 정보자료파일에서 정보를 찾는 방식이다.

나. 온라인 정보검색의 필요성

온라인 정보검색은 법정보조사에 있어서 가장 널리 이용되는 정보조사방식이다. 오늘날의 법정보는 법률정보화 등의 추진에 힘입어 컴퓨터를 통해 생산·처리·가공 및 관리·이용되고 있으므로 법정보조사에 있어서 온라인을 통한 정보검색방법론을 습득하는 것이 매우 중요하다. 온라인 정보검색이 중요하게 되는 이유를 몇 가지로 나누어 살펴보면 다음과 같다.

(1) 국가 법률서비스의 디지털화

먼저, 국가 법률서비스의 디지털화가 촉진된 점이다. 앞서 설명한 바와 같이, 행정정보화 및 전자정부의 추진 등 국가정보화사업의 확대에 따라 법률분야에 있어서도 디지털화가 크게 진전되었다. 이에 따라 법안이나 재판서 등 법률문서 자체를 전자파일로 생성하며, 이와 동시에 해당 정보를 다양한 DB로 구축하여 서비스하고 있다. 또한 전자소송제도의 도입으로 소송자체도 온라인화되고 있는 등 각종 법정보의 디지털화는 90% 이상인 것으로 추측되고 있다.

(2) 교육 및 연구 환경의 변화

둘째, 교육·연구 환경의 변화를 들 수 있다. 각종 교육 및 연구에 필요한 정보자료들이 종전의 인쇄형태에서 Web DB, e-Book, 전자저널 등 전자매체로 급속히 전환되고 있으며, 학습효과의 제고를 위해 다양한 멀티미디어 교육과정이 개발되는 등 교육정보화가 확대되고 있다. 이에 따라 온라인 정보검색을 통해 관련 정보의 소재를 파악하고, 필요한 정보를 수집·분석하여 활용하는 능력은 교육과정의 필수적 수단으로 간주되고 있다.

(3) 사회전반의 인터넷 이용 확대

셋째, 사회전반의 정보이용 환경 및 여건의 변화이다. 즉, 일반 국민들의 인터넷 이용이 크게 증가하고 있으며,[90] 특히 정보자료의 획득이나 교육·학습활동에 있어서 인터넷을 이용하는 비중이 매우 높게 나타나고 있다.[91] 즉, 온라인을 통한 정보 활용이 일상화되고 있다. 이는 도서관 이용에 있어서도 같은 현상으로서 인터넷을 이용한 도서관 정보자료의 조사와 활용이 큰 비중을 차지하고 있다.

(4) 법정보 조사활동의 효율성 제고

마지막으로 법정보 조사활동의 효율성 제고의 요청이다. 전 세계에 흩어져 있는 다양한 유형의 법정보들을 신속하고 정확하게 찾아내기 위해서는 시·공간의 제약을 극복할 수 있는 방법이 요구되며, 특히 법률생활이 복잡·다기해짐에 따라 법정보 외의 다양한 정보들을 동시에 종합적으로 찾기 위해서는 온라인을 통한 정보조사가 매우 효과적이다. 결국, 온라인 정보검색은 오늘날의 법정보조사에 있어서 필수적인 수단으로서 인정된다고 할 것이다.

2. 온라인 정보검색 기반기술과 자원

가. 인터넷과 가상공간

(1) 인터넷의 의미와 특성

온라인 정보검색을 시행하기 위한 기본적인 정보통신 수단이 바로 인터넷인바, 이에 대한 기본적인 이해가 필요하다. 인터넷(Internet)은 전 세계의 컴퓨터가 서로 체계적으로 연결되어 정보를 교환할 수 있는 하나의 거대한 컴퓨터

---

90) 2007년 말 현재, 인터넷 이용자는 약 3,500만 명으로, 전체 국민의 76.3%가 인터넷을 이용하고 있는 것으로 나타난다. 특히 교육·연구활동이 활발한 10~30대의 경우 99% 이상이 인터넷을 이용하고 있다(2008 국가정보화백서 참조).

91) 인터넷을 이용하는 국민들의 인터넷 이용 목적은 자료 및 정보수집이 87.5%, 교육 및 학습이 47.9%로 나타나, 인터넷 이용자의 약 절반 이상은 교육과 학습에 필요한 정보자료를 찾는데 있는 것으로 분석된다(ibid).

통신망이다.92) 인터넷은 기술적인 측면에서 i) 범지구적 네트워크(International Network)로서, ii) 전 세계의 수많은 컴퓨터들이 서로 접속된 세계 최대의 컴퓨터 연결망(Network of networks)이며, iii) TCP/IP(Transmission Control Protocol / Internet Protocol) 기술을 이용한 정보전송체계로서, iv) 정보서비스 제공자와 서비스 이용자를 연결하는 Client-Server 방식의 자원 공유시스템이라는 특성을 갖는다. 인터넷은 전 세계의 온라인 법정보조사를 수행하는데 있어 중요한 기술적 기반이라고 할 수 있다.

(2) 가상공간(Cyber Space)

한편, 온라인 정보검색을 위해 접근하는 인터넷상의 장소를 가상공간이라고 한다. 가상공간은 정보통신 네트워크와 가상현실(Virtual Reality) 구현기술의 결합으로 이루어진 현실 세계와는 구분되는 통신상의 정보공간이다. 온라인 정보검색을 함에 있어서는 이와 같은 가상의 정보공간(디지털도서관)을 방문하여 각종 법정보의 소재와 내용을 파악하고 필요한 정보를 찾게 된다. 이와 같은 가상공간을 통해 정보제공자와 정보이용자가 서로 전자적 의사표시를 하고 요청된 정보자료를 전송받기 위해서는 컴퓨터 상호간의 위치와 사용자를 파악할 수 있는 체계가 필요하다. 이를 인터넷 주소라고 한다.

(3) 인터넷 주소(IP Address)

인터넷 주소(IP Address : Internet Protocol Address)는 특정 컴퓨터의 유일·고유한 주소로서, 컴퓨터 상호간의 정보를 교환하는데 필수적인 기반이 된다. 인터넷 주소는 통상 12자리 숫자로 구성된다.93) 한편, 12개의 숫자로 구성된 인터넷

92) 인터넷은 1969년 미국 국방성의 ARPA Net으로 출발하여, 1986년 공공 연구망인 NSF Net을 거쳐 개방형 정보통신망인 Internet으로 발전한 것이다. 초기에는 E-mail, FTP, BBS, Usenet 등 문자중심의 서비스로 출발하였으나, 1992년 그래픽 기술이 적용된 웹서비스(WWW : World Wide Web) 방식으로 진화하였다.

93) 인터넷 주소 체계는 12개의 숫자로 구성되는데, 000.111.222.333 등의 구조체계로 이루어진다. 예를 들면 충북대학교의 인터넷 주소는 [210.115.191.122]이다.

주소를 사람이 알기 쉽도록 숫자, 문자, 기호 등으로 표시한 것을 도메인 네임(Domain Name)이라고 하며, 보통 3단계의 논리적 집단 또는 단위로 표시된다. 예를 들면, 국회도서관은 [nanet.go.kr]로, 대법원은 [scourt.go.kr]로 표시한다.[94] 따라서 법정보를 검색함에 있어서는 해당 정보를 제공하는 기관이나 단체들의 도메인 네임을 미리 파악하고 숙지하여야 한다.

나. 정보검색 기술과 자원

인터넷이라는 가상공간을 통해 법정보를 온라인으로 이용하기 위해서는 관련 정보를 체계적으로 축적·관리하고 이용자 요구에 따라 해당 정보를 신속·정확하게 찾아서 상시적으로 제공할 수 있는 정보검색기반이 갖추어져야 한다. 이와 관련된 주요 기술과 자원이 정보검색시스템과 검색엔진 및 데이터베이스(DB)이다.

(1) 정보검색시스템

정보검색시스템(Information Retrieval System)은 정보를 축적·관리하고 효율적으로 검색할 수 있도록 설계되어 구축된 정보시스템이다. 즉, 정보수요자가 필요하다고 예측되는 정보나 데이터를 미리 수집·가공·처리하여 찾기 쉬운 형태로 축적해 놓은 데이터베이스로부터 불특정의 요구에 적합한 정보를 신속하게 찾아내어 정보이용자에게 제공하는 시스템을 말한다. 정보검색시스템은 그 목적 및 기능에 따라 참조정보검색시스템, 전문검색시스템, 데이터검색시스템, 질의응답시스템, 지능형정보검색시스템 등으로 구분된다.

(2) 검색엔진(Search Engine)

정보검색시스템에 탑재되어 축적되고 정리되어 있는 다양한 정보 가운데 이용자가 필요로 하는 정보를 찾아내어 신속하게 제공하는 장치를 검색엔진

94) 도메인은 호스트컴퓨터 소속 기관의 종류를 나타내는 도메인, 소속 국가(지역)를 나타내는 도메인, 도메인 내의 세부 구분을 나타내는 부속 도메인 등 계층적으로 구성된다.

이라고 한다. 즉, 검색어(keyword)를 이용하여 인터넷상의 정보자원을 찾아 주는 검색 도구나 서비스를 말한다.[95] 검색엔진은 그 운용기술에 따라 키워드 검색엔진, 주제별 검색엔진, 메타검색엔진, 통합(하이브리드) 검색엔진 등으로 나눌 수 있다. 검색엔진은 정보검색시스템을 구성하는 중요한 요소라고 할 수 있다.

(3) 데이터베이스(DB)

컴퓨터를 통해 특정의 정보를 신속히 탐색하여 검색할 수 있도록 같은 유형의 정보들을 모아서 특별히 조직해 놓은 것을 데이터베이스라고 한다. 즉, 특정 분야의 데이터를 수집·분류·가공·축적하여 검색할 수 있도록 체계적으로 조직한 데이터 파일을 말한다.[96] 데이터베이스는 온라인 정보검색을 위한 중요한 자원으로서, 그 유형에 따라 목록 DB, 초록 DB, 전문 DB 등으로 구분할 수 있으며, 특히 일반 검색엔진으로는 직접 검색되지 않고 해당 DB에 심층적으로 접근하여야만 이용할 수 있는 DB를 Web DB라고 한다. 법정보 데이터베이스는 이와 같은 각종 DB들을 총칭하는 개념이라고 할 수 있다.

---

95) 검색 엔진 중에서 대표적인 것으로는 고퍼(Gopher), 와이즈(WAIS), 후이즈(Whois), 야후(Yahoo), 알타비스타(Alta Vista), 라이코스(Lycos), 웹크롤러(Web Crowler) 등이 있다.

96) 데이터베이스의 개념적 정의는 '특정 소재를 체계적으로 배열 또는 구성한 편집물로서, 개별적으로 그 소재에 접근하거나 그 소재를 검색할 수 있도록 한 것'을 말한다.

제2절 온라인 정보검색의 절차와 방법

1. 정보검색의 절차와 단계

온라인 정보검색을 함에 있어서는 일정한 절차와 단계를 거쳐 실시하게 된다. 보통 정보검색은 i) 검색주제의 검토와 분석, ii) 정보검색 대상 사이트(site)의 선정, iii) 검색방법 및 도구의 확인, iv) 정보탐색 및 조사 등의 단계를 거치게 된다. 물론, 이와 같은 절차와 단계는 무의식적으로 행하거나 동시에 이행될 수도 있지만, 논리적 구조로서 이와 같은 과정을 거치는 것이 일반적이다.

가. 정보검색 주제의 검토·분석

검색주제의 검토와 분석은 어떠한 법적 활동을 수행하는데 필요한 주제의 내용을 파악하고, 해당 주제의 해결을 위한 정보를 가장 효율적으로 획득할 수 있는 방법을 생각해내는 과정이다. 이 단계에서는 해당 법적 사안과 관련된 주요 쟁점, 문제해결을 위해 요구되는 정보의 유형과 내용, 문제 해결을 위한 방법론 등을 분석하여 정리한다.

나. 정보검색 대상의 선정과 평가

정보검색 대상의 선정은 정보검색을 실제 수행할 정보제공기관이나 정보검색 사이트를 분류하여 결정하는 단계이다. 검색대상의 선정은 보통 정보조사의 목적 및 내용에 가장 적합한 법정보를 제공하는 사이트를 사전에 숙지하여 선택하게 된다. 경우에 따라서는 해당 정보검색대상을 그때그때 조사를 통하여 결정할 수도 있다. 법령, 판례, 문헌 등 정보의 유형과 조사범위에 따라 대상 국가 또는 정보사이트(site)를 선택하며, 특정 기관의 정보제공시스템이 여러 개의 하위 시스템(sub system)으로 구성된 경우 해당 세부 시스템 또는 데이터베이스(DB)를 선택하게 된다. 정보검색 대상은 보통 도메인 네임을 바탕으로 가장 적합하다고 판단되는 정보제공기관을 선정하며, 정보의 누락을 방지하기 위하여 복수로 선정하는 것이 바람직하다. 또한 선정된 검색대상을 비교·평가하여 우선순위를 판단한다.

다. 정보검색 방법 및 도구 확인

세 번째 절차인 정보검색 방법 및 도구의 확인은 선택한 검색대상기관의 정보검색시스템에 접속하여 구체적인 정보를 찾아내기 위하여 수행하는 컴퓨터 조작을 위한 준비 절차이다. 이때는 대상기관이 운영하는 정보시스템의 특성과 제공되는 정보의 내용을 파악한 다음, 그에 적합한 검색방식과 검색수단을 결정한다. 즉, 매뉴얼을 참조하여 키워드(key word)의 선정, 분류체계의 확인, 연산자를 활용한 검색식의 작성 등 최적의 정보가 추출될 수 있도록 검색전략을 수립한다.

라. 검색실행 및 검색결과의 정리

마지막으로, 수립된 검색전략에 따라 검색창에 키워드를 입력하여 정보를 탐색하고, 검색된 정보 중 법적 사안의 해결에 필요한 자료를 선별하여 출력하거나 저장(download)하여 관련 정보를 자료유형별, 시기별 또는 항목별로 종합하고 정리한다. 또한, 조사 자료의 검토를 통해 추가조사 또는 삭제·통합·재분류 등을 수행하고, 법적 문제 해결을 위한 정보의 분석과 평가를 실시한다. 이로써 온라인 정보검색은 완성되며, 조사된 정보자료를 바탕으로 의도한 법문서를 작성하거나 법률상담 등의 법적 활동을 수행하게 된다.

2. 정보검색의 방식과 기법

가. 정보검색의 방식과 유형

온라인 정보검색의 방법은 크게 두 가지로 구분된다. 키워드를 이용한 방식과 디렉토리를 이용한 방식이 그것이다. 검색의 방식은 해당 정보제공시스템의 특성에 따라 적합한 방식을 선택하되, 필요한 경우에는 조사정보의 누락방지와 커버리지(coverage)의 확장을 위해 두 가지의 기법을 모두 사용하여 검색하기도 한다.

(1) 키워드 방식

키워드 검색(keyword search)은 핵심단어 또는 문구를 검색창에 입력하여 그 용어가 포함된 정보자료를 추출해 내는 검색기법이다. 키워드 검색은 간단한 키워드의 입력으로 원하는 정보를 신속히 검색할 수 있고 다양한 연산자를 이용하여 보다 정확한 정보검색을 실시할 수 있는 장점이 있으나, 간단한 키워드를 입력하는 경우 너무 많은 결과를 양산할 수 있고 사전에 관련 검색연산자에 대한 학습이 필요하다는 단점이 있다. 또한, 키워드 검색기법은 검색결과가 가중치 또는 신뢰도 순으로 표시되므로 조사된 정보가치의 정도를 파악할 수 있다는 특징이 있다. 일반적으로 가장 많이 이용되는 검색방식이다.

(2) 디렉토리 방식

디렉토리 검색(directory search)은 분류체계 검색이라고도 하는데, 정보제공자가 미리 유형별·분야별·주제별 등으로 사전에 분류해 놓은 목록을 이용하여 정보를 검색하는 기법이다. 디렉토리 검색은 전문가의 사전 분류체계를 활용하여 쉽게 검색할 수 있으며, 검색연산자를 모르는 경우에도 검색이 가능하다는 장점이 있다. 그러나 그 특성상 핵심주제와 관련된 자료의 신속한 검색이 곤란하고 특정주제와 분류체계가 불일치할 경우 검색이 무의미하게 되는 단점이 있다. 디렉토리 검색은 종합적이고 체계적인 정보검색메뉴를 통해 정보의 종류와 내용을 파악할 수 있다는 특징이 있다.

나. 정보검색 연산자의 종류와 활용

(1) 연산자의 의미와 종류

정보검색 연산자(operator)라 함은 정보검색에 수행되는 연산을 표현하는 기호로서, 정보검색의 효율성과 정확성을 높이기 위하여 사용하는 일정한 형식의 부호체계를 말한다. 즉, 정보검색 시 자신이 원하는 정보를 더욱 빨리, 그리고 더욱 효율적으로 검색하기 위하여 여러 검색어들을 조합할 때 사용하는 기호인 것이다. 다시 말하면, 검색엔진을 이용하여 정보를 검색하려면 찾고자 하는 정보와 가장 밀접한 관련이 있는 검색어(즉, 키워드)를 입력하여야 하는데, 이때 지정된 검색어가 검색 범위를 제한하지 못하는 경우에는 너무나 많은 검색 결과를 얻게 되어 검색의 효과를 얻지 못하게 된다. 여기서 검색의 범위와 내용을 한정적으로 제한할 필요가 있는데 이 때 사용하는 연산기호를 정보검색 연산자라고 한다.

연산자는 그 형태 및 연산기능에 따라 ⅰ) 불리언 연산자, ⅱ) 인접 연산자, ⅲ) 절단 연산자, ⅳ) 제한 연산자 등으로 구분된다. 각 연산자의 의미, 연산기호의 유형과 사용방법을 살펴보면 다음과 같다.

(2) 연산자의 유형별 특성과 사용방법

① 불리언 연산자(Boolean Operator)

불리언 연산자는 흔히 논리 연산자라고도 하며, 대부분의 검색시스템에서 가장 기본이 되는 연산자이다. 즉, 검색 주제를 표현하기 위해 검색어 간의 관계를 연산자로 정의하는데 이 때 논리합, 논리곱, 논리차 등으로 표현한다. 불리언 연산자는 검색어를 조합하거나 제외하기 위하여 'AND, OR, NOT, XOR' 등의 예약어를 논리기호로 사용한다. 검색시스템에 따라서는 '*, +, -, /'

등의 기호를 사용하기도 한다. 불리언 연산자의 의미와 사용방법은 다음 표와 같다.

[표 10] 불리언 연산자의 기호와 사용례

연산자	검색의 의미와 내용
AND	– 명칭 : 논리곱(logical product) 또는 ∩(intersection)이라고 함 – 의미 : 『A AND B』는 A와 B의 키워드가 모두 포함된 자료를 검색하여 찾아냄
OR	– 명칭 : 논리합(logical sum) 또는 ∪(union)이라고 함 – 의미 : 『A OR B』는 A와 B의 키워드 중 어느 하나만 포함되어 있어도 모두 검색해 냄
NOT	– 명칭 : 논리차(logical difference) 또는 부정논리(negative logic) – 의미 : 『A NOT B』는 A 키워드는 포함되나 B 키워드는 포함되지 않는 정보를 찾아냄
XOR	– 명칭 : 배타적 논리화(exclusive OR)라고 함 – 의미 : 『A XOR B』는 A라는 키워드가 없거나 B라는 키워드가 없는 정보를 찾아냄 = (A NOT B) OR (B NOT A)

불리언 연산자를 이용함에 있어서는 다음과 같은 점에 유의하여야 한다. 즉, 검색어로 표현되는 각 개념의 상대적인 중요도를 나타낼 수 없으며, 문헌과 질문 사이의 유사도의 크기순으로 검색문헌을 출력할 수 없고, 검색식과 완전히 일치하는 문헌만 검색되므로 부분적으로 일치하는 문헌은 검색할 수 없다는 점이다. 또한, 불리언 연산자는 정보제공시스템에 따라 그 표현과 의미를 달리할 수도 있으므로,97) 반드시 사전에 확인하고 이용하는 것이 바람직하다.

② 인접 연산자(Proximity Operator)

인접 연산자는 두 개의 검색어가 놓여 있는 위치가 서로에게 얼마나 떨어져 있는가를 측정하여 일정한 간격 이내에 있으면 이를 검색하도록 하는 연산자이다. 인접 연산자는 두 개의 인접한 검색어를 찾는 연산자와 일정한 위치에

97) 예를 들면, 영미법계의 법정보를 서비스하는 WESTLAW는 논리 연산자의 이름을 단어를 상호 연결한다는 의미에서 Connectors라고 하며, 각 연산자도 다른 부호를 사용한다.

존재하는 두 개의 검색어를 찾는 연산자로 구분된다. 논리기호로서는 'NEAR, WITH, ADJ, FOLLOWED BY' 등과 같은 것을 사용한다. 이 중 NEAR는 두 검색어 간의 순서를 고려하지 않는데 비해, ADJ나 FOLLOWED BY는 순서를 고려한다. 인접 연산자의 의미와 사용방법은 다음과 같다.

[표 11] 인접 연산자의 기호와 사용례

연산자	검색의 의미와 내용
NEAR	– 『A NEAR# B』는 A키워드와 B키워드가 #만큼 인접한 위치에 존재하는 정보를 검색 – A와 B의 순서(위치)는 고려하지 않음(즉, 단어의 존재만 판단)
WITH	– 『A WITH B』는 A 키워드와 B 키워드가 동일 문장 내에 함께 존재하는 정보를 탐색 – A와 B의 순서(위치)는 고려하지 않음(NEAR 보다 넓은 개념임)
ADJ	– 『A ADJ B』는 A 키워드에 인접하여(연이어서) B의 키워드가 존재하는 정보를 찾아냄 – A와 B의 키워드 순서를 고려함(A 다음에 B가 순서대로 존재)
FOLLOWED BY	– 『A FOLLOWED BY B』는 A 키워드가 B의 키워드를 따라서 존재하는 정보를 검색 – A와 B의 키워드 순서를 고려함

인접 연산자는 동일 문장 또는 동일 문단 내에서의 검색어의 존재 여부 또는 인접 정도를 나타내는 것이므로 검색어의 순서나 인접 정도를 고려하여 적절한 검색식을 작성하여야 한다. 또한 정보검색시스템의 특성에 따라 다른 연산자를 사용하므로,[98] 반드시 해당 검색시스템의 인접 연산자의 기호와 사용방법을 숙지하여야 한다.

③ 어구검색(Phrase Searching) : 묶음연산자

한편, 인접 연산자를 이용한 검색방식과 유사한 기능을 가진 것으로 어구검색(語句檢索, Phrase Searching)이 있다. 이는 연속해서 나오는 두 개 이상의 검색어

98) 예를 들면, WESTLAW의 경우 /p, /s, +s, +n 등의 연산자(connector)를 사용한다. 이에 관하여는 후술하는 해외법정보조사 부분을 참조하기 바란다.

를 하나의 단어로 간주하여 검색을 지시하는 것으로 '어구검색' 또는 '어절검색'이라고도 한다. 어구검색은 일반적으로 큰따옴표(" ")로 해당 검색어를 묶어서 어구로 설정한다. 예를 들면, "정보통신을 이용한 명예훼손"을 검색어로 입력하면 이를 하나의 어구로 인식하여 어구안의 모든 문자열을 가진 문서를 검색하게 된다.

④ 절단 연산자(Term Truncation)

절단 연산자는 특정 기호를 검색어에 붙여 사용하여 검색어의 어미나 어두를 확장하는 방법으로 검색효율을 높이는 연산자이다. 실제 정보검색에서 용어절단 기능은 매우 유용하게 활용된다. 특히 동사변화(현재, 과거, 진행 등)와 명사변화(단수, 복수)가 심한 영문 자료에서 매우 유용한 검색기능을 갖는다. 연산기호로는 '*, **, ?, !, $, $2' 등의 기호가 사용된다. 절단 연산자는 그 기능에 따라 좌측절단, 중간절단, 우측절단(후방절단), 양측절단이 있으며, 글자 수의 제한 정도에 따라 제한절단, 무제한절단, 비절단 등이 있다. 각 절단 연산자의 의미와 사용방법을 살펴보면 다음과 같다.

[표 12] 절단 연산자의 기호와 사용례

구 분	검색의 의미와 내용
비절단	– 용어를 절단하지 않고 검색(일반 키워드 검색)
무제한 절단	– 절단되는 글자의 수에 관계없이 절단 – 좌측절단(전방절단) : *univ 어두에 관계없이 ~univ로 끝나는 키워드로 검색 – 우측절단(후방절단) : univ* 어미에 관계없이 univ~로 시작하는 단어로 검색 – 양측절단(전후방절단) : *limit* 어두, 어미에 관계없이 ~limit~가 포함 되는 단어로 검색 – 중간절단(내부절단) : col?r 키워드 중간의 문자에 관계없이 모두 검색(color, colour)
제한절단	– 절단되는 글자의 수를 제한 : 기호의 숫자만큼 절단 예 object!!! : object, objected, objection, objecting 등을 모두 검색 (3개의 문자 이내로 제한)

절단 연산자는 용어 절단으로 인하여 해당 단어가 포함되는 자료가 너무 많

이 검색될 수 있으며, 찾고자 하는 주제에 부적합한 용어가 적합한 용어로 처리될 수 있고, 또한 다른 연산자와 마찬가지로 검색시스템의 종류에 따라 서로 다른 연산기호가 사용될 수 있다는 점에 유의하여야 한다.

⑤ 제한 연산자(Limited Code)

제한 연산자는 검색대상이 되는 정보자료가 수록된 데이터베이스의 특정필드(제목, 저자, 초록, 출판연도, 언어, 잡지명 등)를 한정하여 그 안에서만 검색이 이루어지도록 지시하는 연산기호이다. 이것은 키워드 검색이나 용어절단 검색 등으로 인하여 부적합한 자료의 양산을 방지하기 위한 검색연산기법이라고 할 수 있다. 보통 접두코드(prefix code)나 접미코드(suffix code)를 사용하여 검색한다. 경우에 따라서는 제한 연산자와 구(句) 검색 등의 방법을 혼용하여 사용할 수도 있다. 필드제한의 의미와 종류, 검색방법 등은 다음과 같다.

[표 13] 제한 연산자의 기호와 사용례

– 필드지정 : ti(표제), ab(초록), au(저자), la(언어), ye(연도), ci(인용문) 등 … 예 constitution law/ti,ab (표제와 초록 필드에서 'constitution' 또는 'law' 단어로 검색) – 범위/정도 지정 : GT (greater than) 〉, LT (less than) 〈, EQ (equal) =, BT (between) 등 … 예 개인정보 and 보호 〉 1985 (1985년 이후 '개인정보'와 '보호' 모두 포함하는 자료 검색) – 제한 연산자와 구검색의 혼용 : 특정 필드를 대상으로 어구검색 지시 예 ti("death penalty") : 타이틀에 "사형제도"라는 검색어가 포함된 정보를 검색 (제한 연산자 + 어구검색)

이상과 같은 검색 연산자들은 정보이용자가 사전에 파악하고 있으면 편리하지만, 수많은 검색시스템에서 사용하는 연산자를 모두 숙지하기란 쉽지 않다. 그러나 보통은 해당 정보검색시스템의 이용안내 등을 통해 자세한 정보검색절차와 방법을 공지하고 있으므로, 특정 정보검색시스템을 이용함에 있어서는 이와 같은 검색 연산자와 그 사용방법을 미리 파악하고 정보검색을 실행할 필요가 있다.

제3절 주요 온라인 정보검색 사이트

1. 온라인 정보검색 사이트 개관

국내 법정보조사를 위한 온라인 정보검색 사이트는 매우 많은 기관에서 다양한 서비스 채널을 통해 운영하고 있다. 앞에서 설명한 각급 법학도서관도 그 중 하나이며, 관련 기관들은 도서관 서비스와 연계하여 운영하거나 독자적인 정보서비스시스템을 구축하여 운영한다. 특히 국가의 법작용을 담당하고 있는 국가기관들은 해당 업무기능의 원활한 수행과 함께, 보유정보의 대국민 서비스라는 차원에서 온라인 정보검색서비스 체계를 적극적으로 구축하여 운영하고 있다.

우리나라의 법정보 검색서비스는 주로 법을 제정·집행·해석·적용하는 국가기관이나 이들과 관계된 공공기관들을 중심으로 운영되고 있으며, 민간부문은 상대적으로 미흡한 상황이다. 법정보서비스 제공주체를 중심으로 할 때 법령 및 판례(심판결 포함) 정보는 주로 국가기관 및 관련 공공기관이 각각의 업무기능에 따라 담당·수행하고, 법학문헌 및 학술정보는 민간기관이 특정 출판사나 학회 등의 학술단체와 연계하여 수행하는 형태를 보이고 있다. 그러나 최근에는 이들 법정보 DB를 도입하거나 상호 연계하여 하나의 정보시스템으로 운영함으로써 정보이용의 편리성과 통합성을 제고하고 있다.

한편, 국내 온라인 법정보서비스 기관은 법령, 판례, 문헌 등에 관한 법정보를 종합적으로 제공하는 종합정보기관과, 특정 분야 또는 사항에 관한 법정보만을 제공하는 전문정보기관으로 구분해 볼 수 있다. 이하에서는 일반적이고 공통적인 법정보 검색을 위해 학생들이나 연구자들이 주로 이용하는 종합정보서비스 기관 또는 정보제공 사이트를 중심으로 살펴보고자 한다. 특정 법정보와 관련된 전문정보서비스 기관 또는 정보제공 사이트는 해당 법정보 조사 방법론을 설명하는 곳에서 개별적으로 소개하기로 한다.

2. 법제처 법령정보 포털 사이트 [http://www.moleg.go.kr]

가. 서비스 개요

[그림 6] 법제처 법령정보 포털 사이트

법제처의 법령정보 포털 사이트[99]는 법제처가 운영하는 법령 및 그 해석 등에 관한 각종 법정보를 종합적·체계적으로 제공하는 온라인 정보검색 사이트이다. 국내 최대의 법령정보 전문 검색 사이트라고 할 수 있다. 법정보 조사와 관련된 주요 검색메뉴는 「법령·해석정보」 메뉴와 「지식창고」 메뉴를 들 수 있다. 법령·해석정보는 최근 공포법령, 훈령·예규·고시, 정부입법, 법령해석, 알기 쉬운 법령, 법령 통계 정보 등에 관한 다양한 정보를 제공하며, 지식창고는 법률교육자료, 월간법제를 비롯한 법제처에서 발간하는 자료, 남북법제에 관한 자료, 법제관련 정책연구정보 등을 제공한다.

나. 주요 정보서비스 내용

법제처의 법령 포털 사이트에서 제공하는 주요 정보서비스는 각종 법정보를 몇 가지의 독립적인 하위정보시스템으로 구축하여 링크서비스 체제로 운영하고 있다. 주요 법정보서비스 내용은 다음과 같다.

---

99) 포털사이트(portal site)는 입구가 되는 사이트라는 뜻으로, 수많은 사이트를 특정한 분류체계에 따라 미리 정리해 놓고 주소를 링크시켜서 사용자들이 원하는 곳을 쉽게 찾아갈 수 있도록 만든 사이트를 이르는 말이다.

(1) 국가법령정보센터 [http://www.law.go.kr/]

국가법령정보센터는 우리나라의 각종 법령정보를 종합적으로 제공하는 전문사이트로서 법령 및 조약, 행정규칙, 자치법규, 생활법령 등에 관한 각종 법령정보를 체계적으로 제공하고 있다. 동 사이트는 종전에 법제처가 제공하던 "종합법령정보센터"를 확대 개편한 것으로, 현재는 법령정보는 물론 판례와 위헌결정례, 법령해석, 행정심판재결례, 행정규칙, 자치법규 등에 관한 각종 정보를 유기적으로 통합하여 제공함으로써 법정보 이용의 편의성을 도모하고 있다.100)

[그림 7] 국가법령정보센터 사이트

국가법령정보센터의 주요 검색 기능은 전체 법령정보를 검색할 수 있는 통합검색, 초보자를 위한 용어검색, 상세한 조건을 통해 검색할 수 있는 조건검색, 일정한 분류기준에 따라 법령의 목록을 제공하는 분류검색을 지원하고, 법령정보의 특성을 고려하여 별표·서식 검색, 3단 법령비교기능, 연혁법령기능 등을 별도로 제공하고 있다. 또한, 법령정보의 본문조회 시 향상된 참조·인용조문링크, 하위법 위임 조문 조회, 법령과 관련된 행정규칙, 사례정보를 한눈에

---

100) 국가법령정보센터〈http://www.law.go.kr/〉는 종전에 법제처가 제공하던 법령정보 중심의 종합법령정보센터〈http://www.klaw.go.kr/〉를 확대 개편한 것으로, 그동안 일반 국민들이 법령이나 판례 등을 검색하기 위해 각 부처 홈페이지를 직접 방문해야 하는 불편을 해소하고 모든 국가 법관련 정보를 한곳에서 손쉽게 찾을 수 있도록 하기 위하여 대법원, 헌법재판소, 국회, 법제처 등이 협력하여 2009.1.15 국가통합법정보시스템으로 새롭게 구축한 것이다. 동 시스템은 3단 법령비교기능, 연혁법령기능 등 정보제공방식을 다양화하고, 정보갱신 주기를 14일에서 공포 당일 바로 이용할 수 있도록 단축하는 등 사용자 편의성을 대폭 향상시켜 국가법령정보 제공의 중추적 기능을 담당하도록 하였다.

파악할 수 있는 법령체계도의 서비스 등을 통해 사용자 편의성과 검색의 효율성을 제고하고 있다.

(2) **세계법제정보센터** [http://world.moleg.go.kr/]

세계법제정보센터는 법제처가 운영하는 해외 주요 국가의 법령에 대한 정보서비스를 전문적으로 제공하는 사이트로서, 세계 각국의 기본법, 경제법 및 일반법을 포함한 주요 법령과 연구보고서, 최신 법제 동향 등을 제공하여 일반국민과 기업의 대외경제활동을 지원하고 있다. 정보제공 범위는 국제연합(UN)과 유럽연합(EU) 등 국제기구를 포함하여 전 세계 80여개 국가에 이르고 있다. 동 센터는 특히 법령서비스의 수요가 많은 국가를 중점 관리대상으로 선정하여 이용자들이 보다 편리하고 쉽게 해당 국가의 법령정보를 이용할 수 있도록 주요 법령을 선별하여 제공하고 있다. 중점관리대상 국가는 총 34개 국가로 영어권, 스페인어권, 아랍어권, 러시아어권, 아시아어권으로 나누고, 서비스 대상 법령은 현재 해당 국가에서 효력이 있는 법령을 중심으로 지속적인 현행성을 유지해 나가고 있다. 국가별 및 테마별 검색이 가능하며, 각 국가의 최신 법제뉴스와 법령정보 서비스 기관에 대한 링크서비스도 제공하고 있다.

[그림 8] 세계법제정보센터 사이트

(3) **국가입법정보포털** [http://www.klaw.go.kr/]

국가입법정보포털은 정부가 추진하는 각종 입법에 관한 정보를 종합적으로 제공하는 사이트로서 정부의 입법계획, 입법추진현황, 입법절차, 기타 입법과 관련된 제반 정보를 전문적으로 제공하는 특화된 법정보서비스라고 할 수 있다. 국가입법정보포털은 행정부의 입법권에 따른 각종 법률안 및 명령·규칙의 제·개정안에 대한 입법정보를 종합적으로 제공하고 있으며, 국회가 제공하는 입법정보서비스와 함께 대표적인 국가입법정보 전문 사이트이다.

[그림 9] 국가입법정보포털 사이트

입법에 관한 현황정보 뿐만 아니라, 입법지원 편집기·법제업무편람 등의 입법을 위한 도움 기능과 자치입법정보 연계서비스 등의 부가적인 서비스도 제공하고 있다.

(4) 북한법령정보센터 [http://world.moleg.go.kr/KP]

법제처는 해외 법제 정보서비스의 일환으로 북한법령정보센터를 운영하고 있다. 동 사이트를 통해서는 조선노동당규약을 포함한 북한의 주요 법령정보, 북한법제 관련 연구보고서, 북한의 주요뉴스와 정책동향 등에 대한 정보를 제공하고 있다. 각 법령 분야별 분류검색 및 통합검색 기능을 제공하며, 북한 관련 주요 국내기관의 연계서비스도 제공하고 있다. 북한법제 정보의 대표적 사이트라고 할 수 있다.

(5) 기타 법정보서비스

위와 같은 정보 외에도, 생활법령정보 〈http://oneclick.law.go.kr/〉, 법령해석정보 〈http://ahalaw.moleg.go.kr/〉, 법제교육정보 〈http://edu. klaw.go.kr/〉, 아시아법제포럼 〈http://afolia.moleg.go.kr/kr〉 등에 관한 다양한 법제 관련 정보를 연계하여 제공하고 있다.

3. 법원 사법정보 포털 사이트 [http://www.scourt.go.kr/]

가. 서비스 개요

대한민국 법원의 사법정보 포털사이트는 대법원을 비롯한 각급 법원이 생산·보유하고 있는 사건정보, 판례정보, 사법통계, 등기·등록 등의 각종 사법정보를 제공하는 사이트이다. 전국법원의 주요 판결을 포함하여 판례속보, 법원도서관 소장자료 정보, 각종 사법간행물 정보 등을 종합적으로 제공하고 있다. 또한 각급법원과 연계하여 각종 사법 관련 정보를 제공하는 등 사법정보의 총본산이라고 할 수 있다.

[그림 10] 법원 사법정보 포털 사이트

나. 주요 정보서비스 내용

법정보조사와 관련된 주요 서비스는 종합법률정보서비스, 인터넷등기정보서비스, 전자소송 및 전자민원서비스 등이 있다. 특히, 종합법률정보서비스는 법제처·국회·헌법재판소 등 법률 관련 기관들과 제휴하여 법령, 판례, 문헌 등의 각종 법정보를 통합하여 제공하는 대표적인 법정보서비스체계이다. 법원의 사법정보 포털사이트는 위와 같은 법정보를 몇 가지의 독립적인 하위정보시스템으로 구축하여 링크서비스 체제로 운영하고 있다. 주요 법정보서비스 내용은 다음과 같다.

(1) 종합법률정보서비스 [http://glaw.scourt.go.kr/]

종합법률정보서비스는 대법원이 구축한 각종 법정보를 종합적으로 제공하

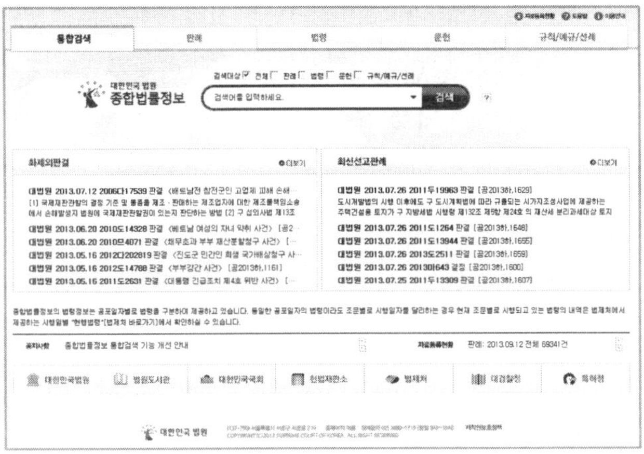

[그림 11] 종합법률정보서비스 사이트

는 서비스로서 판례·법령·문헌·행정규칙 등에 관한 정보를 체계적으로 제공하고 있다. 특히, 대법원이 수집·보유하고 있는 방대한 분량의 법률문헌에 대한 정보를 동시에 제공하고 있으며, 각 정보 유형별로 단순검색, 상세검색, 디렉토리 검색 등 다양한 검색기능을 제공하여 이용자의 편의성을 제고하고 있다. 이 가운데 판례 디렉토리 검색은 각 법령별 및 조문별로 관련된 판례를 체계적으로 제공하고 있어 법령과 판례간의 유기적인 관계를 파악할 수 있도록 하고 있다.

종합법률정보서비스는 앞서 설명한 국가법령정보서비스와 함께 법정보를 종합적이고 체계적으로 조사할 수 있는 대표적인 정보검색 사이트라고 할 수 있다.

(2) 인터넷등기소 [http://www.iros.go.kr/]

인터넷등기소는 부동산등기, 상업등기, 동산·채권담보등기, 선박등기 등의 각종 등기사무를 관장하는 법원이 운영하는 등기와 관련된 온라인 종합 포털로서, 등기의 신청·열람·발급 등 등기에 관한

[그림 12] 인터넷등기소 사이트

각종 정보를 제공한다. 또한, 실제 등기업무를 인터넷으로 접수하여 등기, 등록 및 발급사무를 수행하고 있다. 등기와 관련된 법규, 예규 등 법령자료는 물론, 전국 등기소 안내, 등기신청사건 처리 현황 등에 관한 정보를 종합적으로 서비스한다. 본 인터넷등기소는 등기 관련 업무의 자동화를 추진함과 동시에, 이를 통해 생성된 각종 등기 관한 정보를 제공하는 가상 행정기관이자 종합정보포털이라고 할 수 있다.

(3) 전자소송서비스 [http://ecfs.scourt.go.kr/]

전자소송은 법원이 운영하는 전자소송시스템을 이용하여 소를 제기하고 소송절차를 진행하는 재판방식을 말한다. 2010년 4월 특허법원에 제기되는 사건을 대상으로 한 특허전자소송서비스를 시작으로, 2011년 5월에는 민사전자소송을 실시하였으며, 향후 형사사건을 제외한 모든 사건에서 전자소송을 단계적으로 도입할 계획이다. 전자소송은 소송문서 제출부담의 감소, 소송비용의 절감, 소송절차의 신속성과 투명성의 제고 등 법원이 추구하는 '국민을 섬기는 사법서비스'를 구현하고자 운영하는 소송체계라고 할 수 있다. 이 전자소송서비스는 온라인 소송과 관련하여 생성되는 각종 정보를 제공하며, 특히 본인의 전자소송에 관한 각종 제출서류, 사건기록의 열람과 발급 등에 관한 사무를 온라인을 통해 수행하거나 해당 정보를 신청하여 이용할 수 있다.

(4) 기타 법정보서비스

이외에도, 대법원의 대표 홈페이지를 통해 전국 법원의 주요판결과 판례속보, 각종 사건정보 및 판결서 열람정보, 사법통계정보, 각종 법교육자료와 사법관련 정책연구자료 등을 제공하고 있다. 또한, 법원 경매정보 〈http://www.courtauction.go.kr/〉, 전자가족관계등록시스템 〈http://efamily.scourt.go.kr/〉, 사법 관련 시험정보 〈https://exam.scourt.go.kr/〉 등 하위 서비스시스템을 통해 관련 사무를 수행함과 동시에, 해당 정보를 서비스하고 있다.

4. 국회 입법정보 포털 사이트 [http://www.assembly.go.kr/]

가. 서비스 개요

[그림 13] 국회정보시스템 사이트

대한민국 국회의 입법정보 포털사이트는 입법부인 국회가 관장하는 입법사무 전반에 관한 각종 정보를 제공하는 종합사이트이다. 특히, 입법관련 정보의 체계적 서비스는 국회정보시스템을 통해 국회가 보유하고 있는 각종 데이터베이스를 검색·활용하도록 지원하고 있다. 국회정보시스템을 통해 각종 법률안, 법률지식정보, 맞춤입법자료 등을 제공하고 있으며, 입법의 추진과 관련한 입법예고정보, 회의록정보 등 다양한 정보도 아울러 제공한다. 또한, 앞서 설명한 바와 같이, 법제처 및 법원 등의 법령·사법정보와 연계하여 종합적인 법정보 서비스를 시행하고 있다. 입법관련 정보는 본 국회정보시스템과 앞서 설명한 법제처의 정부 입법포털사이트가 대표적이라고 할 수 있다.[101]

나. 주요 정보서비스 내용

국회정보시스템은 여러 가지 하위시스템으로 구성되어 있으며, 각 정보시스템은 독자적인 정보서비스 체계를 구축하여 운영하고 있다. 각 정보시스템을 통해 제공하고 있는 주요 정보는 다음과 같다.

101) 국회정보시스템은 2013년도에 들어와 「입법통합지식관리시스템」으로 체제를 개편하는 중에 있어, 앞으로 보다 체계적이고 발전적인 서비스가 기대된다.

(1) 법률지식정보서비스 [http://likms.assembly.go.kr/law/]

[그림 14] 법률지식정보서비스 사이트

법률지식정보시스템은 입법 추진과 관련한 각종 법률지식을 종합적으로 제공하고 있다. 각 분야별 및 부처별 법령정보, 폐지 법률 정보, 최근의 제·개정 법률 등 법률에 관한 체계적이고 다양한 정보를 제공한다. 또한, 법제현안정보와 법제절차와 방법 등 법제에 관한 다양한 참고자료를 제공하여 입법을 위한 제반 정보를 파악하는데 매우 유익한 사이트라고 할 수 있다.

법률지식정보시스템에서 제공하는 정보 중 특히, 폐지 법률 정보는 그동안의 특정 법률의 제정과 폐지에 관한 사실을 알 수 있으며, 헌법지식 DB는 헌법에 관한 개정연혁, 현행헌법의 각 조문별 해설자료, 관련 회의록, 주요 외국의 헌법 규정례 등을 제공하고 있어 헌법을 연구하고 공부하는데 좋은 지식과 정보를 제공한다.

(2) 의안정보서비스 [http://likms.assembly.go.kr/bill/]

의안정보시스템은 법률안, 예산안 및 결산, 동의안 등 국회에서 처리되는 모든 의안에 대한 국회심사 경과 및 관련 자료를 제공하는 정보시스템이다. 이에 따라, 국회에 제출되는 모든 법률의 제·개정안의 발의내용, 발의자, 법률안의 주요 취지와 내용, 각 소관 상임위원회 등의 심사경과 등에 관한 정보를 이용하고자 할 때 매우 유익한 정보원이 된다. 법률안의 경우, 각 회기별로 구분하여 검색할 수 있고, 제출안·처리안·계류안 등 심사결과에 따른 분류 및 각종 의안통계정보도 제공하고 있다. 특히, 법률안은 같은 내용의 법률안이 다수 제출되고, 위원회 심사과정에서 다른 법률안으로 통합되거나 폐기되는 경우도 있으므로, 관련 정보이용에 유의하여야 한다.

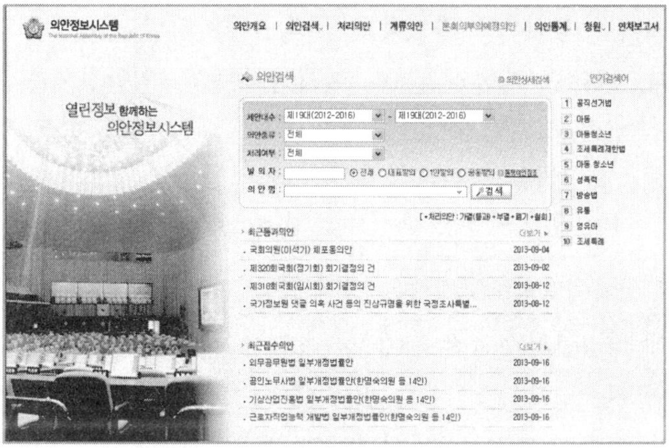

[그림 15] 국회 의안정보서비스 사이트

(3) 맞춤입법정보서비스 [http://naph.assembly.go.kr/index.jsp]

맞춤입법정보시스템은 의안, 회의록, 법률정보 등에 대한 통합·연계 검색기능과 함께, RSS시스템을 이용한 의안의 개인화 홈서비스를 제공하는 시스템이다. 이 서비스는 한 번의 검색으로 국회에 제출된 의안과 이에 관한 검토보고서, 심사보고서 등 각종 자료뿐만 아니라 회의록, 영상회의록 및 공포법률까지 통합된 검색결과를 볼 수 있으며, 특히 web 2.0 기반의 개인화 홈서비스(RSS 및 Tag 서비스)를 함께 제공하여 편리하게 이용할 수 있다. 서비스 이용은 사용자등록 또는 로그인 없이 자유롭게 이용할 수 있으나, 개인화 홈서비스를 이용하기 위해서는 국회홈

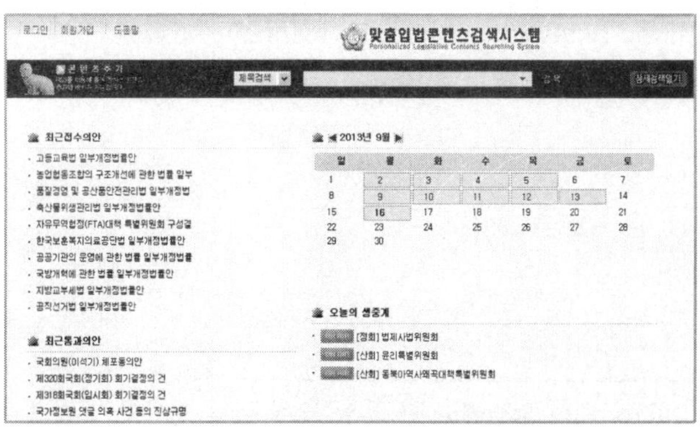

[그림 16] 맞춤입법정보서비스 사이트

페이지 회원으로 가입하고, 국회홈페이지의 등록계정으로 로그인 하여야 한다. 1948년 제헌의회부터 현재까지 모든 의안정보를 통합하여 검색·이용할 수 있다.

(4) 입법예고정보서비스 [http://pal.assembly.go.kr/main]

입법예고정보시스템은 제정 또는 개정되는 법률안을 국회에서 심사하기 전에 입법취지와 주요 내용 등에 대해 국민에게 미리 알리고 다양한 의견을 수렴하는 정보시스템이다. 입법예고는 위원회에 회부된 법률안을 심사하기 전에 해당 위원장이 그 법률안의 입법취지와 주요 내용을 국회공보 또는 국회 인터넷 사이트에 게재하는 방식으로 국민들에게 미리 알리는 절차이다.[102] 입법예고정보서비스는 각 상임위원회별 입법예고정보를 비롯하여 현재 진행 중인 입법예고정보, 종료된 입법예고정보는 물론, 최신의 입법예고정보와 국민의 관심이 있을 것으로 예상되는 관심입법예고정보 등을 제공한다. 각 유형별 입법예고정보를 메뉴검색이나 상세검색 등을 통해 접근 이용할 수 있다.

(5) 기타 법정보서비스

국회정보시스템에서는 위와 같은 입법관련 정보 외에도, 국정감사에 관한 정보 〈http://likms.assembly.go.kr/inspections/index.html〉, 예산 및 결산에 관한 정보 〈http://nafs.assembly.go.kr:83/〉, 제헌 이후의 모든 국회 회의록정보 〈http://likms.assembly.go.kr/record/〉, 기타 의정활동과 관련된 각종 미디어정보 등을 제공하고 있다.

102) 국회의 입법예고 근거 및 그에 관한 절차와 방법 등에 관하여는 「국회 입법예고에 관한 규칙」(2012.2.27, 국회규칙 제174호 제정) 참조.

5. 헌법재판소 헌법정보 사이트 [http://www.ccourt.go.kr/]

가. 서비스 개요

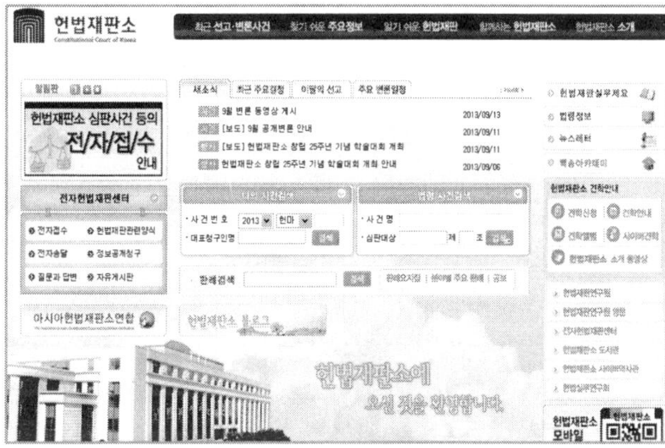

[그림 17] 헌법재판소 헌법정보 포털 사이트

헌법재판소는 국가의 사법권을 법원과 함께 분담하여 수행하는 기관이다. 즉, 헌법에 의하여 부여된 국가 재판권의 일부를 관장하는 사법기관으로서 헌법과 관련한 재판사무를 담당한다. 헌법재판소의 헌법정보 포털 사이트는 이와 같이 헌법재판소가 수행하는 헌법재판 및 헌법과 관련된 각종 정보를 종합적으로 제공하는 법정보 사이트이다. 국내 유일의 헌법정보 관련 전문포털이라고 할 수 있다.

나. 주요 정보서비스 내용

헌법재판소 헌법정보시스템에서는 헌법재판공보, 판례요지집, 분야별 주요판례 등 각종 헌법재판정보를 제공하며, 이외에도 각국의 헌법재판제도, 헌법실무제요 등 헌법재판에 관한 안내 및 소개자료 등을 제공한다. 또한, 헌법재판 진행상황, 헌법재판 일정 등에 관한 정보도 제공하고 있어, 헌법에 관한 연구와 헌법재판제도를 공부하는데 매우 유익한 정보 사이트이다.

6. 법무부 지능형 법정보 사이트 [http://www.ilaw.go.kr/]

가. 서비스 개요

법무부 아이로(iLAW) 시스템은 법무부가 운영하는 정보제공시스템으로 국

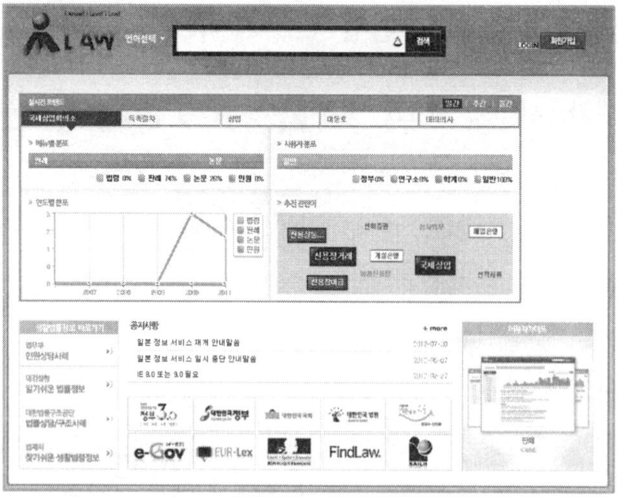

[그림 18] 법무부 아이로 시스템 사이트

내외 법률, 판례, 문헌 정보 등의 사법 관련 정보를 종합적으로 조사·분석하여 제공하는 지능형 법정보(Intelligent Law Discovery) 서비스체계이다. 각종 법정보의 생성 및 이용에 관한 실시간 트랜드를 확인할 수 있으며, 특정 주제어와 관련된 정보지도 및 상호간의 관계성을 제공하는 다차원 정보 기능을 부가하여 이용자의 편의성을 제고하고, 차별화된 법정보 서비스를 제공하고 있다.

나. 주요 정보서비스 내용

아이로 시스템은 국내외의 법령, 판례, 문헌정보 등 각종 법정보를 통합검색으로 찾아서 이용할 수 있도록 정보를 제공하고 있다. 즉, 국내외 법정보 제공기관과의 제휴를 통해 법정보를 상호 링크하여 통합적인 검색이 가능하도록 지원하고 있다. 한국어를 비롯하여 영어, 일본어, 독일어, 프랑스어 등 외국어로도 검색이 가능하다. 하나의 검색어를 통해 법령, 판례, 문헌 등의 정보를 통합 검색할 수 있고, 검색어와 관련된 각 국가별 정보의 소재현황을 나타내주는 정보지도서비스, 특정 주제어와 관련된 용어관계 등을 그림으로 표현해 주는 다차원 정보서비스를 이용할 수 있는 점이 특징이라고 할 수 있다.

7. 안전행정부 자치법규정보 사이트 [http://elis.go.kr/]

가. 서비스 개요

자치법규정보시스템(ELIS, Enhanced Local laws and regulations Information System)은 지방행정의 효율성을 높이고, 국민의 알권리 충족 및 행정서비스 수준을 향상시키고자 안전행정부가 1997년부터 지방자치단체의 행정정책을 데이터베이스로 구축하고, 전 지방자치단체와 공동으로 운영하는 정보서비스체계이다. 이 서비스는 전국의 광역 및 기초자치단체의 모든 조례와 규칙 등의 자치법규[103]를 종합적으로 제공하는 유일한 자치법규 전문 포털이라고 할 수 있다.

[그림 19] 자치법규정보 사이트

나. 주요 정보서비스 내용

본 자치법규 정보서비스는 각 지방자치단체가 제정하여 운영하는 조례·규칙·훈령·예규 등 각종 자치법규에 대한 현황정보, 내용정보, 입법예고, 고시·공고 등에 관한 다양한 정보를 종합적으로 제공한다. 각 시·도별, 시·군·구별 등 자치단체별 정보와, 조례·규칙·훈령 등 각 법규별 정보로 구분하여 검색이 가능하고, 통합검색도 가능하다. 이에 따라 특정 주제와 관련된 전국 각 지방

103) 자치법규란 헌법 제117조 제1항 및 지방자치법 제22조 및 제23조에 따른 자치입법권에 근거하여, 각 자치단체가 지방자치에 필요한 사항을 정하기 위하여 제정하는 조례, 규칙, 훈령, 예규 등의 각종 자치규범을 말한다.

자치단체의 법규현황을 종합적으로 파악하거나, 상호비교를 통해 분석하는 등 자치법규에 관한 연구와 실무를 수행하는데 유익한 정보원이 된다. 자치법규정보는 앞서 설명한 국가법령정보센터 등을 통에서도 검색할 수 있으나, 본 자치법규시스템을 통해 보다 다양하고 상세한 정보검색이 가능하다.

8. 국민권익위원회 행정심판정보 사이트 [https://www.simpan.go.kr/]

가. 서비스 개요

[그림 20] 행정심판정보 사이트

행정심판정보 사이트는 국민권익위원회 소속 중앙행정심판위원회가 운영하는 정보서비스로서 각종 행정심판 및 재결에 관한 정보를 종합적으로 제공하는 행정심판정보 전문 사이트이다. 전국의 각 행정기관의 행정심판과 중앙행정심판위원회의 중앙행정심판 및 행정재결 등에 관한 정보를 상호 연계하여 서비스함으로써 국가행정심판정보에 관한 체계적인 정보서비스를 수행한다.

나. 주요 정보서비스 내용

본 정보서비스는 행정심판[104]에 관한 다양한 정보를 제공한다. 행정심판에

104) 행정심판이란 행정청의 위법·부당한 처분 그밖에 공권력의 행사·불행사 등으로 권리나 이익을 침해받은 국민이 행정기관에 제기하는 권리구제절차를 말한다. 행정심판은 법원의 행정소송에 비해 비용이 무료이고, 절차가 간편하며, 신속히 처리되는 장점이 있다. 물론, 행정심판에 불복하는 경우 행정소송을 제기하거나, 행정심판 대신 행정소송을 직접 제기할 수도 있다. 행정심판의 제기와 심리 및 재결 등은 행정심판법에 의하여 수행된다.

관한 안내, 행정심판 사건의 제기와 진행정보는 물론 각 행정심판의 결과인 재결정보 등을 통합적으로 제공한다. 이외에도 행정심판통계 및 행정심판서식 등에 관한 행정정보도 제공한다. 행정심판의 결과인 재결정보는 분야별, 일자별, 처분청별 및 직근상급기관별 등으로 구분하여 검색이 가능하고, 특정 주제와 관련된 키워드 검색도 가능하다.

또한, 본 정보시스템을 통해 온라인 행정심판도 가능하다. 즉, 온라인 행정심판 메뉴를 통해 행정심판 청구서를 제출하거나 관련 서류를 제출할 수 있다. 따라서 본 사이트는 행정심판업무를 지원하는 정보시스템이자 관련 정보를 국민에게 제공하는 정보서비스시스템으로서 기능하고 있다고 할 수 있다.

제5장 법령의 이해와 정보조사

제1절 법령의 생성과 변동

제2절 법령의 구조와 해석

제3절 법령정보조사의 기본원리와 방법

제1절 법령의 생성과 변동

1. 법령의 의미와 효력작용

가. 법령의 의미

일반적으로 '법령'이라 함은 법률과 명령을 총칭하는 개념이다. 즉, 국회에서 제정하는 법률과, 헌법 또는 법률에 근거하여 정부나 지방자치단체 또는 국회, 법원, 헌법재판소, 중앙선거관리위원회 등의 헌법기관이 그 부여된 입법권의 범위 내에서 제정하는 각종 명령이나 규칙을 말한다. 또한 우리나라가 외국 및 국제기구 등과 체결한 조약이나 일반적으로 승인된 국제법규도 법령의 일부를 구성한다. 따라서 법령이라 함은 주로 '성문의 형식'으로 표현된 일체의 '제정법'을 의미한다고 할 수 있다. 그러나 법령이라고 해서 반드시 법문의 형식 즉, 법조문의 형식으로 제정되는 것은 아니다. 기술기준 등과 같은 일부 법령은 도표나 서식 또는 일반문서의 형식으로 제정되기도 한다.

나. 법령의 특성과 효력작용

법령은 일반·추상적인 규범으로서 행정주체가 구체적 사실에 관한 법집행으로서 행하는 권력적 단독행위인 행정처분과 구별된다. 따라서 법령은 그 해석과 적용을 위한 일정한 절차를 필요로 한다. 법령 상호간에는 그 효력에 따라 적용의 우선순위가 결정된다. 즉, 상위법령이 하위법령에 우선하며, 하위의 법령은 상위법령의 범위 내에서만 효력을 가진다. 다만, 동일한 효력의 법령 간에는 특별법이 일반법에 우선하고(특별법 우선의 원칙), 신법(新法)이 구법(舊法)에 우선하여(신법 우선의 원칙) 적용된다.

[표 14] 각종 법령의 의미와 유형의 구분

□ **법** : 행위의 준칙이 되는 모든 규범
- 성문법(제정법) + 불문법(판례법 + 관습법 + 조리)
- 법은 행위의 준칙, 권리·의무의 배분기준, 재판의 준칙 등으로 작용

□ **제정법** : 입법권한이 있는 기관이 입법절차에 따라 제정한 법규범
- 국가법(헌법, 법률, 행정입법, 기관규칙) + 지방자치법(조례, 규칙)

□ **법률** : 국회의 제정법(국회입법의 원칙에 따라 법률은 국회에서만 제정)

□ **행정입법** : 정부의 제정법(행정기관이 발하는 점에서 "명령"이라고도 함)
- 법규명령(대외적 구속력 있는 명령) + 행정규칙(기관내부 지침)

□ **법규명령** : 정부가 발하는 명령 가운데 대외적 구속력을 가지는 명령
- 제정기관에 따라, 대통령령(대통령)·총리령(국무총리)·부령(각부장관)
- 제정내용에 따라, 위임명령(위임사항규정)·집행명령(집행사항규정)

□ **행정규칙** : 행정기관 내부의 행위지침(법규해석지침, 재량준칙)
- 그 목적에 따라 고시·훈령·예규·통첩 등 다양한 명칭으로 제정
- 단, 고시 중에는 '명령'의 성격을 갖는 것이 있음(규범구체화/보충적 규칙)

□ **기관규칙** : 행정부 외의 헌법기관이나 행정위원회가 제정하는 입법
- 국회규칙, 대법원규칙, 헌법재판소규칙, 중앙선거관리위원회규칙
- 감사원규칙, 공정거래위원회규칙, 방송통신위원회규칙, 금융위원회규칙 등

다. 법령의 범위 : 법정보조사의 범위

법령은 보통 적법한 절차에 따라 제정되거나 개정되어 현재 시행중인 법령만을 의미한다. 그러나 광의적으로는 법령이 생성되어 변동 및 소멸될 때까지의 전 범위 즉, 입법단계의 법령부터 폐지된 법령까지를 모두 포함한다. 따라

서 여기서의 법정보조사의 대상이 되는 법령의 범위는 광의적으로 파악하여 아직 입법절차가 완료되지 않고 입법의 과정에 있는 법령이나, 폐지되어 현재 그 효력을 발휘하지 않는 법령까지도 포함하는 것으로 한다. 아울러, 외국어로 된 법령정보, 기타 생활법령 등 특정 목적으로 구성된 법령도 법정보조사의 범위로 한다.

2. 국가입법권의 배분과 행사주체 : 법령의 제·개정 주체

가. 입법의 의미와 권한 분배

입법이라 함은 공동체 사회의 기본적인 문제를 동태적인 타협과 조정을 거쳐 국민적 입장에서 해결하기 위하여 각종 법령을 제정하거나 개정하는 것을 말한다. 즉, 법령의 제정 및 개정을 위한 일련의 업무절차를 의미한다. 국가 최고규범인 헌법은 이와 같은 입법권을 헌법기관을 비롯한 국가행정기관 및 지방자치단체 등에게 그 담당사무와 권한에 맞게 적절히 배분하여 행사하도록 규정하고 있다.

나. 입법의 유형 및 추진 주체

입법은 그 추진근거 및 내용에 따라 다양한 형식으로 구분할 수 있으며, 각 권한행사의 주체에 의하여 입법권이 발동되어 각종 법령을 제·개정한다. 입법권의 행사는 국회, 정부, 지방자치단체 및 기타 국가기관이나 행정위원회 등의 단위조직에서 담당한다. 이러한 입법권한에 따라 추진되는 각종 입법의 형식은 다음 표에서 보는 바와 같다.

[표 15] 다양한 유형의 입법 형식과 추진 주체

구 분	입법의 형식 및 명칭		추진 근거	추진 주체
국가최고규범	헌법		국민주권주의 헌법§30	국민
헌법에 의한 입법 형식	법률		헌법§40	국회
	국제법규	조약	헌법§6①	정부(국회동의)
		국제관습법	헌법§6①	국제사회
	긴급명령	긴급재정경제명령	헌법§76①	대통령
		긴급명령	헌법§76②	대통령
	행정입법 (행정명령)	대통령령	헌법§75	대통령
		총리령	헌법§95	국무총리
		부령	헌법§95	행정각부의 장
	헌법기관규칙	국회규칙	헌법§64①	국회
		대법원규칙	헌법§108	대법원
		헌법재판소규칙	헌법§113②	헌법재판소
		중앙선거관리 위원회규칙	헌법§114⑥	중앙선거관리 위원회
	지방자치법규	조례	헌법§117①	지방의회
		규칙	헌법§117①	자치단체의 장
법률에 의한 입법 형식	장관 고시	고시	예) 전염병예방법 §34②	농림수산식품 부장관
			예) 장애인고용법 §33⑨	노동부장관
	위원회 운영규칙	감사원규칙	감사원법§52	감사원
		금융위원회규칙 증권선물위원회규칙	금융위설치법 §16, §22	금융위원회
		금융통화위원회규칙	한국은행법§30	금융통화위원회
		공정거래위원회규칙	공정거래법§48②	공정거래위원회
		방송통신위원회규칙	방송법§35③	방송통신위원회
		중앙노동위원회규칙	노동위원회법§25	노동위원회
기관내부규율	내규	고시/훈령/예규/통첩	정부조직원리	각 기관의 장

3. 법령의 제·개정 절차와 방법

가. 법령 정비의 필요성

(1) 국가조직의 형성

인간의 공동생활관계에 있어서 특정한 사람들로 구성된 국가를 구성하고 운영하기 위해서는 국가의 형성과 존속에 필요한 국민, 영토, 주권 등 국가의 기본요소를 정함은 물론, 국가의 권한을 분배하고 행사하기 위한 권력분립과 이들 국가권력을 행사하기 위한 국가기관의 설치·운영에 관한 사항을 정하는 것이 필요하다. 이와 같이 국가권력기관을 설치하고 운영하기 위해서는 조직규범으로서의 법령의 정비가 필수적으로 요구된다.

(2) 정책수행의 기초 마련

오늘날의 현대복지사회국가에서는 경제사회발전을 통해 인간다운 생존을 보장하고, 안전하고 쾌적한 국민생활을 영위할 수 있도록 하기 위하여 각종 국가정책을 수립하고 추진한다. 이와 같이 국가가 특정 분야의 정책을 수립하고 집행하기 위해서는 그 제도적 기반으로서 관련 법령이 마련되어야 한다. 여기서 국가의 법령 정비의 필요성이 제기된다. 한편, 자유민주주의 국가에서의 국가운영은 법치주의를 기본으로 하고 있다. 결국, 법치주의 아래서 법령은 '정책을 담는 그릇'이라고 할 수 있으며, 법령은 국가의 각종 정책을 수립하고 추진하기 위한 제도적 기반이 된다.

(3) 법규사항의 규정

국가가 헌법에 규정된 국가의 목적을 달성하기 위해서는 국민에게 기본적인 권리와 이익을 부여하기도 하지만, 특별한 경우에는 불가피하게 국민에 대하여 일정한 의무를 부과하거나 권리를 제한할 수도 있다. 이와 같이 국가가 국민의 자유와 권리를 제한하거나 의무를 부과하는 법령상의 내용을 법규사항이라고 한다. 그런데, 법치주의 원칙상 또는 헌법상의 기본권 제한의 원칙상 법규사항은 반드시 법률로 규정하여야 한다(헌법 제37조 제2항). 즉, 헌법에 의하여 보장된 국민의 기본권을 제한하거나 의무를 부과하기 위한 근거를 마련하기 위해 법령의 정비가 필요하게 된다.

(4) 정책의 제도화 추구

국가가 다양한 행정을 수행함에 있어서 특히 '침익적 행정행위'인 경우에는 법률유보의 원칙상 반드시 법률에 근거를 두고 행하여져야 한다. 그러나 오늘날에 있어서는 '수익적 행정행위'의 경우에도 정책의 일관성, 적법성 및 투명성 확보를 위해 정책의 제도화를 요구한다. 여기서 정책의 제도화를 위한 과정이 곧 법제화의 과정인바, 특정 정책의 제도화를 위해서는 관련 법령의 정비가 필요하다.

나. 주요 법령의 제·개정 절차와 방법

앞서 살펴본 바와 같이, 국가 법령은 그 제정근거 및 입법형식에 따라 매우 다양한 명칭으로 제정되며, 각 제정 주체에 따라 일정한 절차와 방법을 거쳐 제정된다. 즉, 각 법령은 그에 적합한 입법과정의 절차를 거쳐 정비된다. 이하에서는 대표적인 법령을 중심으로 각각의 제정 절차와 방법을 간단히 살펴본다.

(1) 법 률

법률이라는 입법의사가 형성되는 곳은 국민의 대표로 구성된 합의제 행정기관인 국회이다. 즉, 법률에 관한 입법권은 국회의 전속적 권한으로서 오직 국회만이 법률을 제정하고 개정할 수 있다. 한편, 헌법은 법률안을 국회에 제출할 수 있는 권한을 국회와 함께 정부를 규정하고 있다.[105] 따라서 법률안은

105) 헌법 제52조 국회의원과 정부는 법률안을 제출할 수 있다. 한편, 헌법상 법률안 제출권이

국회와 정부에 의하여 제출되며, 제출된 법률안은 국회의 일정한 심의·의결 절차를 거쳐 확정된다.

하나의 법률안이 제안되어 법률로 확정되고 그 입법의사가 효력을 발휘할 때까지는 매우 복잡한 과정을 거치게 된다. 즉, i) 법률안의 입안 및 발의, ii) 법률안 심의·의결, iii) 대통령 승인, iv) 법률공포, v) 법률 시행의 순으로 진행된다. 그리고 vi) 시행된 법률은 환경 및 사정의 변화에 따라 필요한 개정을 하게 되는데, 법률의 개정은 위와 같은 입법과정을 다시 거치게 된다.

[표 16] 법률의 입법순환과정

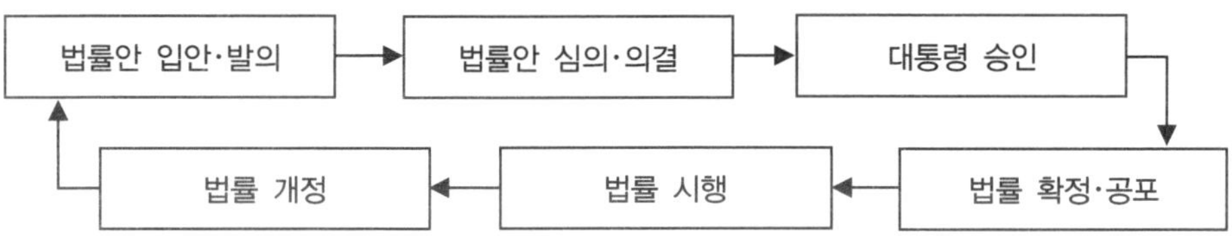

위와 같은 각각의 단계에서는 또다시 세부적인 업무절차를 거치게 된다. 즉, 정부의 법률안 입안 및 제출과정에서는 i) 입법계획의 수립, ii) 법률안 작성, iii) 기관간의 협의(부처협의, 당정협의),[106] iv) 국민의견 수렴(입법예고,[107] 공청회),

---

없는 대법원, 헌법재판소, 중앙선거관리위원회와 같은 헌법기관은 관련된 법률안의 제정 또는 개정의견을 서면으로 국회에 제출할 수 있도록 하고 있다. 이 경우 국회는 이를 소관 상임위원회에 제출하고, 해당 위원회는 그 의견을 참고하여 위원회의 제출법안으로 제안하게 된다. 다만, 위원회는 입법의견에 구속되지는 않는다.

106) 관계기관 협의사항은 다음과 같다. i) 공공요금, 수수료 기타 예산이 수반되거나 물가와 관련이 있는 사항은 기획재정부, ii) 정부의 인사·조직에 관한 사항은 안전행정부, iii) 지방자치단체의 소관사항인 경우에는 안전행정부, iv) 서식, 정기보고에 관한 사항은 안전행정부, v) 감사원법 제49조의 회계 관계 법령안은 감사원, vi) 기타 정부조직법상 다른 부처의 고유 업무와 관련된 사항이 있을 때에는 그 관계 부처, vii) 예산 및 회계에 관한 법률은 기획재정부, viii) 법령에서 어느 부처의 전속적 소관업무로 정한 사항은 그 해당 부처 등이다.

107) 국민의 권리·의무 또는 일상생활과 밀접한 관련이 있는 법령을 제정·개정 또는 폐지하고자 하는 경우에는 입법에 앞서 법령안의 입법취지, 주요내용 또는 입법전문을 관보·공보나 신문·방송·컴퓨터통신 등의 방법으로 널리 공고하여야 하며, 그 예고기간은 입법예고 시 정하되 특별한 사정이 없는 한 20일 이상으로 한다(행정절차법 제41조 내지 제43조). 입법예고된 법령안에 대하여 의견이 있는 자는 누구든지 소관 중앙행정기관에 서면으로

ⅴ) 법률안 심사(법제처심사, 규제심사),[108] ⅵ) 법률안 상정·심의(차관회의, 국무회의), ⅶ) 국회 제출 등의 절차를 거치며, 각각의 업무절차 단계에서는 관련 규정이 정하는 바에 따라 다양한 관계자들이 참여하여 협의를 진행하게 된다.

한편, 국회의원의 법률안 입안과 제출은 보통 ⅰ) 입법준비, ⅱ) 법률안 기초, ⅲ) 국회제출의 절차를 거치게 된다. 의원발의는 보통 의원 개인이나 정당의 관련 부서에서 사전검토 과정을 거쳐 필요한 법률안을 준비하고 기초한다. 이 과정에서 일반국민의 의견을 수렴하기 위한 정책세미나 또는 공청회를 개최한다. 또한, 법률안 기초단계에서는 보통 국회사무처 소속의 법제실의 협조를 받아 전문적인 검토를 거쳐 초안을 작성하고 이를 검토·수정한 후 국회에 제출한다. 의원이 발의하는 법률안은 법률안에 이유서를 붙여 10인 이상의 찬성자(발의자 포함)와 연서하여 국회의장(의사국 의안과)에게 제출한다. 개정 법률안인 경우에는 신·구조문 대비표를 첨부하며, 예산상의 조치를 필요로 하는 법률안의 경우에는 예산명세서를 함께 첨부하여 제출한다.[109]

국회에 제출된 법률안은 국회법이 정하는 바에 따라 일정한 심사 및 의결과정을 거쳐 확정한다. 즉, ⅰ) 상임위원회 회부 및 심사(제안 설명, 검토보고, 대체토론, 축조심사, 찬반토론 및 표결), ⅱ) 법제사법위원회 체계·자구 심사, ⅲ) 전원위원회 심사(정부조직에 관한 법률안 및 조세 또는 국민에게 부담을 주는 법률안 등 주요 법률안), ⅳ) 본회의 심의·의결의 절차를 거치게 된다. 이 과정에서도 국회법이 정하는 바에 따라 일정한 요건과 방식에 따라 절차를 진행한다.

이와 같은 절차에 따라 심의·의결된 법률안은 정부로 이송되고, 15일 이내

의견을 제출할 수 있으며, 소관 중앙행정기관의 장은 제출된 의견 중 중요사항에 대하여는 그 처리결과를 국무회의 상정안에 첨부하여야 한다(동 제44조 및 법제업무규정 제18조).

108) 어떤 행정규제를 신설하거나 강화하는 내용의 법령을 제정 또는 개정하는 경우에는 법제처의 심사에 앞서 규제개혁위원회의 규제심사를 거쳐야 한다(행정규제기본법 제10조). '행정규제'라 함은 국가 또는 지방자치단체가 특정한 행정목적을 달성하기 위하여 국민의 권리를 제한하거나 의무를 부과하는 것으로서 법령 또는 조례·규칙 등에 규정되는 사항을 말한다(동법 제2조).

109) 「국회법」 제79조(의안의 발의 또는 제출) 및 제79조의2(의안에 대한 비용추계자료 등의 제출) 참조.

에 대통령의 공포절차를 거쳐 확정·시행하게 된다. 다만, 대통령은 법률안에 대해 이의가 있을 때에는 정부이송 15일 이내에 이의서를 붙여 국회로 환부하여 재의를 요구할 수 있다. 만일, 재의 요구된 법률안에 대하여 국회가 다시 의결하는 경우에는 그 법률안은 법률로서 확정된다. 또한, 대통령이 15일 이내에 법률안을 공포하지 않거나 재의를 요구하지 않는 경우에도 해당 법률안은 법률로 확정된다. 확정된 법률은 대통령이 관보에 게재하여 공포한다. 법률공포는 법률이 효력을 발생하기 위한 필수적 요건이다. 법률이 확정된 후 5일 이내에 대통령이 공포하지 않으면, 국회의장이 이를 공포한다.

공포된 모든 법률에는 그 법률을 식별하기 위한 고유번호 즉, 법률번호를 부여한다. 법률번호는 건국 이후 공포되는 순서대로 일련번호가 부여되어 붙여진다. 법률이 공포되면 곧 바로 효력이 발생되는 것이 아니고 일정한 주지기간을 거쳐 시행된다. 즉, 국민들이 해당 법률의 내용을 파악하고 숙지할 수 있는 기간을 두고 시행에 들어가게 되며, 그 주지기간은 법률의 중요성 및 시급성에 따라 다르다. 법률의 내용이 중요하고 충분한 주지기간이 필요한 경우 공포 후 1~2년 뒤에 시행하기도 하고, 시급한 법률은 공포 후 즉시 시행하기도 한다. 시행일은 보통 부칙에서 명시적으로 정하는 것이 원칙이며, 만일 달리 정함이 없는 경우에는 공포 후 20일이 경과된 후 시행하게 된다.

(2) 행정입법(법규명령 및 행정규칙)

헌법 또는 법률의 위임에 따라 행정부가 제·개정하는 행정입법은 앞서 본 바와 같이 그 형식이 매우 다양하지만, 그 입법절차는 앞서 설명한 정부의 입법절차와 기본적으로 동일하다.[110] 다만, 행정입법은 행정부의 입법행위이므로 국회의 입법 절차를 거치지 않고 행정부 내부의 입법절차를 거쳐 확정·공포되며, 그 제정·공포의 주체가 누구인지에 따라 일부 절차상의 차이가 있을

110) 법령의 제정·개정 또는 폐지 등 정부의 입법 활동과 기타 정부의 법제업무에 관한 절차와 방법 및 기타 업무수행기준은 법제처「법제업무운영규정」(1995.8.10 제정, 대통령령 제14748호)에서 정하는 바에 따른다.

뿐이다. 즉, 대통령령은 국무회의 심의를 거쳐 대통령이 서명하고 공포하지만, 총리령과 부령은 법제처의 심사를 거치면 곧 바로 공포된다. 또한, 행정각부의 장이 발하는 고시 등의 행정규칙은 그 속성상 행정부 내부의 심사절차 없이 해당 부처의 입안 및 자체 심사를 거쳐 공포된다. 다만, 중앙행정기관의 장이 훈령·예규 등을 제정·개정 또는 폐지한 경우에는 법제처의 정부입법 관련 전산시스템에 등록하여야 하며(법제업무규정 제25조 제2항), 법제처의 심사·검토[111] 결과 해당 규칙 등이 법령에 저촉되거나 불합리한 사항을 정하고 있다고 판단하여 심사의견을 제시한 경우에는 이를 반영하여 해당 규칙 등을 보완하여야 한다(동 제3항 및 4항).

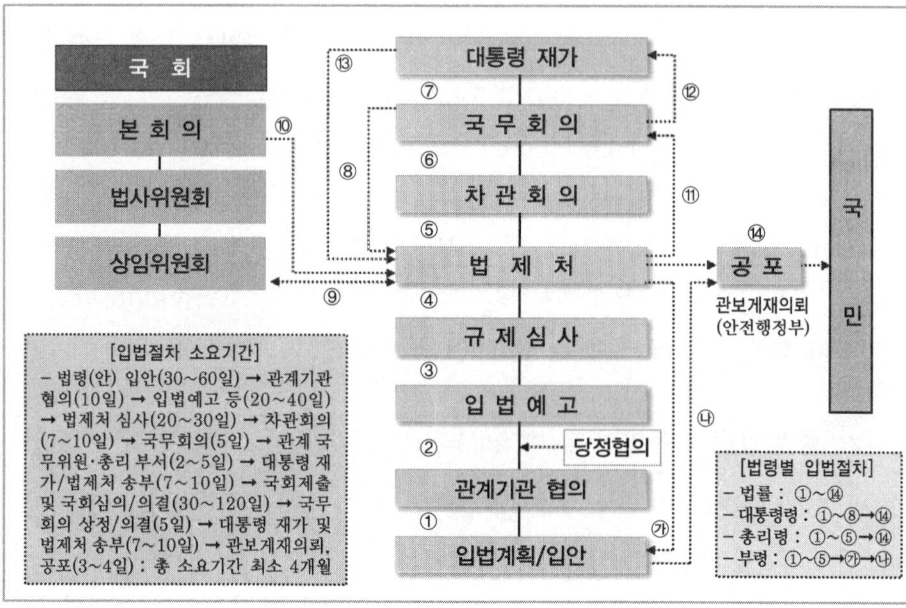

[그림 21] 법령안의 입법과정 및 절차

(3) 지방자치법규

지방자치단체는 헌법의 규정에 따라 자치입법권을 가지며, 이에 근거하여

111) 법제처의 법령안 심사는 법제처가 정한 「법령입안심사기준」(1996.12)에 따라 이루어진다.

지방자치사무의 수행을 위한 자치법규를 제정할 수 있다. 지방자치단체의 자치법규에는 "조례"와 "규칙"의 두 가지가 있다. 조례는 지방의회가 제정하는 성문의 제정법이며, 규칙은 지방자치단체의 장이 조례의 위임을 받거나 조례를 집행하기 위하여 정하는 자치규범이다. 이와 같은 자치법규는 법령의 범위 안에서 그 사무에 관한 사항을 정하는 것이므로 국가법령을 위반하여 제정할 수 없으나, 만일 국가법령의 의사가 명시적으로 존재하지 않는 경우 독자적으로 자치법규를 제정할 수 있는가에 대해 논란이 있으나, 상위 법령에 위반되지 않는 한 고유의 자치사무 수행을 위한 입법은 가능하다고 할 것이다.

이와 같은 자치입법도 널리 입법행위에 해당하므로, 일반적인 입법절차 및 방법에 따라 제정하거나 개정된다. 즉, 국가법령의 입법절차와 거의 유사한 절차를 거치게 된다.[112] 즉, 지방자치단체가 제안하는 조례안의 경우, ⅰ) 조례안 입안, ⅱ) 사전승인, 협의, 입법예고 및 의견청취, 규제심사, ⅲ) 조례·규칙심의회 의결, ⅳ) 조례안 확정·공고, ⅴ) 지방의회 제출 및 접수, ⅵ) 지방의회 심의·의결, ⅶ) 지방자치단체 이송, ⅷ) 조례안 보고, ⅸ) 조례안 공포·시행 등의 절차를 거친다. 지방의회가 조례안을 제출하는 경우에는 의원이 조례안을 입안하여 지방의회에 제출하면, 이후는 지방의회의 심의·의결, 지방자치단체의 이송 및 보고, 조례안 공포·시행의 절차가 그대로 적용된다.

(4) 조약 및 국제법규

국가와 국가 또는 국가와 국제기구 간의 합의규범인 조약이나 국제사회에서 그 규범성이 일반적으로 승인되고 있는 국제법규는 헌법의 규정에 의하여 국내법과 같은 효력을 가진다(헌법 제6조). 따라서 조약이나 국제법규도 국내법의 효력을 가지는 한 국가법령으로서 작용하므로 그 형성과정 및 절차에 대하여 간단히 살펴본다.

조약의 체결과 비준은 정부(대통령)가 정해진 절차에 따라 수행한다. 다만,

112) 지방자치입법의 절차와 방법 등에 관하여는 박영욱, 자치입법실무, 법제처, 2008.4, 212면 이하 참조,

양자조약인지 다자조약인지에 따라 약간의 차이가 있다. 즉, 양자조약의 경우, ⅰ) 조약문안의 교섭, ⅱ) 조약문안의 확정(정부대표의 가서명), ⅲ) 관계부처 협의, ⅳ) 법제처 심사, ⅴ) 국무회의 심의, ⅵ) 대통령 재가, ⅶ) 조약안 서명(정부대표), ⅷ) 국회의 비준·동의, ⅸ) 비준서 교환 또는 국내절차완료 통보, ⅹ) 조약 공포·시행의 절차를 거친다. 다자조약의 경우에는 ⅰ) 국제기구에서의 조약문 채택, ⅱ) 조약문의 국문번역문 확정, ⅲ) 서명 또는 비준을 위한 국내절차 진행, ⅳ) 비준서 또는 가입서 기탁, ⅴ) 공포·시행의 절차를 거쳐 체결된다. 국내절차는 위의 양자조약의 국내절차와 기본적으로 동일하다.

국제법규는 국제관습법 또는 우리나라가 협약당사국이 아닌 기타의 국제협약 등과 같이 국제사회에서 그 규범성이 일반적으로 승인되고 있는 국제법상의 규범을 말한다. 이와 같은 국제법규는 국제사회에서 역사적으로 생성·발전되거나, 국제사회의 일반적인 의사결정의 과정을 거쳐 발생된다. 특히 국제협약은 다자조약과 같은 성질을 가지므로 보통은 다자조약과 같은 체결과정을 거쳐 생성된다고 할 수 있다.

다. 법령 정비의 원칙과 합리성 제고

(1) 법령정비의 기본원칙

선거과정을 통하여 국민이 주권을 행사하고 선거에 의하여 선택한 국가기관에 의하여 스스로를 통제하는 현대 민주주의국가에 있어서 법령은 국민과 국가기관이 스스로를 기속하는 국가사회의 지속적인 정책의지를 규범화한 것이다. 따라서 현대 민주주의국가에서 제정되는 모든 법령은 기본권 보장과 권력구조의 견제와 균형에 관한 헌법원칙에 적합해야 하고, 특히 국민의 자유와 권리의 제한은 국민의 대표기관인 국회에서 의결되는 법률에 의하여야 한다는 일반적 입법준칙을 존중하여야 한다.

또한, 헌법과 상위법령에서 개별적으로 정하고 있는 사항에 위배되거나 모순·상충되는 사항을 하위법령에서 정하는 것은 입법권 또는 행정입법권의 행사범위를 넘는 것으로서 효력을 갖지 못한다는 법체계상의 원칙은 개별적인 법령의 법적합성에 관한 판단기준이 되는 것으로서 반드시 준수되어야 한다.

(2) 법령정비 과정의 합리성 제고

법령의 제·개정 절차 즉, 입법절차는 그 과정을 통해 다양한 이해관계자들의 참여와 협력 및 이를 통해 서로 다른 의견의 조정과 상호타협을 거쳐 합리적인 입법안이 되도록 하여야 한다. 입법과정은 입법주체 또는 참여자인 국회(의원), 정당, 정부(행정부 공무원), 선거구민, 이익단체, 매스미디어간의 상호작용을 통해 서로 다른 이해와 대립을 조정하는 과정이라고 할 수 있다. 따라서 이러한 입법과정을 통해 이해관계자간의 갈등을 처리하고 정치사회의 통합을 도모하여야 한다.

또한, 입법과정을 진행함에 있어서는 헌법, 국회법, 행정절차법, 행정규제기본법, 법령 등 공포에 관한 법률, 법제업무운영규정 등과 같은 관련 법령에서 정한 절차와 방법을 준수하도록 함으로써 법령의 절차적 정당성과 객관적 합리성을 확보하도록 하여야 한다.

4. 법령의 집행과 폐지

가. 법령의 집행

법령이 제정되어 공포·시행되면 관련 국가기관은 법령을 집행하게 되고, 국민들은 법령에서 정한 의무를 이행하거나 법령에서 규정한 바에 따른 국민생활을 영위하게 된다. 법령의 집행은 그 내용에 따라 행정부에 의한 법집행과 사법부에 의한 법집행으로 구분해 볼 수 있다.

(1) 행정부의 법집행 형식과 처분절차

국가 행정권은 대통령을 수반으로 하는 정부에 속하므로(헌법 제66조), 행정부에 의한 법집행은 대통령을 중심으로 하는 정부의 각 행정기관에 의하여 분담하여 이루어진다. 즉, 대통령과 국무총리를 비롯하여 정부조직법에서 정하는 각 중앙행정기관의 장이 소관 사항에 대한 법집행을 관장한다. 이와 같은 독임제 행정기관 외에 특별한 사항에 대하여 독립적으로 행정을 담당하기 위하여 필요한 경우에 설치되는 합의제 행정기관이나 행정부 산하의 각종 위원회도 법령에서 정하는 바에 따라 소관 사무분야에 대한 법집행을 담당한다.

행정기관 또는 행정청의 법집행은 여러 가지 형식으로 이루어진다. 즉, 인가·허가·특허 등의 행정처분, 공법상의 계약, 행정계획, 행정조사, 행정상의 강제집행과 즉시강제, 그 밖의 다양한 제재처분(과태료 부과, 과징금 부과, 공급거부, 위반사실의 공포, 허가나 특허의 철회나 취소 등)을 통해 정부에게 부여된 행정권을 집행한다. 한편, 행정청이 이와 같은 구체적 법집행으로서 행하는 구체적인 행정처분을 함에 있어서는 그 공정성, 투명성 및 신뢰성을 제고하기 위하여 행정절차법이 정하는 바에 따라 일정한 절차와 방법을 갖추도록 하고 있다. 즉, 모든 행정청의 행정처분 절차에 있어서는 국민에 대한 행정사항의 공개·공지 및 이에 관한 의견 제출의 기회를 제공하기 위하여 공통적인 절차를 거치도록 규정하고 있는바, i) 처분기준의 사전 설정과 공포, ii) 처분의 이유제시, iii) 처분방식의 원칙적 서면주의, iv) 행정처분에 대한 불복방법과 절차의 고지 등이 그 것이다.[113)]

(2) 사법부의 법집행 형식과 재판절차

사법부의 법집행은 특정 법적 사건이 발생한 경우 관련법의 해석과 적용을 통해 법적 분쟁을 해결하는 것이다. 헌법은 국가의 재판권을 다수의 기관으로 구분하여 부여하고 있는바, 각급 법원과 헌법재판소는 해당 재판권한의 범위내에서 각각 법을 해석·적용·집행한다. 한편, 일정한 경우에는 법적 분쟁의 해결을 행정부의 자체적인 절차에 따라 해결하도록 하고 있다. 이를 흔히 행

113) 행정절차법 제20조 내지 제26조 참조.

정심판절차라고 부르며, 이와 같은 행정심판을 행함에 있어서는 정식재판절차를 준용하여 처리하도록 하고 있다. 사법부의 재판절차 및 행정부의 심판절차를 통한 법집행에 대하여는 다음의 【제6장 판례의 이해와 정보조사】에서 자세히 살펴보기로 한다.

나. 법령의 폐지

어떠한 행정목적을 위하여 제정된 법령은 시대 및 환경의 변화에 따라 수시로 개정되어 국가행정의 합리성과 적정성을 유지하게 된다. 그러나 법을 제정한 목적이 달성되거나, 사회 환경의 변화로 인하여 더 이상 법령의 유지가 필요 없게 된 경우에는 해당 법령은 폐지된다.

법령의 폐지절차는 앞서 설명한 입법절차에 따른다. 즉, 폐지법령안을 작성하여 해당 법령을 제정할 당시 경유하였던 입법과정을 다시 거쳐 폐지하게 된다. 따라서 법률은 국회의 심의·의결절차를 거치고, 기타 행정입법은 행정부 내부의 입법절차를 거쳐 폐지된다. 공포에 있어서도 제정 법률과는 별도의 법령번호를 새로 부여받아 공포된다. 결국, 폐지된 법령도 법령의 하나로서 독립적으로 관리된다.

제2절 법령의 구조와 해석

1. 법령의 편제와 형식

법령의 구성은 특별히 규정된 것은 아니지만, 대체로 「표제부」, 「본칙」 및 「부칙」의 세 부분으로 구성된다.

가. 표제부(標題部)

「표제부」는 해당 법령의 얼굴에 해당하는 부분으로, 해당 법령의 "제명", "공포일자", "법령번호", "개정연혁" 등으로 구성된다. 또한, 인터넷 법령정보의 경우, 해당 "법령소관부서"가 기재되어 법령의 시행과 관련한 정책주관부서를 알 수 있도록 하고 있다.

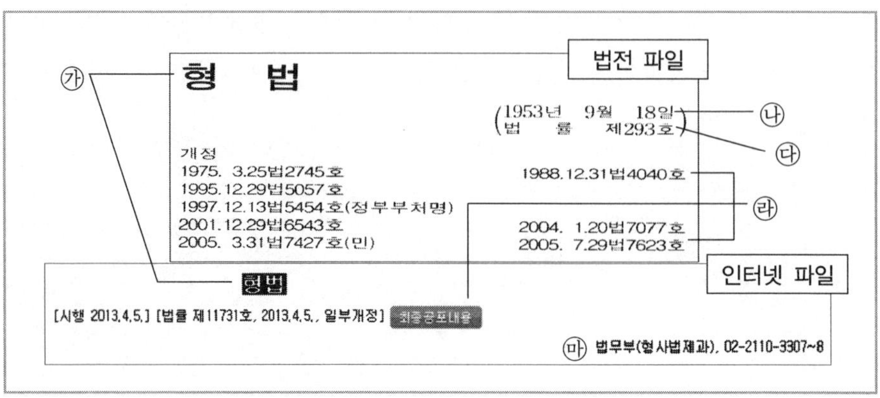

[그림 22] 법령의 표제부 표시

(1) 제명 : 법령의 명칭

법령의 제명(위 그림에서 ㉮)은 법령의 고유한 명칭으로서, 알기 쉽고 간결하여야 하며, 법령의 주요내용이 대표될 수 있도록 부여되어야 한다.[114] 또한,

114) 이하 법제처, 「법령입안 심사기준」, 1996.12, 147면 "Ⅱ. 법령의 제명" 참조.

다른 법령과 혼동될 염려가 없어야 하고, 법령 종별에 따라 제명을 구별하여 표현하여야 한다. 법령의 제명은 제정당시의 명칭으로서 원칙적으로 바뀌지 않는다. 다만, 그 내용이 전면적으로 개정되는 전부개정의 경우에는 법률의 명칭이 변경될 수도 있다. 특정 법률의 제명이 변경되었는지의 여부는 해당법률의 '개정연혁'을 보면 언제, 어떻게 개정되었는지를 알 수 있다.

법령의 제명을 붙이는 방법이 특별히 정해진 것은 아니지만, 대체로 다음과 같은 요령에 의하여 부여된다. 법률의 제명은 「○○법」 또는 「○○에 관한 법률」로 하여 붙인다.115) 대통령령의 제명은 「○○법(법률)시행령」, 「○○규정」, 「○○령」, 「○○직제」등으로 제명을 붙이며,116) 총리령과 부령의 제명은 「○○법(법률)시행규칙」 또는 「○○규칙」으로 제명을 붙인다.117)

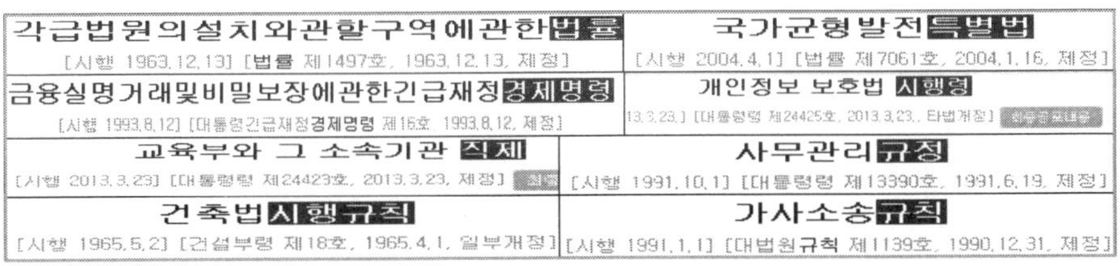

[그림 23] 각종 법령의 제명 사례

115) 일반적으로 "법률"의 제명을 붙이는 형식은 크게 4가지로 나눌 수 있다. 즉 "…법", "…에 관한 법률", "…에 관한 특례(특별, 특별조치, 임시조치)법", "…를 위한 특례(특별, 특별조치, 임시조치)법"이다. 이 중에서 "…법"과 "…에 관한 법률"이 주로 많이 사용되고 있다. 법률의 제명을 붙일 때 어떤 것을 택하여야 하는지에 관하여 명확한 기준이 있는 것은 아니나 제명은 당해 법령의 내용을 요약하여 간결하게 붙여야 부르기 쉽기 때문에 "…법"으로 붙이는 것을 원칙으로 하되, 제명이 다소 길어 "…법"으로 하는 경우 딱딱한 느낌이 들거나 제명 중에 "를, 하는, 위한, 의, 관한" 등이 포함되어야 하는 경우에는 "…에 관한 법률"로 붙이고 있다(법제처, 법제지식 참조).

116) 모법의 시행에 관한 전반적인 사항을 정하는 경우에는 「○○법(법률)시행령」으로 하고, 모법의 일부규정의 시행에 필요한 개별적인 사항을 정하거나 대통령의 권한 범위안의 사항을 정할 경우에는 「○○규정」, 「○○령」으로 하되, 조직법규에 속하는 경우에는 「○○규정」으로, 작용법규에 속하는 경우에는 「○○령」으로 한다. 다만, 조직법규에 속하지만 행정기관의 조직과 직무범위 등에 관한 사항을 정하는 직제의 경우에는 「○○직제규정」이라 하지 아니하고 「○○직제」로 통상 표현되고 있다.

117) 이 경우에도, 모법의 시행에 관한 전반적인 사항을 정하는 경우에는 「○○법(법률)시행규칙」으로, 상위법령의 일부규정의 시행에 필요한 개별적인 사항을 정하거나 발령권자의 권한 범위안의 사항을 정하는 경우에는 「○○규칙」으로 한다.

(2) 공포일자

공포일자(앞의 그림에서 ㉯ 및 ㉱의 연월일 표시)는 법령이 제정되거나 개정되어 정식 법령으로 확정되어 공포된 날짜를 말한다. 법령의 공포는 반드시 관보에 게재하여야 효력이 발생되며, 공포일은 해당 법령이 게재된 관보가 발행된 날이다.[118] 여기서 주의할 것은 공포일자와 시행일자를 혼동해서는 아니 된다는 것이다. 공포일자는 해당 법령이 정식 법령으로 확정되어 국민에게 널리 공고한 날짜이며, 시행일은 해당 법령의 부칙에서 정하고 있는 법령시행일자로서 해당 법령이 실제 국민생활관계에 적용되기 시작하는 날짜이다. 보통은 공포 후 국민들이 해당 법령의 시행을 숙지할 수 있는 주지기간을 거쳐 시행된다.

(3) 법령번호

법령번호(그림의 ㉰ 및 ㉱의 법호표시)는 해당 법령이 제·개정되어 공포된 순서에 따라 부여된 일련번호로서 일종의 관리번호라고 할 수 있다. 법령번호는 대한민국 정부수립 이후부터 순차적으로 부여되고 있으며, 법률·대통령령·총리령·부령 등 각 법령의 종류별로 구분하여 부여된다. 즉, 법률은 법률의 공포순서에 따라, 대통령령은 대통령령이 공포된 순서에 따라 각각 일련번호가 부여된다. 또한, 법령이 제정될 때에는 물론, 개정될 때에도 각 개정될 때마다 별도의 번호가 부여된다. 따라서 위 그림에서 보는 바와 같이, 제정 법률의 번호(법률 제293호)와 개정 법률의 번호(예 : 1995.12.29 개정 법률의 번호인 법률 제5057호)가 각각 독립적으로 부여된다.

(4) 개정연혁

법령의 개정연혁(앞의 그림에서 ㉱부분)은 해당 법령이 언제, 어떠한 내용으로 개정되었는지를 순차적으로 알 수 있게 해주는 정보이다. 개정연혁은 특정 법령이 개정될 당시의 국회 법률정보시스템을 통해서도 파악할 수 있으나, 인터

---

118) 「법령 등 공포에 관한 법률」 제11조 및 제12조 참조.

넷 법령정보 사이트를 통해 법령을 찾을 경우에는 해당 법령의 연혁메뉴를 통해서도 일목요연하게 파악할 수 있다. 특히 법령의 제명이 변경된 경우에도 그 변경된 연혁을 알 수 있으며, 제·개정 당시의 이유서 등 관련 문서도 조사할 수 있다.

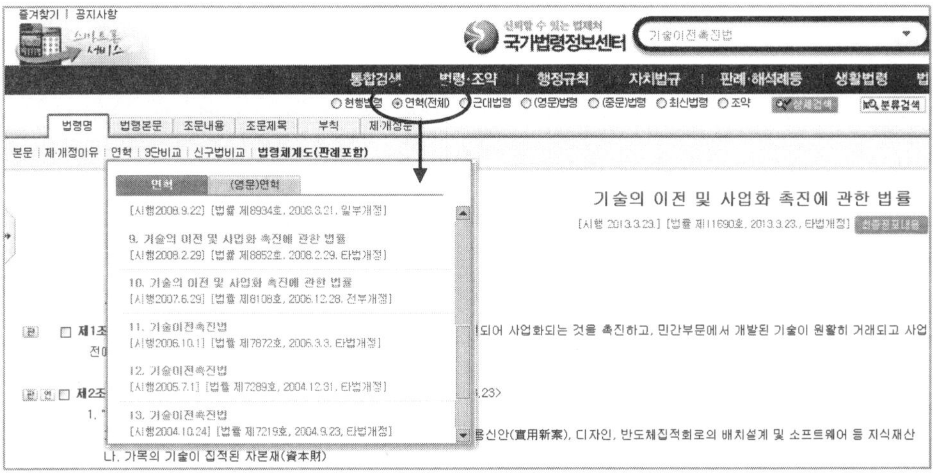

[그림 24] 법령의 제·개정 연혁 표시

나. 본 칙(本則)

「본칙」은 법령의 실질적이고 중핵적인 사항을 규정하는 부분이다. 즉, 특정 법령의 제정목적과 법령에서 규율하고자 하는 내용을 체계적으로 규정한 것이다.

본칙은 통상 20개 이상의 조항(條項)으로 구성되며, 조항의 내용이 많을 경우에는 법령 전체에 대한 체계성을 확보하고 이해의 편의를 위하여 몇 개의 편(編)·장(章)·절(節)·관(款)으로 구분하여 편제하기도 한다. 즉, 본칙의 내용 중 논리적·내용적으로 상호 연관성이 있는 조항을 묶어 편·장·절·관을 설치한다. 보통은 장(章)으로 나누어 편제하지만, 민법·상법·형법 등과 같은 대법전의 경우에는 편(編)·절(節)·관(款)과 같은 항목을 설치하기도 한다.

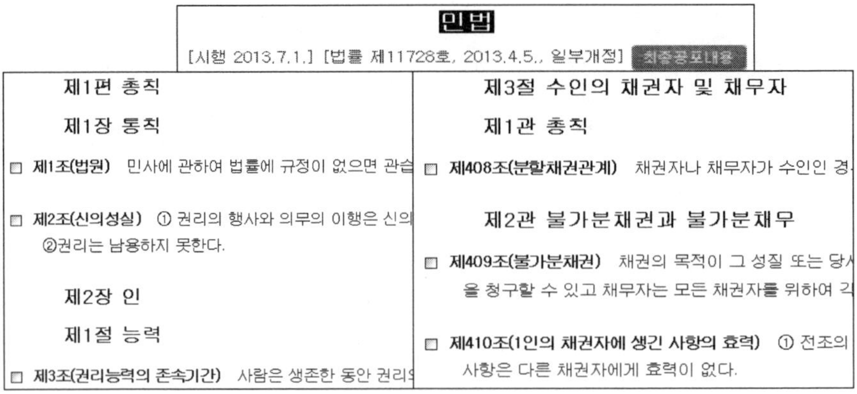

민법

[시행 2013.7.1.] [법률 제11728호, 2013.4.5., 일부개정] 최종공포내용

제1편 총칙

제1장 통칙

□ 제1조(법원) 민사에 관하여 법률에 규정이 없으면 관습

□ 제2조(신의성실) ① 권리의 행사와 의무의 이행은 신의
②권리는 남용하지 못한다.

제2장 인

제1절 능력

□ 제3조(권리능력의 존속기간) 사람은 생존한 동안 권리

제3절 수인의 채권자 및 채무자

제1관 총칙

□ 제408조(분할채권관계) 채권자나 채무자가 수인인 경

제2관 불가분채권과 불가분채무

□ 제409조(불가분채권) 채권의 목적이 그 성질 또는 당사
을 청구할 수 있고 채무자는 모든 채권자를 위하여 각

□ 제410조(1인의 채권자에 생긴 사항의 효력) ① 전조의
사항은 다른 채권자에게 효력이 없다.

[그림 25] 법령 본칙의 편제 형식

본칙의 전체규정들은 일정한 배열원칙에 따라 순차적으로 편제되는데, i) 총칙적 규정, ii) 실체적 규정, iii) 보칙적 규정, iv) 벌칙적 규정의 순으로 편제된다.[119)]

(1) 총칙적 규정

총칙적(總則的) 규정은 해당 법령전체의 개괄적이며 기본적인 사항을 규정한다. 총칙적 규정은 실체적 규정의 전제로서 법령 전반에 걸쳐 공통적으로 적용되는 규범의 원칙과 해석기준을 제시한다. 보통은 법령의 목적·이념·용어정의·적용범위·다른 법률과의 관계 등에 관한 사항을 규정한다.

(2) 실체적 규정

실체적(實體的) 규정은 해당 법령이 규율하고자 하는 본래적인 내용을 기술하며, 대체로 법령의 적용을 받는 수범자의 권리나 권한 또는 의무에 관한 규정을 기재한다. 실체적 규정에서는 주로 명령·금지·허용 등의 행위기준과 그 법적 효과가 구체적으로 제시된다. 경우에 따라서는 정책을 집행하기 위한 조직구성의 방식·권한·기능 등에 관한 내용이 규정되기도 한다.

---

119) 박경신·계승균·손종학·이인호·정영진, 법정보조사, 법문사, 2009.2, 163~167면 참조.

(3) 보칙적 규정

보칙적(補則的) 규정은 총칙적 규정이나 실체적 규정을 보충하는 규정으로서 총칙적 규정이나 실체적 규정에서 담기에 적합하지 않은 절차적이고 기술적인 내용을 기재한다. 보통은 행정심판·행정소송, 손실보상, 손해배상, 행정조사, 수수료, 청문절차, 권한의 위임 또는 위탁, 벌칙 적용에 있어서의 공무원 의제 등에 관한 내용이 규정된다.

(4) 벌칙적 규정

벌칙적(罰則的) 규정은 실체적 규정에 담긴 명령·금지의 위반 또는 의무의 불이행 등 법적 의무를 위반한 자에 대한 형사적 제재(형벌부과)나 행정적 제재(과태료 부과 등)에 관한 사항을 규정하여 법령의 실효성을 확보하도록 하고 있다.

다. 부 칙(附則)

「부칙」은 「본칙」에 부수되는 사항을 규정한 부분으로 "시행일", "경과규정", "다른 법령의 개정" 등에 관한 사항을 담는다. 즉, 본칙규정을 제정하거나 개정한 경우 그 본칙이 시행되는 날짜를 정하고, 신법이 시행됨에 따라 구법질서에서 형성되었던 법률관계를 신법질서에서 어떻게 처리할 것인지를 정하며, 또한 본칙 규정의 제·개정에 부수하여 관련되는 다른 법령의 개정 또는 폐지 등에 관한 사항을 규정한다. 이외에도 해당 법령의 적용 또는 시행에 필요한 특정한 조건이나 방법에 관한 사항을 정하기도 한다.

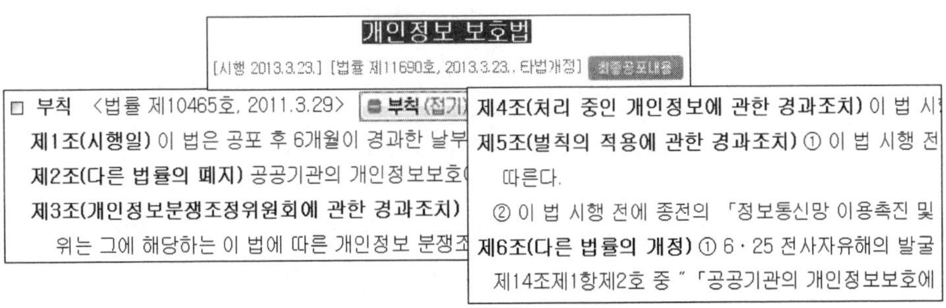
개인정보 보호법
[시행 2013.3.23.] [법률 제11690호, 2013.3.23., 타법개정]
□ 부칙 <법률 제10465호, 2011.3.29> 부칙 (접기)
제1조(시행일) 이 법은 공포 후 6개월이 경과한 날부
제2조(다른 법률의 폐지) 공공기관의 개인정보보호
제3조(개인정보분쟁조정위원회에 관한 경과조치)
위는 그에 해당하는 이 법에 따른 개인정보 분쟁조
제4조(처리 중인 개인정보에 관한 경과조치) 이 법 시
제5조(벌칙의 적용에 관한 경과조치) ① 이 법 시행 전
따른다.
② 이 법 시행 전에 종전의 「정보통신망 이용촉진 및
제6조(다른 법률의 개정) ① 6·25 전사자유해의 발굴
제14조제1항제2호 중 "「공공기관의 개인정보보호에

[그림 26] 법령 부칙의 규정 사례

2. 법령의 독해와 해석

법령이 제공하는 정보의 의미와 내용을 정확히 파악하고 전달하기 위해서는 해당 법령을 읽고 해석하는 방법을 이해하는 것이 필요하다. 즉, 법령에 기재된 각 언어, 숫자, 기호 또는 법조문의 어구와 문장 등의 명칭과 그 뜻을 인식할 수 있어야 한다.

가. 법조문의 표현과 의미

(1) 조(條)·항(項)·호(號)·목(目)

법령의 법조문은 조(條)·항(項)·호(號)·목(目)으로 구분하여 표현된다. 즉, 법령의 규정내용이 두 개 이상의 서로 독립적인 내용이나 문장으로 구성되는 경우 별도의 조·항·호·목의 번호를 부여한다. 이에 따라 보통 특정의 조(條)는 몇 개의 항(項)으로, 특정 항(項)의 호(號)나 목(目)은 수 개 이상의 내용으로 구성된다.

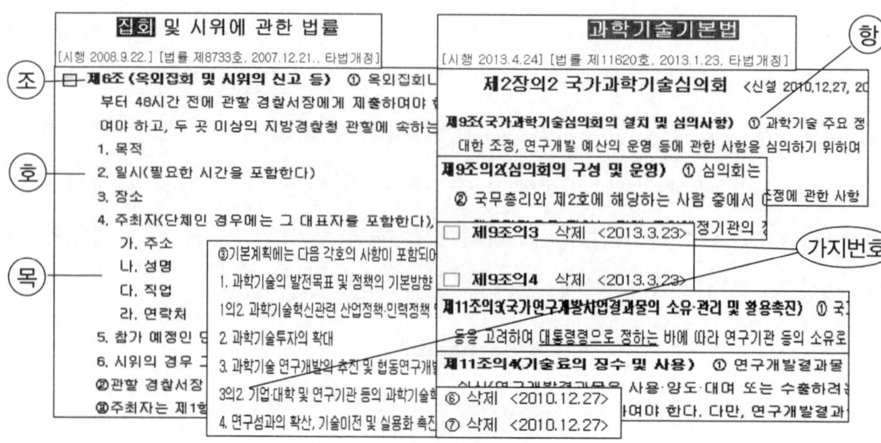

[그림 27] 법령 조·항·호·목의 규정 사례

일단 부여된 조(條)의 번호는 개정 시에도 이를 변경하지 않는 것이 원칙이다. 즉, 특정한 조의 다음에 새로운 조를 추가하는 경우에는 가지번호(제00조의2)를 붙여 특정한 조의 다음에 규정한다. 따라서 추가하는 조가 많을 경우에는

제00조의2, 제00조의3, 제00조의4 등과 같이 순차적인 가지번호를 붙인다. 그러나 항(項)의 경우에는 가지번호를 쓰지 않고 연속번호를 부여한다. 그러므로 법령 개정 시 특정의 항(예 : ②항) 다음에 새로운 항을 추가할 경우에는 그 항(②항)의 다음에 그 항에 이은 항 번호(③항)를 부여하고, 종전의 항 번호(③항 이하)는 순차적으로 하나씩 뒤 번호(④항 이하)로 연속하여 부여한다. 다만, 특정 항이 삭제되는 경우에는 그 항의 번호는 그대로 유지하되 삭제된 날짜를 표시한다(예 : ④ 삭제 〈2012.5.24〉). 호(號)를 추가하거나 삭제하는 개정을 함에 있어서도 가지번호를 붙여 표시하는 것이 원칙이며, 목(目)의 경우에는 맨 아래의 숫자부호에 이어 붙이거나, 목의 번호를 변경하여 내용을 추가, 삭제 또는 수정한다. 한편, 법령의 개정에 따라 특정의 조·항·호·목이 추가, 삭제 또는 수정되는 경우에는 해당 조·항·호·목에 추가, 삭제 또는 수정된 날짜를 소괄호(< >)안에 표시하게 되므로, 해당 법조문의 변경내역을 알 수 있게 된다.

(2) 본문(本文)과 단서(但書)

법령의 조문을 규정함에 있어서 하나의 독립적인 내용은 하나의 조항으로 구분하여 기술하는 것이 원칙이다. 그런데 하나의 규정사항을 정하면서 특별한 예외적인 사항을 규정할 필요가 있는 경우에는 이를 「본문」과 「단서」로 구분하여 표시한다. 즉, 일반적인 경우 해당 조항을 적용하지만 특별한 예외적인 경우 그 적용을 배제하거나 적용에 있어서 일정한 조건을 부가하는 경우 등에는 이를 단서로서 표시한다. 따라서 본문은 원칙적이고 기본적인 사항을, 단서는 예외적이고 부가적인 사항을 규정한다고 할 수 있다.

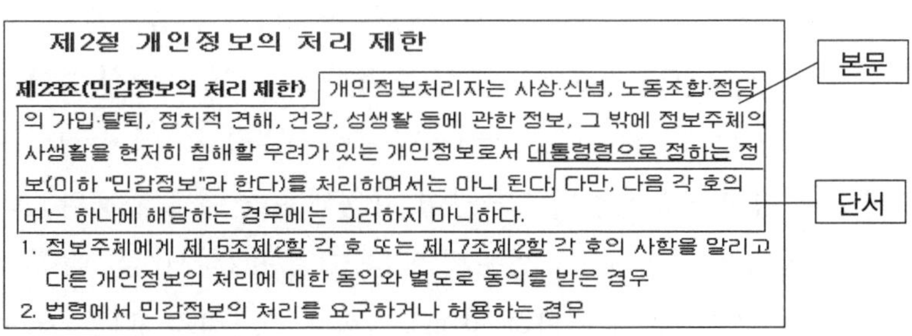
제2절 개인정보의 처리 제한

제23조(민감정보의 처리 제한) 개인정보처리자는 사상·신념, 노동조합·정당의 가입·탈퇴, 정치적 견해, 건강, 성생활 등에 관한 정보, 그 밖에 정보주체의 사생활을 현저히 침해할 우려가 있는 개인정보로서 대통령령으로 정하는 정보(이하 "민감정보"라 한다)를 처리하여서는 아니 된다. 다만, 다음 각 호의 어느 하나에 해당하는 경우에는 그러하지 아니하다.

1. 정보주체에게 제15조제2항 각 호 또는 제17조제2항 각 호의 사항을 알리고 다른 개인정보의 처리에 대한 동의와 별도로 동의를 받은 경우
2. 법령에서 민감정보의 처리를 요구하거나 허용하는 경우

[그림 28] 법조문의 본문과 단서

(3) 일문(一文)과 이문(二文)

하나의 법조항에 두 개 이상의 문장이 마침표(.)로 구분되어 규정되는 경우, 각각의 문장에 대하여 앞에서부터 순차적으로 제1문, 제2문 등으로 부른다. 따라서 특정 조항이 다수의 문장으로 구성되어 있는 경우에는 여러 개의 문(文)이 존재하게 된다. 그러나 일반적으로 하나의 법조항에서는 보통 2개 이상의 문장을 쓰지 않고 있다.

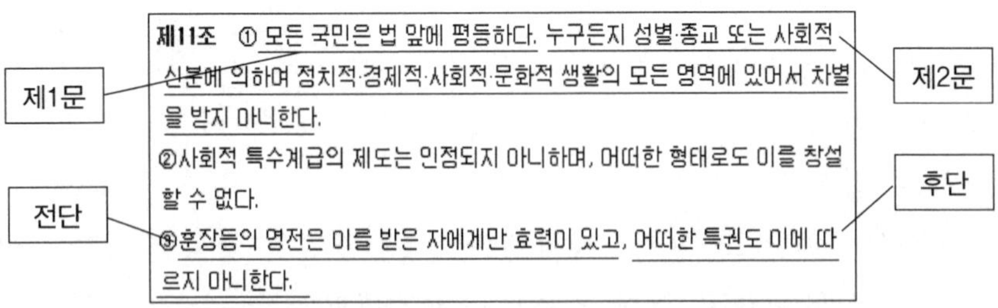

[그림 29] 법조문의 일문·이문 및 전단·후단

(4) 전단(前段)과 후단(後段)

특정 법조항에서 하나의 문장이 쉼표(,)로 구분되어 있는 경우에 쉼표 앞부분을 전단(前段), 쉼표 뒷부분을 후단(後段)이라고 한다. 전단과 후단은 한 법조항의 내용이 서로 연계되어 있으며, 주종관계를 이루고 있을 때의 법조문을 표현하는 방식이라고 할 수 있다.

(5) 별표(別表)·서식(書式) 등 붙임자료

특정 법규범의 내용을 법조문으로 표현하기 곤란하거나 법문장의 형식으로 표현하면 이해하기 어려운 경우에는 별도의 표나 그림 또는 수식 등으로 규정할 수 있다. 이 경우에는 본문의 조(條)나 항(項)에서 "별표 1에서 정하는 바와 같이", "별도의 서식으로 정한다."와 같이 규정내용을 별도의 표나 그림으로 표현한다는 취지를 기술하고, 그 별도의 표나 그림 또는 서식은 부칙 다음에 별도의 페이지로 구분하여 표시한다. 이때는 [별표 1], [별지 제1호 서식] 등으로 별도표시를 하고, 그 내용을 표나 그림 또는 서식 등으로 작성하여 첨부한다. 별표나 별지는 전문적인 기술적 사항을 규정할 때 주로 이용한다.

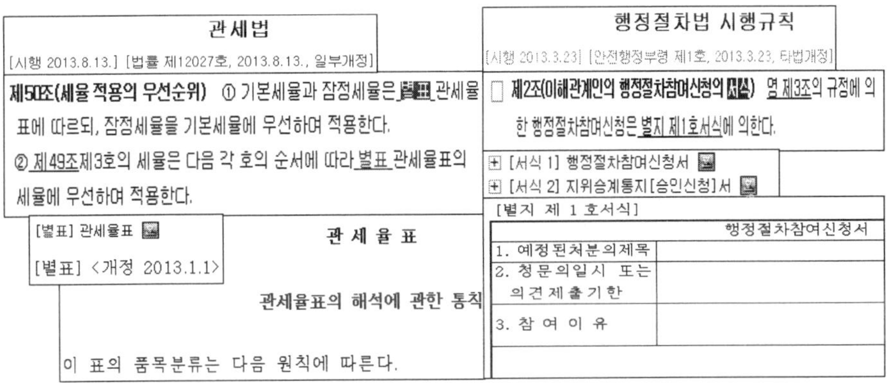

[그림 30] 법령 별표·별지서식 등의 규정 사례

나. 법령의 해석방법과 그 유의점

(1) 법령해석의 필요성과 방법

법령에 규정된 특정 법조문의 의미와 내용을 명확히 규명하는 것을 법령의 해석이라고 한다. 즉, 법령의 의미를 체계적으로 파악하고, 그 제정 목적에 따라 규범의 의미를 명확히 하는 이론적·기술적 작업을 말한다. 법령의 해석은 특정 법률사건이 발생한 경우 관련된 법령을 적용하여 그 사건을 해결하기 위하여 필요한 절차이다. 특정 법령을 적용하기 위해서는 그 법령의 해석이 필요하고, 또한 법령이 해석되어야 적용할 수가 있다. 따라서 법령의 해석은 법령의 적용을 위한 사전절차이자 기본전제라고 할 수 있다.

법령을 해석함에 있어서는 다양한 방법론이 적용된다. 법령의 일반적인 해석유형 및 그 방법론에 대하여는 앞의 【제2장 법정보학 일반론】에서 자세히 기술하였으므로, 여기서는 다시 설명하지 않는다.

(2) 법령해석과 적용시의 유의점

① 적용당시 유효법령의 확인

법령을 해석하고 적용함에 있어서는 적용 당시의 유효한 법령임을 확인하는 것이 요구된다. 특히 수시로 개정되는 법령인 경우나 개정된 법령의 시행일이 공포일과 서로 다른 경우에는 그 해석과 적용의 기준이 되는 시점을 분명히 인식할 필요가 있다. 왜냐하면 하나의 법령이 제정되거나 개정되는 경우에는 그 시행일이나 부칙의 경과조치에 의하여 구 법률관계와 신 법률관계의 적용법령이 서로 다를 수 있기 때문이다.

또한, 특정 법령이 제·개정되는 경우에 그 법령의 내용이 법전이나 정보시스템을 통해 일반에게 공지되고 확인되기까지는 일정한 시차가 발생할 수 있으므로, 항상 해당 법령의 현행화(update) 여부를 확인하는 것이 중요하다. 특히 인쇄형 법전의 경우 매년 초에 제작되는 것이 보통이므로, 제작일 이후의 법령의 내용변화를 적절히 반영하기 곤란하다. 이에 따라 특정 시점의 사안에 적용되는 현행법이 무엇인지를 파악하기 위해서는 개정 법률의 부칙에 규정된 시행일과 경과규정을 면밀히 검토하여야 한다.

② 정부 법령해석기준의 확인

한편, 법령의 해석과 적용은 권한이 있는 국가기관을 통해 이루어지고 있으므로, 해당 기관의 법령해석기준을 확인하는 것이 중요하다. 법령의 유권해석은 주로 정부 및 지방자치단체의 다양한 행정기관과 사법기관인 각급 법원(헌법재판소 포함)을 통해 이루어진다. 물론 입법기관인 국회를 통해서도 법령해석(입법해석)이 이루어질 수도 있으나 국가권력분립의 원리상 각급 행정기관과 법원이 그 중심이 된다.

특히 행정부의 법령해석은 매우 방대하게 이루어지고 있으며, 상급관청의 해석내용이 하급청의 법령해석과 적용에 영향을 미치므로 정부유권해석의 기준과 방법을 이해하는 것이 중요하다. 따라서 정부의 법령해석에 관한 정보를 수시로 찾아서 확인하는 것이 필요하다. 정부유권해석은 행정기관이 법령을 집행하기 위한 전제로 법령해석을 하는데 있어서 의문이 있거나 다른 행정기관의 관장업무와 관련된 법령에 대한 해석이 서로 엇갈리는 경우에 정부견해의 통일을 위하여 정부 전체 차원에서 법령해석에 대한 전문적인 의견을 제시하는 업무를 말한다. 정부유권해석은 『정부조직법』과 『법제업무운영규정』 등의 법령에 따라 민사·상사·형사, 행정소송, 국가배상관계법령 및 법무부 소관법령과 다른 법령의 벌칙조항에 대한 해석을 제외하고는 정부입법의 총괄기관인 법제처가 수행하고 있다. 법제처의 정부법령해석은 "법령해석활용시스템" 〈http://ahalaw.moleg.go.kr/〉을 통해 관련정보를 제공하고 있으므로, 이를 통해 행정부가 수행하는 각종 법령해석의 원칙과 방법을 확인할 수 있다.

③ 상급법원의 해석결과 확인

다음으로, 사법부의 법령해석은 판결 등을 통해 이루어지고 있으며, 각급법원에서 다양한 유형의 사건에 대한 법관의 재판과정을 통해 나타나게 된다. 사법부의 법령해석도 상급법원의 해석기준이 하급심의 해석에 사실상의 영향을 미치고 있으므로, 상급법원의 법령해석에 관한 정보를 찾아 확인하는 것이 필요하다. 다만, 상급법원의 법령해석에 관한 정보가 없는 경우에는 하급심의 법령해석의 결과를 이용할 수도 있다. 또한, 법령의 해석은 재판관에 따라 서로 다른 입장을 보일 수도 있다. 즉, 대법원의 법령해석은 재판관에 따라 다수의견, 소수의견, 반대의견, 보충의견 등으로 해석의 결과 내지 그에 이르게 된 이유가 달리 나타날 수 있으므로, 관련 정보이용에 유의하여야 한다.

한편, 이와 같은 정부 및 법원의 법령해석은 시대 및 환경의 변화에 따라 해석의 기준과 원칙 및 내용이 수시로 변경될 수 있으므로, 항상 최신의 정보를 바탕으로 확인하는 것이 중요하다. 법원 및 기타 준사법기관의 법령해석과 적용에 대한 결과인 판례정보에 대하여는 다음에서 다시 자세히 살펴본다.

제3절 법령정보조사의 기본원리와 방법

1. 법령정보조사의 기본원리

법령정보를 조사함에 있어서는 단순히 특정 법령정보 제공 사이트에 접근하여 조사하는 것으로는 부족하고, 법령의 해석과 적용에 관한 기본원리를 이해하고 그에 따른 조사를 수행하는 것이 요구된다. 이하에서는 법령조사의 기본적인 방법론을 살펴본다.[120]

가. 법령의 실체적 규범내용의 조사

(1) 가언판단에 기초한 법규범 조사

특정한 행위를 규율하는 모든 단위 법규범은 법률요건(T)과 법률효과(R)로 구성된다. 즉, 앞서 살펴본 바와 같이 모든 법은 그 조문이 가언판단(假言判斷)의 형식으로 구성되어 있어, "어떠한 사실이 존재하는 경우 어떠한 효과가 발생한다."고 하는 논리구조로 구성되어 있다. 여기서 '만일 어떠한 사실이 있다면'이라고 표현된 조건명제에 해당하는 것을 '법률요건(T)'이라고 하며, 법률요건을 구성하는 개개의 요소들을 '법률사실(t)'이라고 한다. 법은 특정한 법률요건에 해당하는 법률사실들(t1 + t2 + t3 …)이 존재하여 그 요건을 충족시키는 경우 해당 법규에서 정한 일정한 법률효과(R)를 발생하게 된다. 따라서 법령정보를 조사함에 있어서는 이와 같은 법규범의 논리구조를 고려하여야 한다.

그런데, 이와 같은 가언판단의 논리구조 하에서 법률요건을 구성하는 요소(즉, 법률사실)들은 각 법령 속에 산재하여 있으므로 이들 법률요건을 구성하는 요소들을 관련 법령 속에서 찾아내는 것이 중요하다. 예를 들면, 손해배상에 관한 일반조항인 민법 제750조는 "고의 또는 과실로 인한 위법행위로 타인에

120) 박경신 외, 앞의 책, 176~185면 참조.

게 손해를 가한 자는 그 손해를 배상할 책임이 있다"라고 규정하고 있다. 여기서 손해배상책임이라는 법률효과(R)를 발생시키기 위해서는 법률요건(T)을 구성하는 개개의 요소들 즉, i) 고의(t1) 또는 과실(t2), ii) 손해발생(t3), iii) 위법성(t4), iv) 위법행위와 손해사이의 인과관계의 존재(t5)가 인정되고, 또한 그 행위에 대한 v) 책임성조각사유(t6)가 존재하지 않아야 한다. 이와 같은 구성요소들을 관련 법령에서 찾아내고, 적용하고자 하는 사안에 대입해 봄으로써 보다 정확한 법령의 해석과 적용이 가능하게 된다. 따라서 실체적 규범내용을 정확히 파악하기 위해서는 각 법률요건의 구성요소들을 관련 법규범 속에서 찾아내는 방법을 습득하여야 한다.

(2) 사안과 관련된 법규범의 종합조사

법률요건과 법률효과로 구성되는 각종 법규범은 법치주의의 원리에 따라 의회가 제정하는 법률로 정하는 것이 원칙이다. 그러나 모든 법률요건을 법률로서 정하기는 어렵기 때문에, 복잡·다변화되는 행정의 효율적인 수행을 위해 필요한 경우나 특히 전문적이고 기술적인 사항인 경우에는 법률요건의 구성요소의 일부를 하위규범인 행정청의 명령(행정입법)에 위임하고 있으며, 때에 따라서는 행정위원회의 규칙에 위임하여 정하도록 하고 있다. 심지어 범죄의 구성요건이나 행정제재의 구성요소를 행정청의 명령이나 고시 등의 행정규칙으로 정하기도 한다. 또한 대통령령에서 정할 사항을 총리령이나 부령 등 하위규범에 재위임하거나, 지방자치사무와 관련된 경우에는 법률요건의 일부 구성요소를 지방자치단체의 조례와 규칙에 위임하는 경우도 있다.

이와 같이 위임입법이 있는 경우에는 하나의 법규범이 법률에서 완성되지 못하고 하위규범(행정입법 또는 자치입법)의 제정을 통해 완성된다. 따라서 어떠한 법규범을 조사함에 있어서는 관계된 법규범을 종합적으로 조사하여야 법규범의 전체의 내용을 파악할 수 있다. 법령정보의 조사에 있어서는 이와 같은 점을 고려하여, 상하 및 좌우의 관계 법규범들을 순차적·통합적으로 조사하여야 한다.

(3) 법령해석자료 등의 보충적 법규범 조사

어떠한 법규범에 대한 완전한 이해와 해석은 법령 자체의 조사만으로는 부족한 경우가 많다. 즉, 법령의 의미와 내용은 법령의 조문에 표현된 문언(文言)의 인식만으로는 충분하지 않다. 이에 따라 법규범을 구체화하거나 보충하는 역할을 하는 법원의 판례 또는 학자들이 심층적인 연구를 바탕으로 특정 법규범의 사상과 현상을 설명한 학술문헌 등을 통해 법령의 실체적 내용을 보충적으로 파악하는 것이 필요하다. 동일한 용어나 법문장이라고 하더라도 개별 법규범에 따라 그 의미와 해석을 달리할 수도 있는바, 이에 관한 구체적인 법해석 및 법적용의 사례를 조사함으로써 특정 법규범의 의미와 내용을 보다 실제적으로 파악하는 것이 요구된다. 따라서 법령에 대한 정보를 조사함에 있어서는 그 보충적 규범으로서의 판례와 기타 학술문헌 정보를 적절히 병행하여 조사하는 것이 바람직하다. 특히, 법령의 내용이 일반조항으로 규정되어 있어 추상적인 경우에는 그 보완자료의 조사를 통해 법령의 완전한 이해를 추구하여야 한다.[121)]

나. 법령의 효력 범위의 조사

일반적으로 개개의 법령은 그 효력이 미치는 범위가 한정되어 있다. 즉, 특정 법령은 그 제정 목적에 따라 시간적·공간적 및 대인적으로 그 효력범위가 일정한 범위로 제한된다. 따라서 특정 사안에 대한 적용 법령을 조사함에 있어서는 그 효력 범위를 확인하여야 한다.

(1) 대인적 효력범위의 조사

법령의 대인적 효력범위는 어떤 법령이 '누구의, 어떠한 행위를' 규율하는가의 문제이다. 이는 법령의 적용을 받는 국민, 즉 수범자의 입장에서는 매우

121) 법령해석의 보충적 자료인 판례나 학술문헌 등의 조사는 별도의 법정보조사 내용을 구성하고 있는바, 다음의 판례정보 및 법률문헌정보의 조사에 관한 장(章)을 참조하기 바란다.

중요한 문제로서 특정 사안에 적용할 법령을 조사함에 있어서는 이와 같은 대인적 적용범위를 명확히 파악하여야 한다.

법령의 대인적 효력범위는 군형법[122]과 같이 법령에서 직접 그 인적 적용범위를 특정 사람(즉, 군인 및 군무원 등)으로 한정하고 있는 경우도 있으나, 많은 법령의 경우에는 그것이 불명확하므로 해당 법령의 목적과 적용범위 등을 통해 대인적 효력범위를 도출해 내야 한다. 예를 들면, 일반국민들을 대상으로 하는「민법」이나 「상법」과 달리 「개인정보보호법」은 개인정보를 수집·처리·관리·보관하고 있는 자를 대상으로 하고 있다. 이는 해당 법령의 목적과 적용범위, 기타 규율내용 등을 해석하여 그 대인적 효력범위를 파악하여야 한다.

특히, 특별법이 존재하는 경우에는 일반법과의 관계에서 특별법의 적용을 받는 특정 부류의 사람이나 행위에 대한 적용범위를 확인하는 것이 중요하다. 예를 들면, 「청소년의 성보호에 관한 법률」이라든가 「유실물법」 등은 청소년을 대상으로 한 성범죄 행위나, 물건을 분실한 유실자와 그 물건을 주운 습득자 사이의 관계를 규율하므로, 이와 관련된 사안의 경우에는 이들 특별법을 우선적으로 조사하여야 한다.

또한, 법령의 대인적 적용범위와 관련하여 법원 등의 판례에 의하여 그 적용범위가 일정한 사람들로 제한되는 경우에도 유의하여야 한다. 예를 들면, 앞의 군형법상의 강간 및 추행 죄의 경우, 군대 내부에서 발생한 사건에 대하여는 적용하지만 군인 등이 군대 밖에서 행한 사건에 대하여는 적용하지 않고 있다.[123] 이와 같이 법령정보를 조사하고 해석함에 있어서는 그 대인적 효력

---

122) 제1조(적용대상자) ① 이 법은 이 법에 규정된 죄를 범한 대한민국 군인에게 적용한다.
② 제1항에서 "군인"이란 현역에 복무하는 장교, 준사관, 부사관 및 병(兵)을 말한다. 다만, 전환복무(轉換服務) 중인 병은 제외한다.
③ 다음 각 호의 어느 하나에 해당하는 사람에 대하여는 군인에 준하여 이 법을 적용한다.
1. 군무원
2. 군적(軍籍)을 가진 군(軍)의 학교의 학생·생도와 사관후보생·부사관후보생 및 「병역법」 제57조에 따른 군적을 가지는 재영(在營) 중인 학생
3. 소집되어 실역(實役)에 복무하고 있는 예비역·보충역 및 제2국민역인 군인
④ 및 ⑤ 생략

범위를 반드시 확인하여야 한다.

(2) 시간적 효력범위의 조사

어떠한 법령이든 일단 제정되면 시대와 환경의 변화에 따라 지속적인 개정과정을 거치며, 그 제정목적을 달성하거나 더 이상 법령으로서의 효력을 유지할 수 없는 경우에는 폐지하게 된다. 그런데 특정 법률행위와 사안에 적용되는 법령은 그 행위 또는 사안이 발생한 시점에 효력을 가지고 있는 법규범이 된다. 따라서 어떠한 법령이 현재는 개정되었거나 폐지되었더라도 특정 행위나 사안이 발생한 시점이 개정 또는 폐지 이전이라면 구법의 적용을 받는다.[124)] 즉, 현 시점에서는 유효하지 않지만 과거 구법이 효력을 발하고 있던 시점에서 발생된 사건에 대하여는 여전히 '유효한 법'으로서 작용한다. 이점에서 특정 시점의 행위나 사안에 적용되는 법령을 찾는 것이 매우 중요하다.

특히, 어떤 법률에 있어서는 각 조항별로 적용시점이 다른 경우가 있다. 즉, 특정 조항을 개정하면서 그 조항의 효력발생시기를 부칙에서 일정한 시점으로 규정하는 경우가 있다. 어떤 법령이 개정된 경우 보통 그 본칙조항의 시행일이 동일하지만, 특별한 조항의 시행과 관련하여 정책준비기간이 필요하거나 주지기간의 설정이 필요한 경우에는 부칙에서 특정 조항의 시행일을 다른 조항과 달리 정하는 경우가 있으므로[125)] 그와 관련된 경우에는 특별한 주의를 필요로 한다.

또한, 헌법재판소의 위헌심사와 관련하여 특정 법률이나 법률조항의 효력이 일정 시점 이후에 효력을 상실하거나(헌법불합치 결정), 특정 조건하에서만

---

123) 대법원 1973.9.25. 선고 73도 1915 판결; 헌재 2002.6.27.자 2001헌마70 결정 참조.

124) 구법이라는 표현은 상황에 따라 그 의미가 다르다. 즉, 개정된 법령에서의 구법이란 현행 법령이 개정되기 전의 법령을 의미하며, 폐지된 법령에서의 구법이란 폐지된 법령을 의미한다. 따라서 이들 법령을 찾을 때는 전자는 현행법령정보 사이트에서, 후자는 폐지법령정보 사이트에서 각각 조사하여야 한다.

125) 이 경우 부칙조항은 '이 법령은 ○○○○년 ○○월 ○○일부터 시행한다. 다만, 제○조의 규정은 ○○○○년 ○○월 ○○일부터 시행한다.'와 같은 형식으로 규정한다.

그 효력이 발휘되는 경우(한정결정)에는 해당 법률 또는 법률조항의 효력일자나 효력조건을 확인하는 것도 중요하다. 특히, 한정결정에 따라 일정 시점 이후에, 특정한 조건하에서만 효력을 갖는 경우에는 해당 법규범의 시간적 효력범위와 함께 대인적 또는 작용적인 효력범위를 동시에 고려하여야 한다.

(3) 공간적 효력범위의 조사

어떤 법령 중에는 특정 지역 또는 공간적 범위 내에서만 효력을 갖는 경우가 있다. 특정 지역의 주민생활의 규율을 목적으로 하는 지방자치법규는 물론, 전국단위의 법령이라고 하더라도 일정한 공간적 범위에서만 적용되는 법규범이 있다. 예를 들면, 「군사기지 및 군사시설 보호법」은 군사기지 및 군사시설이 설치되거나 그 보호구역으로 지정된 지역에 대하여 적용되며, 「영해 및 접속수역법」은 영해와 그 접속수역 내에서의 행위를 규제한다.

이와 같은 법령의 공간적 효력범위는 특정 법률행위 또는 사안이 발행한 지역적 소재 또는 관할범위를 중심으로 판단하게 되므로 법령정보를 조사할 때에는 이 점을 특히 유의하여야 한다.

2. 유형별 법령정보의 조사방법

가. 주요 법령정보원 개관

일반적으로 정보를 조사함에 있어서 접근·이용하는 정보매체는 크게 인쇄매체와 디지털매체로 구분할 수 있다. 따라서 헌법을 비롯한 국가의 각종 법령정보를 조사하기 위하여 접근하는 정보원(情報源)도 도서 형식의 인쇄형 정보원과 디지털 형식의 온라인(on-line) 정보원으로 구분해 볼 수 있다.

(1) 인쇄형 법령정보원

인쇄매체의 법령정보원은 책자 또는 문서형태로 간행된 것으로서, 일반적으로 접근할 수 있는 정보원은 대한민국관보, 대한민국현행법령집, 대법전, 소법전, 법률연혁집, 영문법령집 등을 들 수 있다. 인쇄매체의 정보는 이들의 소장 도서관 등 개별 정보원에 직접 찾아가 필요한 정보를 찾아야 한다. 인쇄매체를 통한 법령정보의 조사는 전통적인 조사방식으로서 인터넷 등 정보통신환경이 갖추어지지 않은 상황에서 필요한 법령정보는 찾는데 유용한 방식이다.

[표 17] 주요 인쇄형 법령정보원

구 분	발 행 처	정 보 내 용	비 고
대한민국관보	안전행정부	국가 공포법령 전체	공식 법령공포 매체
대한민국 현행법령집	법제처	국가 현행법령 전체	국가 공식 법령집 가제식으로 관리
대법전/소법전	민간출판사	주요 법령 발췌 인쇄	업무용·시험용 발간
법률연혁집	한국법제연구원	정부수립이후 모든 법률의 제·개정 및 폐지에 관한 정보	국가 법률의 연혁 및 이력정보 수록 (법률별 누적 추록)
자치법규집	지방자치단체	자치단체 법령 수록	자치단체별로 발간
기타 법령자료	공공 및 민간	특정 목적에 적합한 관련 법령 수록	다종·다양한 형태

(2) 온라인 법령정보원

최근의 법령정보 서비스는 정보통신기술을 이용하여 각종 정보를 데이터베이스로 구축하고, 정보시스템을 통해 제공하는 온라인 방식으로 전환하고 있다. 즉, 법령정보화의 진전에 따라 종전의 인쇄매체의 법령자료들을 디지털매체로 구축함은 물론, 각종 법령정보의 생산·관리 및 이용을 온라인 체제로 개편하여 운영하고 있다. 이에 따라 오늘날의 법령정보 조사는 대부분 인터넷을 통한 온라인 정보조사방법을 통해 이루어지고 있다. 법령정보의 조사를 위해 이용할 수 있는 주요 유형별 온라인 정보제공 사이트는 다음과 같다.

[표 18] 주요 온라인 법령정보원

법령유형	운영기관	주요 정보원	비고(서비스특징)
현행 국가법령	법제처 대법원 국회	국가법령정보센터 종합법률정보서비스 법률지식정보시스템	현행법령·법령해석정보 조문연혁 및 조문판례정보 법령관련 국내외 참조정보
입법현황	법제처 국회	국가입법정보포털 의안정보시스템	입법추진현황·통계 정보 법안심사 및 회의록 정보
행정규칙 기관규칙	법제처 각 부처/기관	국가법령정보센터 각 부처/기관 홈페이지	부처별·유형별 행정정보 소관기관 규칙 및 규정정보
자치법규	법제처 안전행정부 지방자치단체	국가법령정보센터 자치법규정보시스템 각 자치단체 홈페이지	현행 자치법규 통합정보 전국 지자체 자치법규정보 소관단체 자치법규 종합정보
조약 및 국제규범	외교부	외교부 홈페이지 조약정보서비스마당	다자/양자조약, 국제법규 등 관련 정보 종합 제공
영문법령	법제처 법제연구원	법제처 홈페이지 법제연구원 홈페이지	국내 경제법령 영문정보 주요 국가법령 영문정보
폐지법령	국회	법률지식정보시스템	폐지법률, 위헌법률정보
공포법령	안전행정부	대한민국 전자관보	법령공포, 입법예고정보

나. 유형별 법령정보의 조사방법

위에서 본 바와 같이, 법령정보를 조사하는 방법에는 인쇄형 매체를 통한 방법과 온라인 매체를 통한 방법이 있으나, 오늘날에는 대부분 온라인 매체를 통해 필요한 정보를 조사하고 있으므로 이하에서는 주요 온라인 정보원을 중심으로 한 법령정보 조사방법에 대하여 간략히 살펴보고자 한다. 최근 무선 인터넷과 모바일 기기를 이용한 정보조사도 이루어지고 있으나, 기본적으로는 온라인 정보조사와 크게 다르지 않으므로 온라인 정보조사를 위주로 한 조사방법론을 살펴본다.

(1) 종합법령정보

헌법을 비롯한 법률, 행정명령, 자치법규, 조약 등 각종 국가법령을 종합적으로 조사할 수 있는 곳은 법제처를 중심으로 법 관련 기관들이 공동으로 운영하는 "국가법령정보센터" 〈http://www.law.go.kr/〉가 가장 많이 이용된다. 이 사이트를 통한 정보조사는 각종 법령을 통합적으로 조사할 수 있다는 점이 가장 큰 특징이라고 할 수 있다.

이 사이트의 정보조사는 키워드를 이용한 검색과 메뉴를 이용한 검색이 가능하고, 키워드 검색에 있어서는 일정한 연산자를 이용한 검색도 가능하여 검색효율을 높일 수 있다. 현행법령은 물론, 폐지되거나 명칭이 변경된 법령 등 연혁법령을 포함하여 검색할 수 있으며, 근대법령이 있는 경우에는 해당 정보까지도 검색이 가능하다. 특정 법령을 찾은 경우에는 보다 구체적인 정보로서 해당 법령의 주요 개정연혁, 제·개정문, 법·시행령·시행규칙간의 3단비교, 신법과 구법의 비교, 해당 법령의 체계도를 일목요연하게 볼 수 있음은 물론, 각 조문별로 관계된 판례정보가 연계되어 있어 특정 조문과 관련된 법원의 법해석 내용을 알 수 있도록 제공하고 있다.

특히, 특정 법령에 관한 법령체계도는 상하위법, 관계법령 및 유사법령, 신·구법, 헌재결정례, 법원판례, 행정심판례, 법령해석례 등을 통합적으로 이용할 수 있어 법령 및 관련 정보를 종합적으로 이용하는데 편리하다. 또한 다음, 네이버 등 민간 정보서비스제공사업자와의 연계를 통해 관련된 지식정보를 참고할 수 있도록 하여 법령정보와 관련된 지식정보를 동시에 이용할 수 있다.

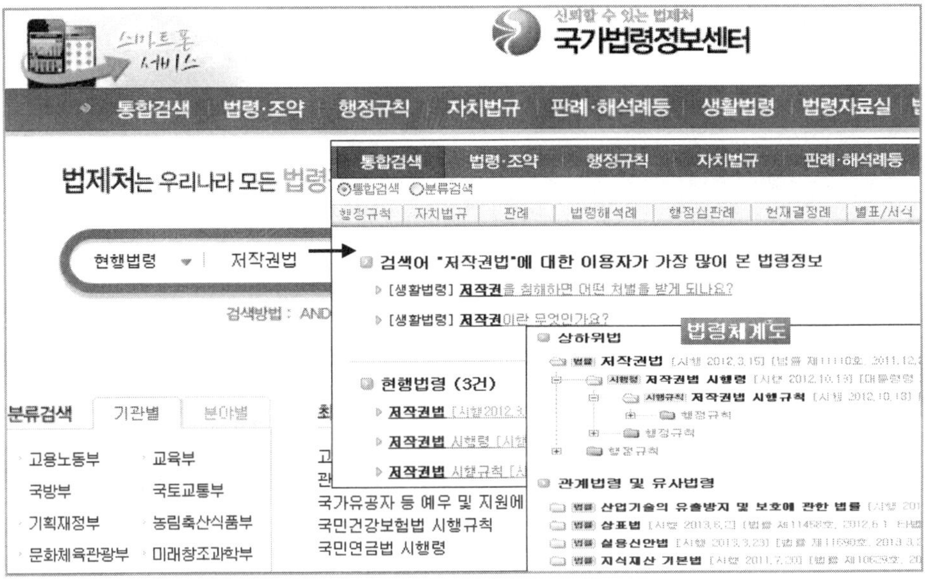

[그림 31] 국가법령정보센터를 통한 법령정보조사

이외에도 국가법령정보는 대법원이 운영하고 있는 종합법률정보서비스 〈http://glaw.scourt.go.kr/〉와 국회가 운영하고 있는 법률지식정보시스템 〈http://likms.assembly.go.kr/〉 등을 통해서도 정보를 조사할 수 있다. 대법원 종합법률정보서비스를 통한 정보조사는 법령의 종류, 공포기간, 공포일자 등 범위를 지정하여 검색할 수 있으며, 제외어(除外語)와 관련어(thesaurus)를 이용한 검색도 가능하다. 특히, 일본어를 비롯한 그리스어 등 외국문자, 기술기호 등 특수문자를 이용하여 정보를 조사할 수 있는 점이 특징이다. 또한 법령명칭, 법령조문, 법령내용 등에 특정 검색어가 포함된 다양한 관계 법령을 동시에 확인할 수 있어 법령간의 상호관계를 파악할 수 있다. 여타의 검색기능은 국가법령정보센터와 거의 유사하다.

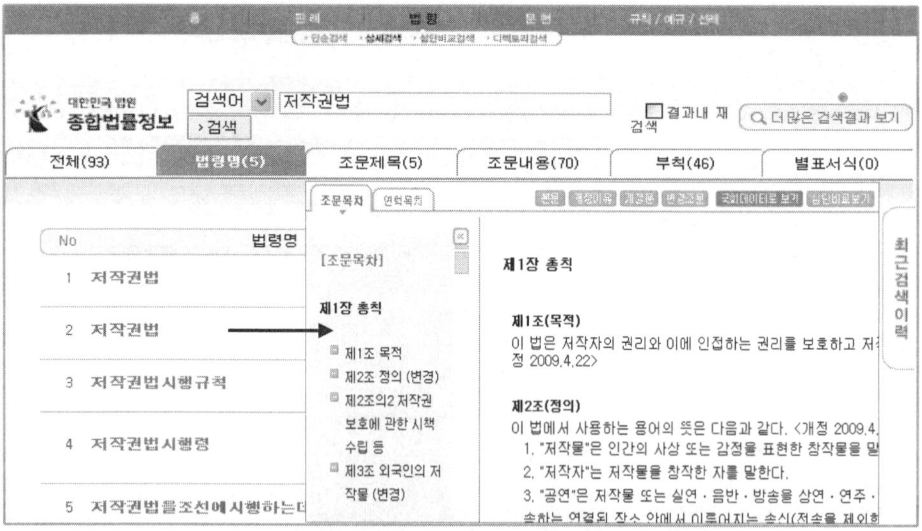

[그림 32] 대법원 종합법률정보서비스를 통한 법령정보조사

국회의 법률지식정보시스템은 현행법령, 최근 제·개정법령 등을 일목요연하게 이용할 수 있고, 공포일자와 공포번호를 통한 검색도 가능하다. 특히, 특정 법률과 관련된 분석·연구 자료인 법률지식정보를 연계하여 조사할 수 있어 해당 법률의 배경지식을 파악할 수 있으며, 특정 법률조문과 관계된 판례정보와 국회의 심사정보를 연계·제공하여 각 조문에 대한 판례의 변화 및 입법당시의 주요 논의사항을 파악할 수 있어 해당 조문에 대한 종합적인 지식을 얻을 수 있다.

(2) 입법현황정보

입법정보는 정부 또는 국회 등 입법권이 부여된 국가기관이 추진하고 있는 각종 법령의 제·개정에 관한 정보로서 입법추진 현황, 입법내용, 입법통계, 입법관련 심사정보 등 입법에 관한 전반적인 정보를 말한다. 이와 같은 입법정보를 조사할 수 있는 대표적인 정보원은 앞서 설명한 법제처의 입법정보포털 〈http://www.klaw.go.kr/〉과 국회의 의안정보시스템 〈http://likms.assembly.go.kr/bill/〉을 들 수 있다.

법제처의 입법포털에서는 정부가 추진하는 각종 입법추진에 관한 정보를 확인할 수 있다. 즉, 정부의 입법계획부터 입법추진현황, 입법과 관련한 정보는 물론, 법제업무와 관련된 다양한 정보를 이용할 수 있다. 관보에 고시되어 현재 입법예고가 진행 중인 입법예고정보, 법제처의 심사가 진행 중인 심사정보, 국무회의 심의중인 정보 및 국회에 제출되어 계류 중이거나 통과된 법안, 입법절차가 완료되어 공포된 법안 등 각 단계별 입법정보를 확인할 수 있다.

국회의 의안정보시스템126)은 정부 및 국회(국회의원)가 제출한 개별 법률안의 현황과 내용, 각 법률안의 심사경과 및 회의록 정보, 관련 법률안의 심의의결 및 공포 등 국회에 제출된 모든 법률안과 관련된 정보를 종합적으로 이용할 수 있다.

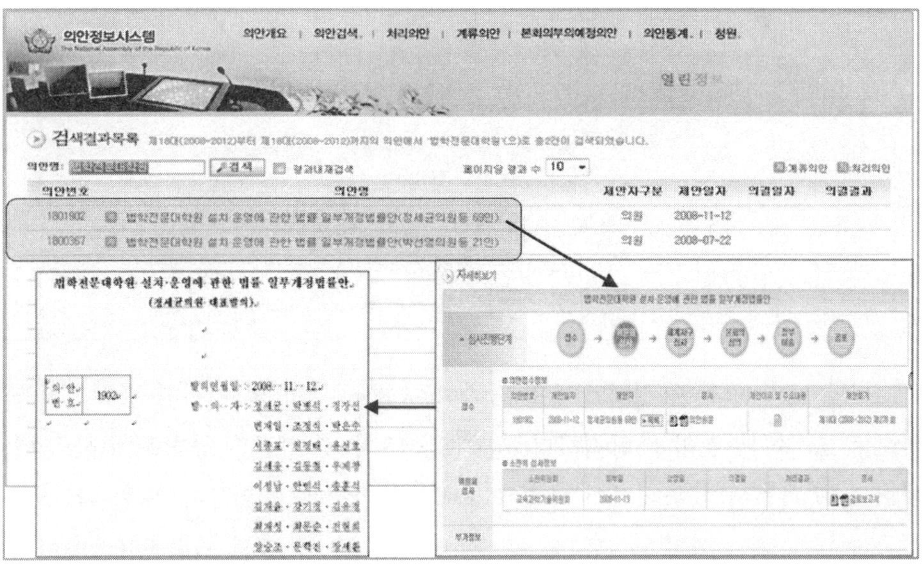

[그림 33] 국회 의안정보시스템을 통한 입법정보조사

126) 국회 의안정보시스템은 법률안뿐만 아니라 예산안 및 결산, 동의안 등 국회에서 처리되는 모든 의안에 대한 심사경과와 관련 자료들을 제공하는 의안 관련 전문정보시스템이다.

(3) 각종규칙정보

각종 규칙은 헌법 또는 법률의 위임에 따라 행정부 및 기타 국가기관이 소관업무의 규율을 위해 제정하는 각종 기관규칙 및 고시, 예규, 훈령 등을 말한다. 이와 같은 규칙정보는 법제처의 국가법령정보센터 〈http://www.law.go.kr/〉를 통해 각 부처별 행정규칙 및 대법원규칙 등을 검색하여 이용할 수 있다.

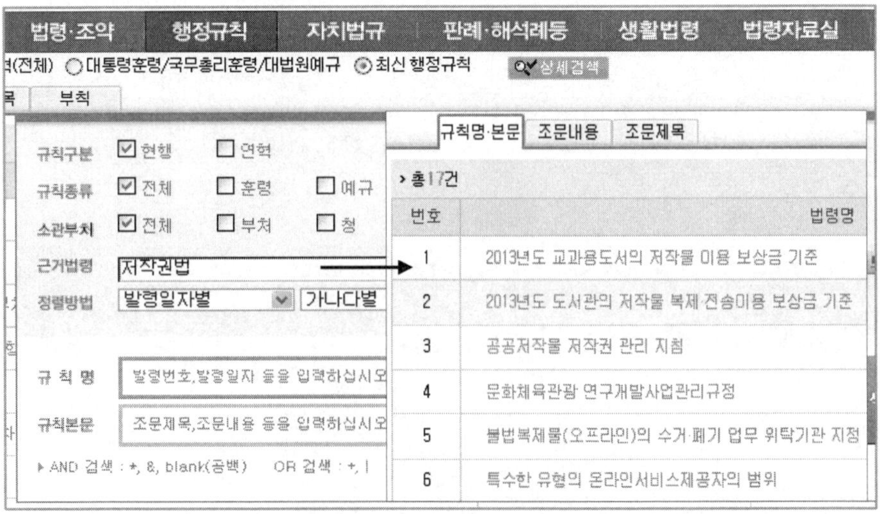

[그림 34] 국가법령정보센터를 통한 행정규칙정보조사

그러나 보다 명확한 정보조사를 위해서는 해당 부처 및 기관의 홈페이지를 통하여 조사하는 것이 바람직하다. 특히, 각 부처 및 기관의 규칙은 수시로 변경되고, 국가적인 차원에서의 종합관리체계가 아직은 미흡하며, 또한 각 부처 및 기관별로 제·개정되는 규칙이 국가법령정보센터와 같은 법령정보종합시스템에 추가되기까지의 시차도 발생할 수 있으므로 해당 부처나 기관의 홈페이지를 방문하여 찾는 것이 정보의 누락과 오류를 방지할 수 있다.

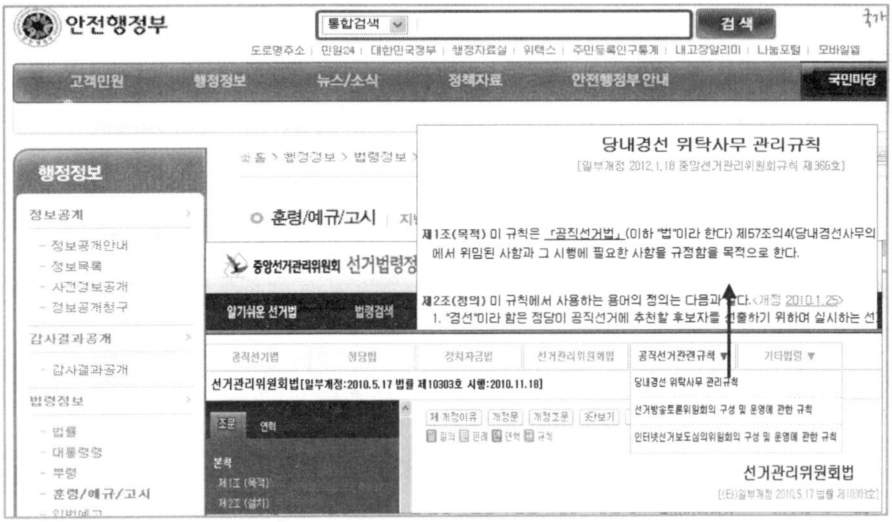

[그림 35] 개별부처 및 기관을 통한 행정규칙정보조사

(4) 자치법규정보

자치법규는 각 광역 및 기초자치단체가 제정하여 운영하고 있는 각종 지방자치에 관한 법규범을 말한다. 이 자치법규는 각 지방자치단체가 자치권의 범위 내에서 주민생활의 규율 등에 필요한 사항을 규정한 것이다. 자치법규에 관한 정보는 안전행정부의 자치법규정보시스템 〈http://elis.go.kr/〉과 각 지방자치단체의 홈페이지를 통해 조사할 수 있다. 국가법령정보센터를 통해서 종합적인 검색을 할 수도 있으나, 정보제공의 체계적인 측면에서나 내용의 정확성 측면에서는 자치법규정보시스템과 각 지방자치단체의 제공정보가 활용성이 높다고 할 수 있다.

엘리스(elis)시스템은 각 지방자치단체별 자치법규의 현황 및 내용, 각 지방자치단체의 자치법규에 대한 입법예고 및 공포현황 등에 관한 정보를 체계적으로 조사할 수 있어 매우 유익하다. 또한, 일정기간 내의 자치법규 제정현황, 최근 제·개정 자치법규 등 시계열적인 정보검색도 가능하여 특정 시점의 자치법규 변동 현황을 파악할 수도 있다. 나아가 자치법규 입법절차와 방법, 자치법규 개폐청구제도 및 자치법규 재의·제소현황 등 자치법규와 관련된 각종 지식정보를 확인할 수 있다.

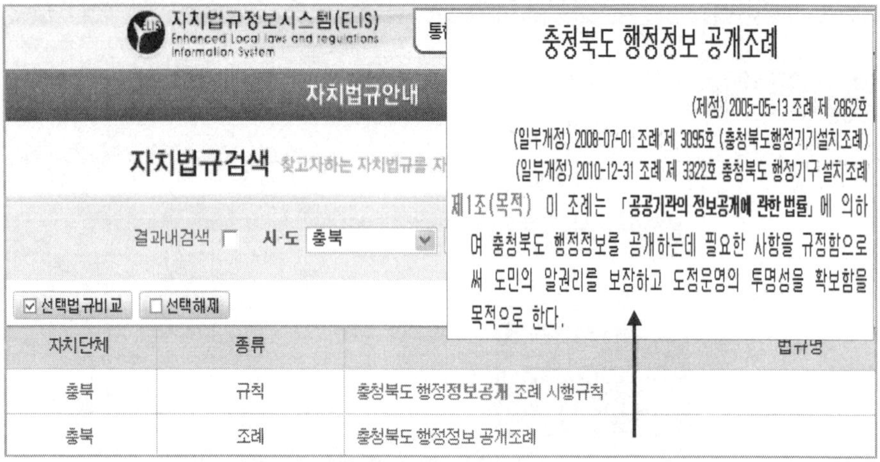

[그림 36] 자치법규정보시스템을 통한 자치법규정보조사

(5) 조약 및 국제규범정보

우리나라와 외국 및 국제기구간의 공식 협약인 조약정보 및 기타 국제규범에 관한 정보를 종합적으로 파악할 수 있는 사이트는 외교부의 조약정보서비스 〈http://www.mofa.go.kr/trade/treatylaw/〉가 가장 활용도가 높다고 할 수 있다. 대외적으로 우리나라를 대표하는 외교부는 정부조직법에 따라 우리나라가 당사국인 주요 조약의 체결과 관리에 관한 업무 및 국가 간의 외교업무를 담당하고 있어, 외교부의 정보사이트를 통한 정보조사가 그 포괄범위와 정확성 측면에서 매우 효과적인 방법으로 평가된다.

외교부의 조약정보서비스 메뉴를 통해 우리나라가 체결한 양자 및 다자조약, 조약체결 절차와 방법, 최근 발효조약 등에 관한 정보를 파악할 수 있으며, 조약 또는 국제규범과 관련한 참고자료를 동시에 제공하고 있어 관련 종합지식을 얻을 수 있다. 또한 국제연합(UN)을 비롯한 각 국제기구 및 지역 동맹체에 관한 정보를 함께 활용할 경우 보다 정확한 정보를 이해할 수 있다.

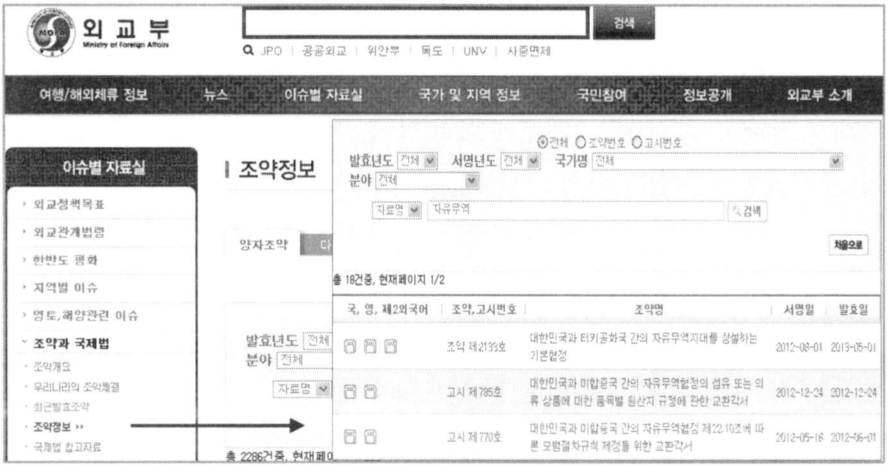

[그림 37] 외교부 홈페이지를 통한 조약정보조사

(6) 영문법령정보

우리나라 법령의 영문정보는 외국인의 투자와 이민 등을 지원하고 국가법령정보의 해외서비스를 목적으로, 법제처와 그 산하연구기관인 법제연구원 〈http://www.klri.re.kr/〉에서 주요 경제법령과 외국인에게 제공할 필요가 있다고 인정되는 법령을 영어, 중국어 등으로 번역하여 제공하고 있다. 따라서 영문으로 된 법령정보가 필요한 경우에는 이들 정보사이트를 통해 조사하는 것이 효율적이다.

[그림 38] 법제연구원을 통한 영문법령정보조사

(7) 폐지법령정보

일정시점에서 제정되어 운영된 법령이 그 목적을 달성하거나 더 이상 법규범으로서 존속이 필요 없는 경우에는 법령이 폐지된다. 법령의 폐지는 다른 법령의 제정으로 대체되거나, 그 목적이 완수되어 더 이상의 효력을 유지할 필요가 없는 경우 그 자체로서 폐지된다. 국가의 폐지법령은 국회 법률지식정보시스템 〈http://likms.assembly.go.kr/〉을 통해서 조사할 수 있다. 동 시스템은 대한민국 정부수립 이후 폐지된 각종 법률정보와 위헌법률로 선언된 정보를 수록하고 있으며, 해당 법률과 관련된 시행령 및 시행규칙에 관한 정보도 동시에 제공하고 있어 특정 법령에 관한 폐지현황을 찾는데 유용하다.

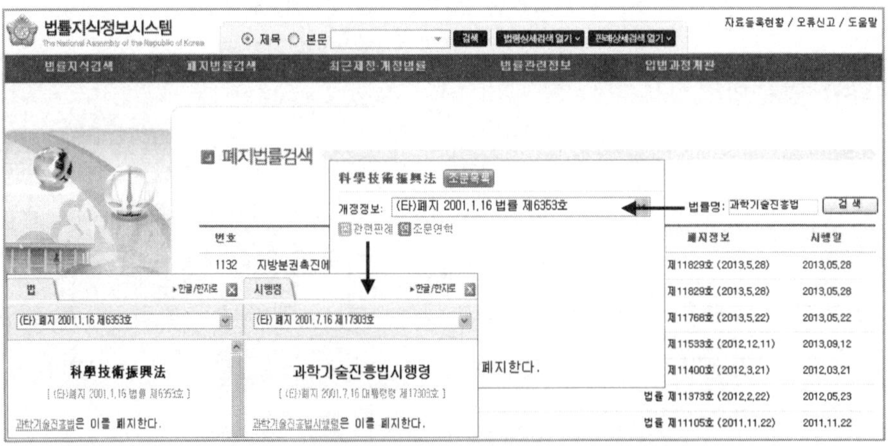

[그림 39] 국회 법률지식정보시스템을 통한 폐지법령정보조사

(8) 공포법령정보

정부나 국회 또는 지방자치단체 등이 제정한 각종 법령은 정부의 공식 간행물인 대한민국 관보〈http://gwanbo.korea.go.kr/〉를 통해 공포되고 시행된다.[127] 관보는 국가가 국민일반에게 널리 주지시킬 사항을 편찬하여 발행하는 국가의 공식 기관지이다.[128] 따라서 법령의 공포에 관한 정보는 국가의 공식적 기

127) 헌법개정·법률·조약·대통령령·총리령 및 부령의 공포와 헌법개정안, 예산 및 예산외 국고부담계약의 공고는 전문을 붙여서 하여야 한다(법령 등 공포에 관한 법률 제2조).

관지인 관보를 통해 조사하는 것이 가장 정확하고, 또한 공식적인 정보를 조사하는 것이 된다.

우리나라 관보는 일찍이 조선시대부터 발행되었으나,[129] 근대적인 관보는 1894년 6월 21일 의정부 관보국에서 「관보」라는 명칭으로 처음 발행하였으며, 그 후 일제 강점기와 미군정기를 거친 뒤 대한민국 정부가 수립되면서 1948년 9월 1일 공보처가 「대한민국관보」를 재 창간하여 오늘에 이르고 있다. 이에 따라 관보를 통한 공포법령 정보를 조사함에 있어서는 이와 같은 관보의 발행연혁을 고려하여야 한다. 현재 관보는 3부분으로 나뉘어 보관 및 정보제공이 이루어지고 있다. 즉, 1894년부터 1945년까지의 관보는 국립중앙도서관, 1910년부터 2001년까지의 관보는 국가기록원, 2001년 이후 현재까지의 관보는 안전행정부가 각각 보관하여 관리하고 있다. 한편, 최근에는 인쇄형 관보 외에도 전자관보를 동시에 발행하여 국민의 원활한 정보접근과 이용을 도모하고 있다. 다만, 인쇄형 관보와[130] 전자관보가 일치하지 않는 경우에는 인쇄형 관보를 기준으로 한다.

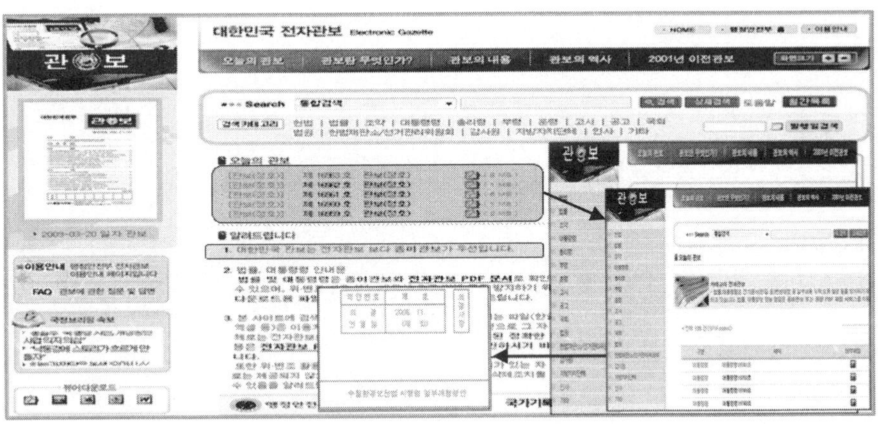

[그림 40] 대한민국 관보를 통한 공포법령정보조사

128) 관보는 i) 법령공포수단, ii) 대국민 주지사항의 공고·고시 수단, iii) 국가시책의 홍보매체 역할 및 기관간 의사전달 수단, iv) 정부사항에 대한 역사적 기록문서로서 기능한다.

129) 즉, 1392년(태조 1년) 예문춘추관을 설치하고 조정의 결의사항과 견문록을 기록하여 조정의 대소 관청, 전·현직 관리 및 사대부에 알리는 「조보」를 발행하였다.

130) 종이관보의 배송기관은 안전행정부, 법제처, 국회, 대법원, 헌법재판소, 중앙선거관리위원회, 국가기록원, 국립중앙도서관으로 하고 있다.

제6장 판례의 이해와 정보조사

제1절 국가 사법제도와 재판권

1. 국가 사법제도 개요

가. 삼권분립과 사법권

국가권력을 입법·행정·사법의 세 가지 권력 작용으로 나누어 상호간 견제와 균형을 유지시키는 삼권분립의 원칙은 근대국가가 지향하는 보편적인 통치조직의 기본원리로 간주되는바, 우리 헌법은 입법권은 국회(제40조), 행정권은 대통령을 수반으로 하는 정부(제66조 제4항), 그리고 사법권은 법관으로 구성된 법원(제101조 제1항)이 각각 담당하도록 그 권한을 부여하고 있다. 이에 따라 국가의 사법작용은 법원을 중심으로 하는 사법기관(司法機關)이 이를 담당한다.

나. 사법권의 분배와 행사

사법기관이란 재판관으로 구성되며, 일정한 소송절차에 따라 사법권의 행사를 본래의 직무로 하는 국가기관을 말한다. 그런데, 우리 헌법은 국가의 사법작용 및 그 권한을 둘로 나누어 각각 다른 사법기관이 담당하도록 규정하고 있다. 즉, 일반재판권은 법원이 담당하며(제101조 제1항), 헌법재판권은 헌법재판소가 이를 담당하도록 하고 있다(제111조).[131] 이는 헌법재판제도의 도입에 따라 국가의 사법권을 그 기능과 목적에 따라 합리적으로 조정한 것이라고 할 수 있다.[132] 이와 같이 우리나라의 사법체계는 이원화된 체계라고 할 수 있다.

131) 사법권이란 국가의 사법작용을 행사하는 통치권을 의미한다. 사법권의 구체적인 내용은 재판권이며, 그에 부수되는 사법행정권과 규칙제정권도 포함된다. 우리 헌법은 사법권을 일반재판권과 헌법재판권으로 나누고 일반재판권은 법원이, 헌법재판권은 헌법재판소가 각각 담당하도록 한 것이다.

132) 헌법재판제도의 운영은 국가마다 다르다. 즉, 우리나라와 같이 헌법재판기능을 별도의 사법기관이 담당하도록 하는 경우가 있는가 하면(독립기관형), 별도의 헌법재판기관을 설치하지 않고 일반법원에서 헌법재판기능까지 담당하게 하는 국가(일반법원형)도 있다.

한편, 일반재판권을 담당하는 법원은 최고법원인 대법원과 각급 법원으로 구성되지만, 헌법재판권을 담당하는 헌법재판소는 단일기관으로 운영된다.

다. 행정부에 의한 준사법절차

행정의 고도화·전문화 및 기술화의 진전에 따라 국가행정을 수행함에 있어서 다툼이 있는 경우, 행정행위의 이해관계자나 쟁송당사자의 권리와 이익을 보호하기 위하여 사법부에 의한 정식의 재판에 앞서 행정부 스스로에 의한 신속한 분쟁해결의 필요성이 증가하고 있다. 즉, 행정청의 일정한 처분행위로 인하여 분쟁이 발생하는 경우, 사법부의 사법절차에 따른 해결에 앞서, 행정부가 그 전문적 지식을 이용하여 행정부 스스로의 판단에 따라 신속히 분쟁을 해결하도록 하는 간이 분쟁해결절차를 마련하고 있다. 우리 헌법도 재판의 전심절차로서 행정심판을 할 수 있으며, 행정심판의 절차는 법률로 정하되 사법절차를 준용하도록 명시하고 있다(헌법 제107조 제3항).

행정부의 분쟁해결절차는 사법기관이 담당하는 종국적 사법절차는 아니지만, 사법절차에 준한 절차와 방법(즉, 공개심리, 구두변론, 증거조사 등의 절차와 방법)에 따라 분쟁을 해결하는 것으로서 준사법절차라고 한다. 이러한 절차에 따라 행정부가 담당하는 사법권에 준한 분쟁해결 권한을 준사법권이라고 하며, 준사법권을 행사하는 기관을 준사법기관이라고 한다. 행정부의 준사법절차에 관한 사항은 법률로 규정하고 있으며, 법률에 의하여 준사법권이 부여된 기관은 그 소관 분쟁사무에 대한 심판·판정·조정 등의 분쟁해결권한을 행사한다. 따라서 이와 같은 행정부에 의한 준사법절차도 넓은 의미에서 국가사법체계의 일종이라고 할 수 있다.

현재 준사법적 기능을 수행하고 있는 조직으로서는 각종 행정심판기관,[133] 분쟁조정위원회,[134] 특정 분야의 행정에 관한 의사를 결정하는 합의제 행정기

133) 행정심판기관으로서는 각급 행정청에 설치된 행정심판위원회와 같은 위원회 조직과 조세심판원, 특허심판원과 같이 독립적으로 설치·운영되는 심판기관이 존재한다.

134) 분쟁조정위원회로는 소비자분쟁조정위원회, 환경분쟁조정위원회, 전자거래분쟁조정위

관[135] 등이 있다. 한편, 행정부의 준사법절차에 의하여 분쟁해결이 종료되지 않는 경우에는 다시 사법기관에 정식재판을 청구할 수 있는바, 준사법절차는 사법절차의 보조적 내지 보완적인 절차라고 할 수 있다.

2. 법원의 재판체계와 재판권 행사

가. 재판관할과 심급제도

우리의 재판제도는 3심제를 원칙으로 하고 있으므로, 보통 하나의 법률사건이 해결되기까지는 1심 법원으로부터 출발하여 최종 법원인 대법원에 이르는 재판과정을 거치게 된다. 이에 따라 어떠한 판례정보를 조사·분석함에 있어서는 해당 판례가 어느 법원의 어떤 단계에서 생산되고, 또한 어떠한 과정을 거쳐 최종적인 결론에 이르렀는지를 알아야 한다. 왜냐하면, 판례의 내용을 정확히 파악하기 위해서는 특정사건에 대한 사실관계와 법원의 법률적 판단을 종합적으로 분석하여야 하기 때문이다. 이와 같이 판례정보의 생산 및 변동의 과정을 이해하기 위한 기초로서 재판관할 및 심급제도에 대하여 간단히 살펴본다.

(1) 재판관할 : 재판법원의 결정 기준

① 관할의 의의

관할(管轄)이란 다수의 법원 간 또는 동일 법원 내에서의 재판사무의 분배기준 또는 그 결과 담당하는 사무의 범위를 말한다. 관할은 당사자의 입장에서 보면 어느 법원에 소를 제기하거나 응소를 해야 하는가의 문제이고, 법원의 입장에서는 행사할 수 있는 재판권 범위의 문제이다. 관할은 통상 사건의 경중, 심판의 난이도, 법원 부담의 공평 및 피고인의 소재와 편의 등을 고려하여

원회 등과 같이 개별법에 의하여 설치·운영되는 다양한 분쟁조정기구가 있다.

135) 합의제 행정기관으로서는 공정거래위원회, 방송통신위원회, 노동위원회 등이 있다.

결정한다.

② 관할의 구분과 결정

관할은 법률의 규정에 의하여 직접 관할이 정하여 지는 법정관할과 법원의 재판에 의하여 관할이 정해지는 재정관할로 구분할 수 있다.

법정관할은 다시 i) 토지관할, ii) 직무관할, iii) 사물관할로 구분되며, 각 관할에 따라 재판권이 분배되고 행사된다. 토지관할은 당사자나 소송물의 지역적 관련에 따라 재판사무를 배분 및 관장하는 것을 말한다. 토지관할은 범죄지, 피고인의 주소·거소·현재지 등을 기준으로 결정되며, 1심 법원의 결정에 적용된다. 직무관할은 재판의 내용과 심급 등에 따라 재판사무를 배분 및 관장하는 것을 말하며, 직무관할에 따라 1심, 항소심, 상고심으로 구분된다. 이 직무관할은 법원의 전속관할로서 원칙적으로 변경되지 않는다. 사물관할은 사건의 경중 또는 성질에 따라 재판사무를 배분 및 관장하는 것을 말하며, 이 사물관할에 따라 합의부 또는 단독판사의 심판 등으로 결정된다.

재정관할은 관할의 지정, 관할의 이전과 같이 법원의 재판에 의하여 정하여 지는 관할이다. 관할의 지정은 법원의 관할이 명확하지 아니하거나 관할위반을 선고한 재판이 확정된 사건에 있어서 다른 관할법원이 없는 경우 등 관할 지정 사유에 해당하는 때에 법원의 재판을 통해 관할을 지정한다. 관할의 이전 역시 관할법원이 법률상 이유 또는 특별한 사정으로 관할권을 행사할 수 없거나 범죄의 성질, 지역의 민심, 소송의 상황 등 기타 사정으로 재판의 공평을 유지하기 어려운 경우 등 이전사유가 있을 때 법원의 재판으로 관할을 이전한다.

(2) 심급제도 : 소송의 심판단계와 구조

① 심급의 의의

심급(審級)이란 소송사건의 심판단계구조를 의미한다. 즉, 특정의 소송사건을 어떤 단계와 구조를 거쳐 해결하는가의 문제이다. 우리나라는 국민의 자유와 권리보호에 신중을 기하고, 공정하고 정확한 재판을 받게 하기 위하여 같은 사건에 대하여 서로 다른 종류의 법원, 즉 심급을 달리하는 법원에서 두 번 내지 세 번까지 재판을 받을 수 있도록 하는 심급제도를 운영하고 있다.

② 심급제도의 운영

우리나라는 기본적으로 3심의 단계구조를 가지며, 제1심은 지방법원 또는 지원, 항소심인 제2심은 고등법원, 상고심인 제3심은 대법원을 통해 사건을 심리하여 판단하도록 하고 있다. 다만, 사건의 내용에 따라 2심의 경우 고등법원 대신 지방법원 합의부가 담당하도록 하는 경우가 있다. 제1심 및 제2심에서는 당사자가 주장하는 사실관계 및 그에 적용되는 법률관계에 대하여 판단하는 사실심(事實審)으로 운영되며, 제3심에서는 주어진 사실관계에 대한 법률관계의 올바른 적용 여부만을 판단하는 법률심(法律審)으로 운영된다.

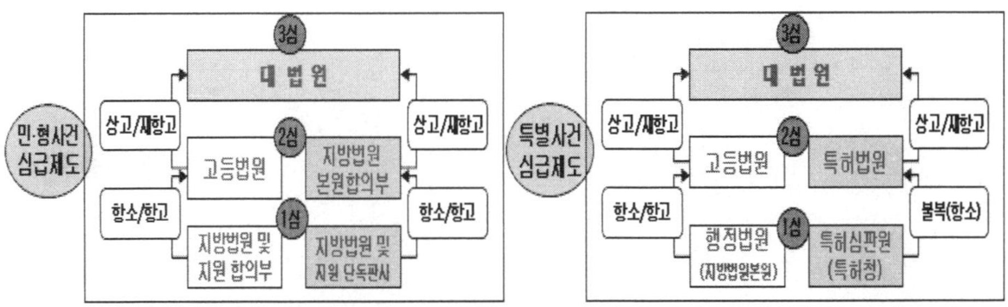

[그림 41] 우리나라 법원의 심급제도

③ 원심법원과 제1심 법원

심급제도의 운영과 관련하여, 우리가 흔히 부르는 원심법원과 제1심법원의 의미를 이해할 필요가 있다. 원심법원이란 재판이 진행되고 있는 법원의 직전 하급법원을 의미한다. 예컨대 대법원의 경우에는 고등법원 또는 지방법원 본원 합의부가 원심법원이 되며, 고등법원의 경우 지방법원 또는 지원이 원심법원이 된다. 제1심 법원은 재판을 처음 진행하여 판단을 내리는 법원을 의미한다. 예컨대 대법원의 경우 지방법원 합의부 또는 단독판사가 제1심 법원이 된다.

나. 법원의 구성과 재판권 행사

(1) 법원의 조직 및 종류

우리 헌법은 제101조 제2항에서 "법원은 최고법원인 대법원과 각급 법원으로 조직된다."라고 규정하고 있다. 이에 따라 법원은 대법원, 고등법원 및 지방법원으로 구성되어 기본적인 3심 구조를 이룬다. 법원의 조직에 관한 사항을 정하는 법원조직법은 법원의 종류를 대법원, 고등법원, 특허법원, 지방법원, 가정법원, 행정법원의 6종으로 규정하고 있으며(동법 제3조), 지방법원 또는 가정법원 사무의 일부를 처리하기 위하여 관할구역 안에 지원과 가정지원, 시·군 법원 및 등기소를 둘 수 있도록 하고 있다. 2013년 2월 현재 우리나라 법원은 1개의 대법원과, 5개의 고등법원, 3개의 전문법원, 18개의 지방법원 및 40개의 지방법원 지원이 존재한다.

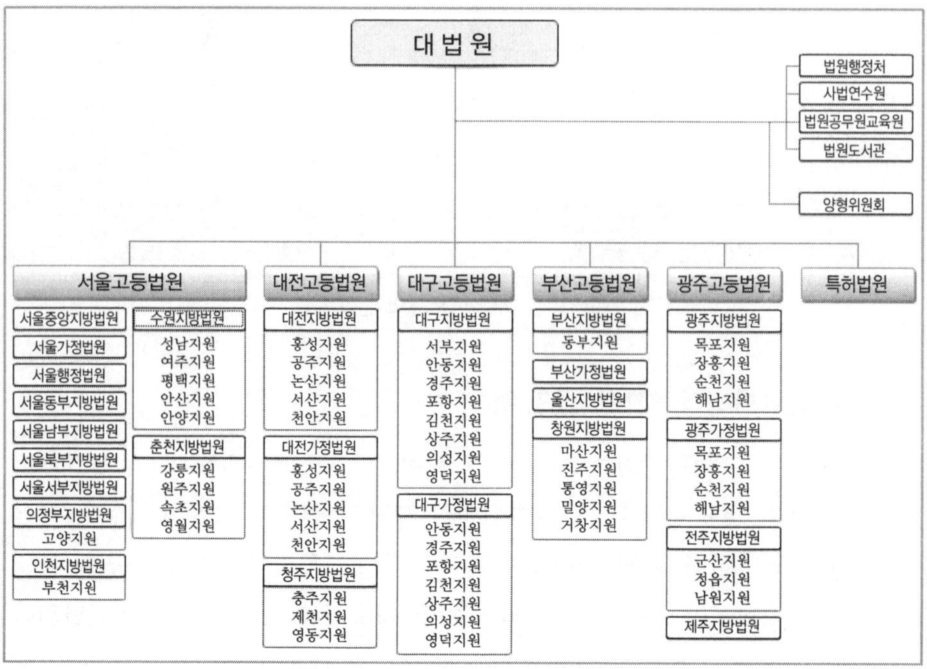

[그림 42] 우리나라 법원 조직도

(2) 각 법원의 구성과 재판권의 내용

① 대 법 원

대법원은 서울특별시에 설치하며, 대법원장을 포함하여 14인의 대법관으로 구성된다.[136] 대법원은 최종심으로서 민사·형사·행정·특허 및 가사사건 등 각급 법원 또는 특별법원의 판결에 대한 상고사건과 결정·명령에 대한 재항고사건을 심판하고, 특별한 경우 지방법원의 제1심 판결에 대한 비상상고 사건도 재판한다(법원조직법 제14조).

대법원의 심판권은 대법관 전원의 3분의 2 이상으로 구성된 전원합의체 및 대법관 4인으로 구성된 부(部)에서 행사한다. 즉, 대법원의 심판은 원칙적으로 대법관 3분의 2 이상인 9인 이상이 참여하는 전원합의체에서 심판하지만, 예외적으로 대법관 3인 이상(보통은 재판장과 주심 포함 4인으로 구성)으로 구성된 부(部)에서 먼저 심리하여 의견이 일치하는 경우에는 부에서 심판할 수 있다. 다만, 이 경우는 전원합의체의 전속관할[137]이 아닌 사건에 한한다(동법 제7조 제1항).

② 고등법원

고등법원은 서울·대전·대구·부산·광주 등 5개 대도시에 설치되며, 고등법원장과 대법원규칙이 정한 수의 판사로 구성된다. 고등법원에는 판사 3인으로 구성된 부(민사부·형사부·행정부·특별부 등)를 두며, 부에는 부장판사를 둔다. 고등법원의 소송을 분담하기 위하여 필요한 경우에는 고등법원 지부(예 : 대전고등법원 청주부)를 둘 수 있다.

---

136) 대법원장은 국회의 동의를 얻어 대통령이 임명하며, 대법관은 대법원장의 제청으로 국회의 동의를 얻어 대통령이 임명한다(헌법 제104조).

137) 대법원 전원합의체의 전속관할 심판사항은 4가지로 규정하고 있다. 즉, i) 명령 또는 규칙이 헌법에 위반함을 인정하는 경우(헌법에 위반하지 않는다고 인정하는 결정은 部에서 재판할 수 있음), ii) 명령 또는 규칙이 법률에 위반함을 인정하는 경우, iii) 종전에 대법원에서 판시한 헌법·법률·명령 또는 규칙의 해석적용에 관한 의견을 변경할 필요가 있음을 인정하는 경우, iv) 부(部)에서 재판함이 적당하지 아니함을 인정하는 경우이다(법원조직법 제7조).

고등법원은 제2심으로서 지방법원 합의부 및 가정법원 합의부 또는 행정법원의 제1심 판결에 대한 항소사건과 심판·결정·명령에 대한 항고사건 및 예외적으로 선거소송의 제1심 사건에 대한 심판을 담당한다(법원조직법 제28조). 고등법원의 심판은 3인으로 구성된 합의부에서 이를 행한다(동법 제7조 제3항).

③ 특허법원

특허법원은 특허 등 지식재산권 관련 분쟁을 해결하기 위하여 설립된 고등법원급의 전문법원이다. 종래의 특허재판제도는 특허분쟁에 대하여 특허청의 심판소가 1차 심판 및 2차 항고심판을 담당하도록 하고, 이에 불복하는 때 비로소 대법원에 상고하도록 하고 있었다. 그러나 법원이 사실심을 다루지 않는 기존의 특허재판제도는 위헌이라는 헌법재판소의 결정에 따라,[138] 사법부는 고등법원급의 전문법원을 설치하여 특허심판원의 심결 또는 결정에 대한 불복의 소를 전속적으로 관할하게 하고, 특허법원의 판결에 대하여 불복이 있는 경우에는 대법원에 상고할 수 있도록 하였다. 이에 따라 특허심판원의 심결 또는 결정에 불복하는 사건에 대하여 특허법원이 제1심법원으로서 사실심을 담당하고, 대법원이 최종법원으로서 법률심을 담당하게 되었다.[139]

특허법원은 고등법원과 마찬가지로 특허법원장과 대법원규칙이 정한 수의 판사로 구성하며, 판사 3인으로 구성된 부를 설치하고 부에는 부장판사를 둔다(법원조직법 제28조의3). 특허법원은 특허심판원의 거절결정 등에 대한 취소청구, 특허·실용신안·디자인·상표의 무효청구 및 권리범위확인청구, 상표등록

---

138) "특허청의 행정공무원에 의한 항고심판 심결이나 결정에 대하여 불복이 있을 때에 법령위반을 이유로 하는 경우에 한하여 대법원에 상고할 수 있도록 하는 종전의 특허심판제도는 법원에서 사실심을 다루지 않아 쟁송절차로서 부적절하고, 헌법상 국민에게 보장된 법관에 의한 재판을 받을 권리를 침해하여 헌법에 합치되지 아니한다." 1995. 9. 28. 92헌가11, 93헌가8·9·10 〈병합〉 결정

139) 특허사건의 경우 제1심은 행정심판기관인 특허심판원이 담당하며, 제2심과 제3심은 특허법원과 대법원이 담당하는 체제이다. 이에 따라 사법부 제1심인 특허법원의 심판은 사실상 제2심으로서 기능하며, 이러한 측면에서 특허법원의 사실심을 강화된 사실심이라고 한다.

취소청구 등 특허권의 성립이나 그 효력을 다투는 지적재산권 관련 사건을 심판하며, 그 관할범위는 전국에 미친다(동법 제28조의4). 특허법원의 심판권은 고등법원과 같이 3인으로 구성된 합의부가 행사한다.

④ 지방법원 및 지원, 시·군 법원

지방법원은 제1심법원으로서 전국 각·시도에 18개가 설치되어 있다. 지방법원은 지방법원 사무의 일부를 처리하기 위하여 그 관할구역 내에 지원과 소년부지원, 시·군 법원 및 등기소를 둘 수 있다. 지방법원은 지방법원장과 판사로 구성된다.

지방법원의 제1심 재판은 단독판사가 관할함이 원칙이나, 특히 중요하다고 법률이 정하고 있는 사건은 판사 3인으로 구성된 합의부가 관할한다. 민사부에서는 소송물가액이 1억 원을 초과하는 사건, 형사부에서는 사형·무기 또는 단기 1년 이상의 징역 또는 금고에 해당하는 사건 등이 이에 해당한다. 다만 합의부의 심판권에 속하는 사건이라도 사안의 내용이 단순하거나 유형이 정형적인 사건은 재정합의부의 결정을 받아 단독판사가 이를 심판할 수 있다.

한편, 지방법원은 일정한 범위에서 제2심 법원으로서의 기능도 수행하는데, 지방법원 본원 합의부 및 춘천지방법원 강릉지원 합의부는 지방법원 또는 지방법원 지원의 단독판사의 판결에 대한 항소사건과, 결정·명령에 대한 항고사건에 대한 심판을 담당한다.

⑤ 가정법원

가정법원은 지방법원급의 법원으로서, 가사에 관한 사건과 소년에 관한 사건 등을 전문적으로 처리하기 위해 설립되었다. 가정법원은 서울·대전·대구·부산·광주 등 고등법원이 위치한 지역에 설치되어 있으며, 가정법원이 설치되지 아니한 지역에는 가정지원을 두고 있다.

가사사건은 법률이 정하는 바에 따라 법관 3인으로 구성된 합의부 또는 단독판사가 처리하고, 소년사건과 가정보호사건은 단독판사가 처리한다. 그리고

가정법원에는 가사조정사건을 다루기 위한 조정위원회와 가사·소년·가정보호사건을 조사하는 조사관을 두고 있다. 가정법원 역시 일정한 범위에서 제2심 법원의 기능을 수행하는데, 가정법원 본원 합의부 및 춘천지방법원 강릉지원 합의부는 가정법원 단독판사의 판결에 대한 항소사건과 결정·명령에 대한 항고사건을 담당한다.

⑥ 행정법원

행정법원은 지방법원급의 법원으로서, 행정소송법에 의한 항고소송과 당사자소송 등을 제1심으로 심판하기 위하여 설치된 법원이다. 현재는 서울에만 설치되어 있다. 서울행정법원의 관할구역이 아닌 지역에서의 행정법원의 권한에 속하는 사건은 행정법원이 설치될 때까지 해당 지방법원 본원이 관할하도록 하고 있다. 행정법원의 심판권의 행사는 기본적으로 지방법원의 심판권의 행사와 동일하다.

3. 헌법재판소의 구성과 심판권 행사

가. 헌법재판소의 구성 및 조직

(1) 헌법재판소의 구성

1988년에 설치된 헌법재판소는 법원과 더불어 사법적 절차에 따라 헌법을 수호함을 그 임무로 하는 기관이다. 즉, 현행 헌법 제111조는 국가의 사법권을 일반재판권과 헌법재판권으로 구분하고 헌법재판소로 하여금 헌법재판권을 담당하도록 권한을 부여하고 있다.

헌법재판소는 헌법재판소장을 포함하여 법관의 자격을 지닌 9인의 재판관으로 구성되며, 재판관은 대통령이 임명한다. 이 중 3인은 국회에서 선출하는 자, 3인은 대법원장이 지명하는자로 임명되며, 헌법재판소장은 대통령이 국회의 동의를 얻어 재판관 중에서 임명한다(헌법 제111조 제2항 내지 제4항). 헌법재판소를 대통령·국회·대법원장이 합동으로 구성하게 한 것은 그 직무수행에 정치적 중립성을 유지함은 물론, 헌법수호기관으로서의 역할을 엄정하고 공정하게 수행할 수 있도록 하기 위한 것이다.140) 헌법재판소의 재판부는 재판관 전원으로 구성되는 전원재판부가 원칙이나, 필요한 경우 3인의 재판관으로 구성되는 지정재판부를 구성하여 운영할 수 있다.

(2) 헌법재판소의 조직

헌법재판소의 조직은 헌법재판소를 대표하고 사무를 총괄하는 헌법재판소장, 헌법재판소규칙의 제정·개정 및 구성원의 임면 등을 의결하는 재판관회의, 행정사무를 담당하는 사무처, 사건의 심리 및 심판에 관한 조사·연구를 수행하는 헌법연구관과 헌법연구위원, 헌법재판소 소속 공무원들의 교육을 담당하는 헌법재판연구원 등의 조직과 기구가 설치되어 헌법재판소 사무를 수행한다.

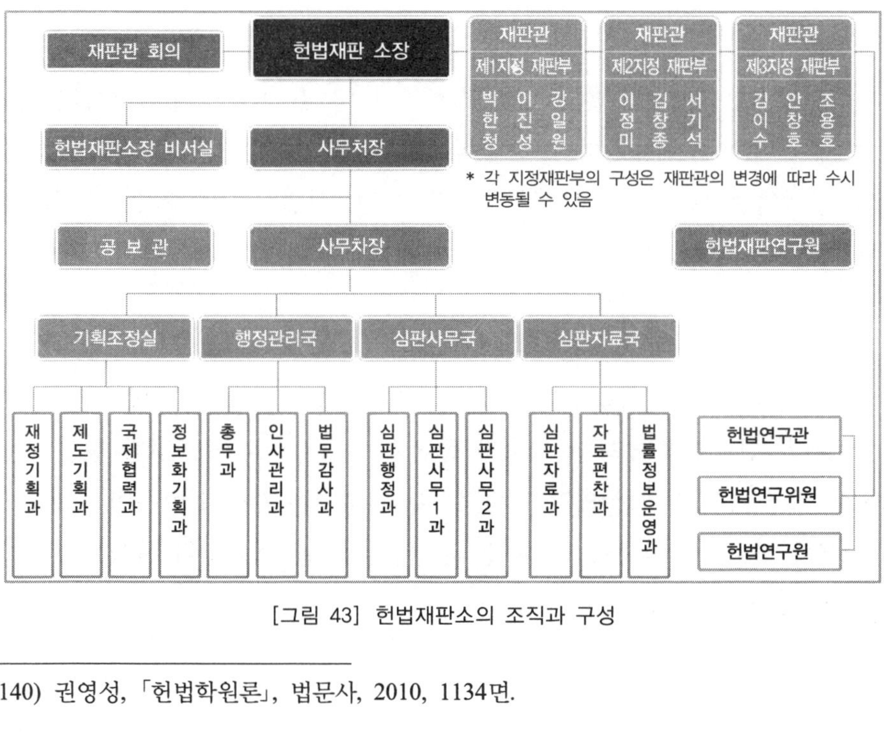

[그림 43] 헌법재판소의 조직과 구성

140) 권영성, 「헌법학원론」, 법문사, 2010, 1134면.

나. 헌법재판소의 심판권 행사와 방법

(1) 헌법재판소의 심판권 행사

헌법재판소는 헌법에서 부여한 5가지 유형의 헌법재판권한을 가진다. 즉, i) 법원의 제청에 의한 법률의 위헌여부 심판, ii) 탄핵의 심판, iii) 정당의 해산 심판, iv) 국가기관 상호간, 국가기관과 지방자치단체 간 및 지방자치단체 상호간의 권한쟁의에 관한 심판, v) 헌법소원에 관한 심판이 그것이다(헌법 제111조 제1항 및 헌법재판소법 제2조).

헌법재판소의 심판권 행사는 재판관 9인 중 7인 이상이 출석한 전원재판부에서 심리 및 결정하는 것이 원칙이나(헌법재판소법 제22조), 예외적으로 지정재판부에서 헌법소원심판 사건의 사전심리를 담당하게 할 수 있다(동법 제72조 제1항). 지정재판부는 사전 심리결과 관여 재판관 전원일치에 의한 의견으로 심판청구의 각하 또는 심판회부의 결정을 내려야 한다.

(2) 헌법재판소의 종국결정 방법

헌법재판소는 심판사건을 접수한 날로부터 180일 이내에 종국결정의 선고를 해야 한다(헌법재판소법 제38조). 종국결정의 선고는 원칙적으로 심판정에서 하며, 결정의 선고는 공개함이 원칙이다. 다만, 서면심리와 평의는 공개하지 아니한다(동법 제33조 내지 34조).

① 결정 정족수

헌법재판소의 결정 정족수는 법률의 위헌결정, 탄핵결정, 정당해산결정과 헌법소원의 인용결정을 하는 경우와 종전에 헌법재판소가 결정한 헌법 또는 법률의 해석 적용에 관한 의견을 변경하는 경우에는 재판관 6명 이상의 찬성이 있어야 하며, 그 이외의 경우에는 관여한 재판관 과반수의 찬성으로 사건에 관한 결정을 한다(동법 제23조).

② 결정의 형식

헌법재판소의 종국결정은 법원의 종국결정과 마찬가지로 크게 심판청구의 내용에 대하여 실질적인 심사에 들어가기 전에 심판청구가 형식적인 요건을 갖추지 못했을 때 내리는 본안 전 결정과, 심판청구에 대하여 실질적인 심사를 거쳐 내리는 본안 결정으로 나눌 수 있다. 본안 전 결정인 각하결정은 심판청구의 이유 여부를 불문하고 청구자체가 부적법할 경우에 내리는 결정방식이다. 본안결정의 경우, 본안에 들어가 심리한 결과 심판청구가 적법하지만 청구의 이유가 없을 경우에는 기각결정을, 심판청구가 적법하고 이유도 있을 경우에는 인용결정을 각각 선고하게 된다.

다만, 위헌법률심사에 있어서는 인용결정 대신에 법률이 헌법에 위반되는지의 여부를 결정하게 된다. 이 경우에는 법률이 헌법에 위배되지 아니한다는 합헌결정이나 해당 법률의 전부 또는 일부가 헌법에 위반된다는 위헌결정을 내리게 된다. 또한, 심판의 대상이 된 법률이 사안에 따라 합헌이 될 수 있는 경우에는 한정합헌결정을, 그렇지 아니한 경우에는 한정위헌결정을 내리게 되며, 법률이 헌법에 위반되기는 하지만 위헌선언을 할 경우 법적 안정성을 해치게 되는 등 일정한 사유가 있는 경우에는 위헌결정을 피하고 법률의 위헌성만을 확인하는 헌법불합치결정을 할 수도 있다.

4. 준사법기관의 유형과 심판결제도

가. 준사법절차의 근거와 내용

앞에서 설명한 바와 같이, 사법부에 의한 정식의 재판절차에 앞서 행정부가 관장하고 있는 준사법절차는 각 행정영역에서 다양한 유형으로 운영되고 있다. 재판의 전심절차로서 운영되는 행정심판 등의 준사법절차는 해당 준사법기관의 설치에 관한 법률 또는 다른 법률의 수권에 의하여 수행된다. 예를 들면, 행정심판법(행정심판위원회), 국세기본법(조세심판원), 특허법(특허심판원), 독점

규제 및 공정거래에 관한 법률(공정거래위원회), 방송통신위원회의 설치 및 운영에 관한 법률(방송통신위원회), 노동위원회법(노동위원회), 국가공무원법(소청심사위원회), 소비자기본법(소비자분쟁조정위원회), 환경분쟁조정법(환경분쟁조정위원회), 저작권법(한국저작권위원회) 등을 들 수 있다. 이외에도 수많은 법률에서 특정한 행정기관으로 하여금 일정한 행정상의 분쟁을 해결하도록 규정하고 있다.

행정기관에 의한 준사법작용 내지 분쟁해결절차의 내용으로서는 행정처분에 대한 이의신청, 심사청구 및 재심사청구, 심판청구에 대한 판정·심판 및 재결은 물론, 당사자 간의 분쟁에 대한 중재와 조정, 특정 행정처분에 관한 의사결정 등에 이르기까지 매우 다양하다.

한편 이와 같은 분쟁해결기관들의 조직·권한·절차 및 처분에 대한 불복절차 등에 관하여는 해당 법률에서 규정하기도 하지만, 대체로는 일반 행정심판절차에 따른 권리구제 수단이나 방법 등을 준용한다. 또한 이들 절차에 불복하는 경우에는 법원에 정식재판을 청구하여 그 위법성 여부를 확인하고, 침해된 권리와 이익을 구제받을 수 있다.

나. 주요 준사법기관의 심판권 행사

현재 행정부 소속 또는 관련 기관으로서 준사법적 기능을 담당하는 준사법기관이나 위원회 조직은 매우 다양하다. 준사법작용의 기능 및 내용에 따른 대표적인 기관과 해당 기관이 수행하는 분쟁사무 및 그 권한을 살펴보면 다음과 같다.

[표 19] 준사법기관 및 그 담당사무(예시)

구 분	기관(위원회)	근거법률	담당 분쟁사무
행정심판결정기능	행정심판위원회	행정심판법	각종 행정심판청구 심판
	조세심판원	국세기본법	조세심판 청구사건 심판
	특허심판원	특허법	특허심판 청구사건 심판
	해양안전심판원	해양사고조사심판법	해양사고·사건의 심판
	소청심사위원회	국가공무원법	각종 소청심사 청구사건
	교원징계심의위원회	교육공무원법	교원징계 재심청구 사건
	법무부징계위원회	변호사법	변호사징계 이의신청 사건
행정심의의결기능	공정거래위원회	공정거래법	공정거래법 위반사건 심리
	방송통신위원회	방송통신위원회법	방송통신법 위반사건 심리
	노동위원회	노동위원회법	노동분쟁사건 중재·판정
	금융위원회	금융위원회법	금융건전성 등 심의·의결
	게임물등급위원회	게임산업진흥법	게임물등급·유해성 판정
중재조정기능	소비자분쟁조정위원회	소비자기본법	소비자분쟁 사건의 조정
	환경분쟁조정위원회	환경분쟁조정법	환경분쟁 사건의 조정
	언론중재위원회	언론중재피해구제법	언론피해사건 중재·조정
	한국저작권위원회	저작권법	저작권분쟁 사건의 조정
	대한상사중재원	중재법	각종 상사분쟁 사건 중재

※ 각 준사법기관의 조직, 권한 및 구체적인 심판사무의 수행절차와 방법 등은 해당 법령을 참조바람.

제2절 판결문서의 구조와 해석

1. 법원 재판서의 구성과 독해

가. 재판서의 작성 원칙

법원의 재판서는 기본적으로 대법원의 「법원재판사무 처리규칙」(대법원규칙) 및 「재판서 양식에 관한 예규」(대법원예규)에 따라 작성된다. 동 규칙 및 예규에 의하면, 모든 사건기록에는 사건번호와 사건별 부호문자를 붙여 관리하며(위 규칙 제19조 및 제20조), 재판서는 일정한 양식에 따라 법원전산시스템에 의하여 생성되는 전자파일을 통해 작성한다(위 예규 제3조). 다만, 재판의 심급 및 재판부 구성여부 등에 따라 재판서의 일부내용이 변경되거나 생략될 수 있다.

재판서 작성의 구체적인 항목 및 내용은 여러 가지 사항들이 있으나 중요한 것으로는 선고법원과 재판부, 선고일, 사건번호 및 사건 명, 당사자 및 대리인, 주문, 이유 등을 기재하도록 하고 있다. 그리고 각 작성 항목의 구체적인 기재 원칙과 방법은 별도의 예규를 통해 규정하는 경우도 있다. 예를 들면, 사건별 부호문자는 사건의 성격, 사건 수 등을 고려하여 부여하는데, 이에 관하여는 별도의 「사건별 부호문자의 부여에 관한 예규」에 따라 각 사건의 성격(민사, 형사, 행정, 특허 등), 담당재판부(단독, 합의부 등), 심급(원심, 항소심, 상고심 등) 등에 따라 일정한 규칙에 의하여 부여된다. 이에 관하여는 다음에서 보는 재판서 독해에 관한 설명에서 추가로 살펴본다.

나. 재판서의 형식과 독해

재판서는 대법원 예규에 의하여 일정한 형식에 따라 작성된다. 이하에서는 판결을 수록한 문헌자료 또는 온라인을 통해 찾은 재판서를 이해하는데 필요한 사항에 관하여 아래의 참조 재판서에 나타난 정보를 바탕으로 그것이 주는

의미를 독해하는 방법을 살펴본다.141)

(1) 대법원 재판서

[표 20] 대법원 재판서(전원합의체) 사례

① 대법원 ② 2009. 5. 21. ③ 선고 ④ 2009다17417 ⑤ 전원합의체 판결

⑥ ★ ⑦ 【무의미한연명치료장치제거등】 ⑧ [공2009상,849]

⑨ 【판시사항】
[1] 의료계약에 따른 진료의무의 내용
[2] 연명치료 중단의 허용 기준
[3] 연명치료 중단의 요건으로서 환자가 회복불가능한 사망의 단계에 진입하였고 연명치료 중단을 구하는 환자의 의사를 추정할 수 있다고 한 사례

⑩ 【판결요지】
생략

⑪ 【참조조문】
[1] 헌법 제10조, 민법 제680조 / [2] 헌법 제10조, 민법 제12조, 제680조, 제689조 제1항, 제947조, 장기 등 이식에 관한 법률 제3조 제4호, 제39조, 응급의료에 관한 법률 제2조, 제3조, 제6조 제2항, 제9조 제2항, 응급의료에 관한 법률 시행규칙 제2조 / [3] 헌법 제10조, 민법 제680조, 제689조 제1항

⑫ 【참조판례】
[1] 대법원 1992. 5. 12. 선고 91다23707 판결(공1992, 1831), 대법원 1994. 4. 15. 선고 92다25885 판결(공1994상, 1434), 대법원 2002. 10. 25. 선고 2002다48443 판결(공2002하, 2867), 대법원 2007. 5. 31. 선고 2005다5867 판결(공2007하, 949)

【전 문】

⑬ 【원고, 피상고인】
원고 (소송대리인 변호사 신○호 외 1인)

【피고, 상고인】
학교법인 연세대학교 (소송대리인 변호사 이○필 외 1인)

⑭ 【원심판결】
서울고법 2009. 2. 10. 선고 2008나116869 판결

---

141) 재판서의 각 항목에 대한 설명은 「재판서 양식에 관한 예규」; 전경근, 법정보학강의, 박영사, 2004, 63~72면; 박경신 외, 앞의 책, 119~127면 등을 참조하여 작성함.

⑮ 【주 문】
상고를 기각한다. 상고비용은 피고가 부담한다.

⑯ 【이 유】
생략

⑰ 대법원장 이용훈(재판장) 대법관 김영란 양승태 박시환 김지형 이홍훈
박일환 김능환(주심) 전수안 안대희 차한성 양창수 신영철

① 선고법원

번호 ①의 '대법원'은 선고법원으로서 위 판결을 선고한 법원이 대법원임을 표시한 것이다. 대법원 판결의 경우 사건번호만으로도 확인이 가능하나, 하급심의 경우에는 각급 법원이 동일한 방법으로 사건번호를 붙이고 있어서 판결을 선고한 법원을 표시하여야 어느 법원에서 선고된 판결인지를 확인할 수 있다. 하급심의 선고법원 표시는 네 글자로 줄여 표시한다. 예를 들면 '서울고법', '수원지법 성남지원' 등으로 표기한다.

② 선고일자

번호 ②의 '2009. 5. 21.'은 선고일자로서 위 판결이 선고된 날을 의미한다. 판결은 일정한 방식으로 이를 선고함으로써 효력이 발생한다는 점에서 선고일자 역시 중요한 정보가 된다. 선고일·변론종결일·작성일 등의 연월일은 연과 월, 월과 일 사이에 각각 한 칸씩 띄어 표시한다(재판서 양식에 관한 예규 제14조).

③ 심급종결표시

번호 ③의 '선고'는 소송의 한 심급이 종결되었음으로 나타내는 것으로 선고된 판결은 소송당사자에게 송달됨으로써 다음 단계의 소송수행을 위한 기간이 진행된다. 판결은 선고를 통해 종결하므로 '선고'라고 표시하지만, 선고 외의 결정·명령은 '선고'대신 '자'라는 용어를 사용한다. 예를 들면, '1995. 5. 7. 자'와 같이 표기한다.

④ 사건번호

번호 ④의 '2009다17417'은 사건번호라 부르며, 일정한 원칙에 따라 부호와 숫자를 조합하여 부여한다. 즉, 사건번호는 '연도구분+사건부호+진행번호'를 조합하여 부여된다. 이 경우, 사건이 대법원에 상고된 해('2009' 부분), 법원재판사무 처리규칙에 따른 사건부호('다' 부분),[142] 대법원에 상고된 순서('17417' 부분)의 3가지 정보를 나타낸다. 즉, 이 사건은 2009년에 대법원에 상고된 17417번째 사건이 된다. 특정 사건에 관하여 최초에 붙인 사건번호와 사건명은 그 사건이 종국에 이르기까지 이를 계속 사용하게 된다.

⑤ 재판종결방식

번호 ⑤의 '전원합의체 판결'은 해당 사건이 어떠한 방식으로 종결되었는지를 나타내주는 정보이다. 즉, 전원합의체 판결은 대법관 전원의 2/3 이상의 대법관이 모여서 판결을 한 것임을 표시한 것이다. 전원합의체판결이 아닌 3인 이상으로 구성된 '부'에서 재판을 한 경우에는 단순히 '판결'이라고 표기한다.

⑥ 판례성격과 수록표시

판례공보에서 판결 또는 결정의 표시 다음에 번호 ⑥의 '*' 또는 '★' 표시를 하는 경우가 있다. 이것은 해당 판결의 중요성과 판례집 수록에 관한 표시를 한 것이다. 즉, '★'은 전원합의체 판결을 의미하며, '*'은 장차 대법원 판례집에 수록될 판결임을 의미한다. 따라서 위 표시가 있는 판결의 경우 중요한 판례로서, 판례공보뿐만 아니라 향후 발간될 대법원판례집에서도 찾아볼 수 있다.

---

142) 『사건별 부호문자의 부여에 관한 예규』에 의하면, 민사사건의 경우 가단(민사제1심단독), 가합(민사제1심합의), 가소(민사소액), 나(민사항소), 다(민사상고)로 구분하며, 가사건의 경우 드(가사제1심), 르(가사항고), 므(가사상고)로 구분한다. 형사사건의 경우 고단(형사제1심단독), 고합(형사제1심합의), 노(형사항소), 도(형사상고)로 구분하며, 행정사건의 경우에는 구단(행정제1심재정단독), 구합(행정제1심), 누(행정항소), 두(행정상고)로 구분한다.

⑦ 사건명칭

번호 ⑦의 '무의미한연명치료장치제거등'은 사건명으로서, 해당 판결의 목적과 내용을 간략히 표시한 사건의 이름이다. 사건 명칭의 부여에 관하여는 특별히 규정된 바는 없다. 일반적으로 원고가 소장을 제출하면서 그 소장의 주장 내용을 하나의 단어로 표현하기 위하여 소장에 기재하게 되는데, 이를 기초로 하여 법원공무원이 각 사건에 붙인 것이 그 사건의 사건명이 된다. 사건명은 해당 사건이 종결될 때까지 동일한 사건명을 계속 사용하게 된다.

⑧ 판결출처표시

번호 ⑧의 '공2009상, 849'는 판결의 출처를 의미한다. 법원공보나 판례공보의 경우에는 '공'이라는 약어를 사용하며, 대법원판례집의 경우에는 '집'이라는 약어를 사용한다. 따라서 위 판례는 2009년 판례공보 상권의 849면에 수록된 것을 의미한다. 그러나 인터넷을 통한 판례조사에서는 출처표시가 없는 경우도 있다.

⑨ 판시사항

번호 ⑨의 '판시사항'은 당해 판결의 주요 쟁점과 법원의 결론을 표시한 것이다. 판시사항은 판례공보와 대법원판례집을 간행하는 법원도서관에서 당해 판결의 내용을 분석하여 주요 쟁점과 결론을 정리한 것이다. 따라서 판시사항을 통하여 당해 판결에서의 쟁점이 무엇이고, 그에 대한 법원의 결론이 무엇인지 쉽게 파악할 수 있다. 한편, 판시사항이 '여부'로 끝나는 판결에서 '적극'이라는 말은 판결이유에서 판시사항의 내용을 인정하였다는 의미이며, '소극'이라는 말은 판시사항의 내용을 인정하지 않은 것을 의미한다. 또한 판시사항이 '사례'로 끝나는 경우는 동일한 판결요지를 가진 다른 판결과 비교할 때 사안이 일반적인 경우와 다르다는 것을 의미한다.

⑩ 판결요지

번호 ⑩의 '판결요지'는 판시사항의 주요쟁점에 대한 법원의 입장과 그에 이르게 된 경위를 간단히 표시한 것이다. 판결요지는 법원도서관이 판결공보에 실린 판결의 이유 중에서 판시사항에 해당하는 법적 쟁점에 관한 법원의 판단내용을 요점위주로 정리한 것이다. 대부분의 판결요지에는 판결의 일반적인 법리가 정리되어 있어 판례를 형성한다. 보통은 하나의 판시사항에 대응하여 하나의 판결요지가 있지만, 전원합의체 판결의 경우에는 하나의 판시사항에 여러 개의 판결요지가 있을 수 있다. 전원합의체 구성 대법관의 의견이 일치되지 못하는 경우가 이러한 경우에 해당한다. 이중 '다수의견'은 대법관의 다수가 따르고 있는 의견을 의미하며, '소수의견' 또는 '반대의견'은 다수의견과 반대되는 견해를 뜻하고, '별개의견' 또는 '보충의견'은 다수의견과 결론을 같이 하지만 다른 법리를 주장하는 의견임을 나타낸다.

⑪ 참조조문

번호 ⑪의 '참조조문'은 당해 판결을 내림에 있어서 근거가 되는 관계 법률 및 해당 조문을 나타낸 것이다. 판결의 근거조문을 명확하게 지시할 수 없는 경우에는 판결을 이해하기 위하여 참고할 수 있는 법조문을 표기하기도 한다.

⑫ 참조판례

번호 ⑫의 '참조판례'는 당해 판결을 함에 있어서 근거가 되거나 참조한 판례를 나타낸다. 보통 참조판례는 동일한 사안에 관하여 같은 취지의 판결을 한 것을 표시하지만, 전원합의체 판결의 경우에는 그 판결에 의하여 폐기되었거나 변경된 판례도 참조판례에 포함시키고 있다.

⑬ 소송당사자

번호 ⑬의 '원고'와 '피고', '상고인'과 '피상고인'은 해당 사건의 소송당사자를 표시한 것이다. 원고는 소송을 제기한 자를 의미하며, 피고는 소송을 제기당한 자를 말한다. 상고인은 상고를 제기한 자로서 보통은 원심에서 패소한 자가 상고인이 되며, 상고의 상대방은 피상고인이 된다. 그러나 원심에 대하여 모두 불복하여 상고하는 경우에는 당사자 모두 '상고인 겸 피상고인'이 된다. 민사사건의 경우 자연인이나 법인이 원·피고가 되지만, 형사사건의 경우 공익의 대표자로서 공소를 제기한 검사와 그 상대방인 피고인으로 자연인과 법인이 표시된다.

⑭ 원심판결

번호 ⑭의 '원심판결'은 상소의 대상이 된 판결, 즉 선고법원의 직전 하급심 판결을 의미한다. 대법원의 경우에는 고등법원과 지방법원 본원합의부가 원심판결이 되며, 고등법원 또는 지방법원 본원 합의부인 경우에는 지방법원 또는 지원의 합의부, 지방법원 또는 지원의 단독재판부가 원심판결이 된다. 이에 비해 맨 처음 소송이 제기되어 선고된 판결은 제1심판결이라고 한다. 한편 선고법원은 원심법원의 판결내용에 대한 불복에 대하여 다시 재판을 하는 것으로서 보통은 원심법원의 판결내용을 인용하거나 배척하게 된다.

⑮ 판결주문

번호 ⑮의 '주문'은 판결의 결론으로서 법원이 내리는 최종적인 판단을 나타낸다. 즉, 상고인의 주장을 인용 또는 기각하는지 여부에 관한 법원의 결정을 표시한 것이다. 인용판결에 있어서는 원심을 파기하면서 사건을 원심법원으로 환송하여 다시 재판하도록 하는 파기환송과, 대법원 스스로 해당 사건에 대한 최종적인 판결을 내리는 파기자판의 형식으로 선고한다.

⑯ 판결이유

번호 ⑯의 '이유'는 주문이 정당함을 인정할 수 있는 근거와 판단을 제시한 것이다. 민사소송법 제208조 제2항에 의하면 판결서의 이유에는 주문이 정당하다는 것을 인정할 수 있을 정도로 당사자의 주장, 그 밖의 공격·방어방법에 관한 판단을 표시하도록 하고 있다. 보통 대법원의 판결이유에는 사건의 사실관계, 원심판결의 판단내용 및 이에 대한 대법원의 판단과 그 이유를 설명한다.

⑰ 참여법관

번호 ⑰의 법관표시는 재판에 참여한 모든 법관의 이름을 나타낸다. 대법원 재판에서의 재판장은 대법관들의 지위가 동일하기 때문에 서로 돌아가며 재판장을 담당한다. 다만, 전원합의체 판결의 경우 대법원장이 재판장이 되며, 고등법원 이하의 판결에서는 부장판사가 재판장이 된다. 한편 대법원의 경우 그 사건을 담당한 대법관을 주심대법관이라고 하며 판례공보에 표시되어 있다. 이들 참여법관은 재판서 원본에 판결의 선고일자와 이름을 기재하고 각각 서명한다.

(2) 하급심 재판서

법원 재판서의 기본형식은 대체로 유사하다. 다만, 대법원이 법률심으로서 주로 법령의 적용 및 해석의 적정성 판단에 중점을 두는 반면, 하급법원은 사실심에 해당하므로 해당 재판서에는 사실관계 및 적용법규를 중심으로 판단을 한다. 이하에서는 대법원 재판서와 다른 부분을 중심으로 하급심 재판서의 독해방법을 살펴본다.

[표 21] 하급심 재판서 사례

① 서울서부지법 2008. 11. 28. 선고 2008가합6977 판결
【무의미한연명치료장치제거등】 항소 〈존엄사사건〉 [각공2009상,59]

【판시사항】
[1] 회생가능성이 없는 환자의 생명연장치료 중단 요구를 의사가 거부할 수 없는 경우
[2] 인공호흡기의 도움으로 생명을 연장하고 있는 의식불명의 지속적 식물인간 상태인 환자의 의사에 대한 인공호흡기제거 청구를 인용한 사례

【판결요지】
생략

【참조조문】
[1] 헌법 제10조, 제37조 제2항, 형법 제250조, 제252조, 의료법 제15조, 응급의료에 관한 법률 제6조, 제9조, 제10조 / [2] 헌법 제10조, 제37조 제2항, 형법 제250조,

제252조, 의료법 제15조, 응급의료에 관한 법률 제6조, 제9조, 제10조

【전 문】

【원 고】 원고 1외 4인(소송대리인 변호사 신○호 외 1인)

【피 고】 피고 학교법인(소송대리인 변호사 신○선)

② 【변론종결】 2008. 11. 6.

③ 【주 문】

1. 피고는 원고 1에 대하여 인공호흡기를 제거하라.
2. 원고 2, 3, 4, 5의 청구를 각 기각한다.
3. 소송비용 중 원고 1과 피고 사이에 생긴 부분은 피고가 부담하고, 원고 2, 3, 4, 5와 피고 사이에 생긴 부분은 원고 2, 3, 4, 5가 부담한다.

④ 【청구취지】 원고 1 : 주문 제1항과 같다.
원고 2, 3, 4, 5 : 피고는 원고 1에 대한 인공호흡기를 제거하라.

【이 유】
생략

판사 김○수(재판장) 홍○연 최○정

① 사건기록

번호 ①의 부분은 하급심 판결의 표제에 해당하며, 사건기록에 관한 내용을 표시한다. 하급심 판결의 사건기록은 대법원 재판서와 마찬가지로 선고법원, 선고일자, 사건번호, 사건명의 순으로 기재한다. 다만, 대법원 재판서와 달리 사건명 다음에 파기환송, 항소, 기각 등 이 사건의 사후 처리결과를 기록하고 있다. 또한, 사례와 같이 해당 사건명의 별칭을 기재하는 경우도 있다. 앞서 설명한 바와 같이 사건번호와 사건명은 한번 부여되면 해당 사건이 종료될 때까지 변경되지 않고 계속 유지된다. 다만, 명백한 기재오류 등으로 수정이 필요한 경우에는 법원장의 허가를 얻어 이를 변경할 수 있다.

② 변론종결일

번호 ②의 '변론종결일'은 해당 사건에 대한 변론을 완료한 날짜를 나타낸

다. 당사자주의와 변론주의를 취하는 민사소송에 있어서는 손해산정, 이자산정, 기간산정 등의 각종 일자계산을 변론종결일을 기준으로 정하게 되므로 변론종결일은 판결의 기준시기(기판력의 기준시기)를 명백히 표시하기 위하여 기재한다. 대체로 하나의 사건에서 변론종결일은 동일하지만, 다수 당사자가 참가하는 경우에 있어서 각 당사자의 변론종결일이 다른 경우에는 각각의 변론종결일을 표시한다. 만일, 변론 없이 판결하는 경우에는 변론종결일 난에 '무변론'이라고 표시한다(재판서 양식에 관한 예규 제12조).

③ 판결주문

번호 ③의 '주문'이란 재판의 결론에 해당하는 부분으로서 당사자의 신청에 대한 법원의 최종적인 판단내용을 표시한다. 하급심의 판결주문은 대법원과 달리, 원고의 각 청구취지에 대한 법원의 판단내용을 각각 기재하는 것이 일반적이다. 또한, 주문에 따른 소송비용의 부담에 관한 사항을 주문과 함께 표시한다.

④ 청구취지

번호 ④의 '청구취지'는 원고가 소를 제기한 주된 목적을 결론적으로 기재한 것이다. 즉, 원고가 소를 제기함에 있어서는 무엇에 대한, 어떠한 재판을 청구하는가 하는 청구취지와 원인을 기재하는데, 이를 표시한 것이다. 청구취지는 소를 제기할 때 판결을 확정적으로 요구하는 내용으로 기재한다.

2. 헌법재판소 결정서의 구성과 독해

가. 결정서의 작성 원칙

헌법재판소에 청구된 사건에 대한 심판결과는 '판결'이라고 하지 않고 '결정'이라고 한다. 이에 따라 헌법재판소의 심판문서도 '결정서'라고 한다. 헌법재판소는 단일기관으로 구성되므로 결정서는 대체로 동일하지만, 헌법재판의 유형에 따라 일부 형식을 달리하여 작성된다. 헌법재판소의 결정서 작성은 「헌법재판소법」 및 「헌법재판소 결정서 작성방식에 관한 내규」(헌법재판소내규)에 따라 작성한다. 즉, 헌법재판소의 결정서에는 ⅰ) 사건번호와 사건명, ⅱ) 당사자와 심판수행자 또는 대리인의 표시, ⅲ) 주문, ⅳ) 이유, ⅴ) 결정일자 등을 표시하여야 하고, 심판에 참여한 재판관 전원이 서명 날인하여야 한다(위 법 제36조 제2항). 또한, 결정서는 헌법재판정보시스템의 재판문서기안기를 사용하여 작성하지만, 시스템의 장애 등의 사유로 이를 사용할 수 없을 경우에는 한글워드프로세서로 작성할 수 있다(위 내규 제3조).

나. 결정서의 형식과 독해

헌법재판소의 재판부가 심리를 마친 때에는 종국결정을 하게 되며, 종국결정을 할 때에는 일정한 형식과 내용에 맞추어 결정서를 작성하여야 한다. 헌법재판소 결정서의 형식과 내용은 앞서 본 법원의 재판서와 대체로 유사하다. 헌법재판소 결정서의 구성은 크게 제목부분과 본문부분으로 나누어지는데, 제목부분은 결정서의 내용 중 '헌법재판소, 지정재판부, 결정, 주문, 이유' 등의 제목을 표시한 부분을 말하며, 본문부분은 결정서의 내용 중 제목부분을 제외한 나머지 부분을 말한다. 헌법재판소의 종국결정에 따라 작성된 결정서는 관보에 게재하여 공시하며, 헌법재판소공보나 인터넷 홈페이지 등을 통해서도 일반에 공개한다. 이하에서는 헌법재판소 결정서의 독해방법을 살펴본다.

[표 22] 헌법재판소 결정서(위헌법률심판) 사례

① **헌법재판소** **결 정** ② 국민건강증진법시행규칙 제7조 위헌확인 ③ (2004. 8. 26. 2003헌마457 전원재판부) ④ 【판시사항】 1. 흡연권과 혐연권의 우열 2. 상하의 위계질서가 있는 기본권끼리 충돌하는 경우 제한될 수 있는 기본권

3. 흡연권을 법률로써 제한할 수 있는지 여부(적극)
4. 국민건강증진법시행규칙 제7조가 과잉금지원칙에 위반되는지 여부(소극)
5. 국민건강증진법시행규칙 제7조가 평등원칙에 위반되는지 여부(소극)

⑤ 【결정요지】
생략

⑥ 【심판대상조문】
국민건강증진법시행규칙 제7조(금연구역의 지정기준 및 방법)

⑦ 【참조조문】
헌법 제10조, 제11조 제1항, 제17조, 제36조 제3항, 제37조 제2항

⑧ 【당 사 자】
청 구 인 허○강
국선대리인 변호사 이○원

⑨ 【주 문】
청구인의 심판청구를 기각한다.

⑩ 【이 유】
생략

⑪ 재판관 윤영철(재판장) 김영일(주심) 권성 김효종 김경일 주선회 전효숙 이상경

① 심판기관

번호 ①의 부분은 '헌법재판소'의 결정서임을 나타내는 표시이다. 즉, 헌법재판소가 심판하여 내리는 모든 결정서의 표제에는 헌법재판소의 명칭을 표시한다. 만일, 지정재판부의 결정인 경우에는 '헌법재판소' 표시 다음에 '지정재판부(예: 제1지정재판부)'의 표시를 하고, 줄을 바꾸어 그 다음 줄에 '결정' 표시를 한다.

② 사건명칭

번호 ②의 부분은 헌법재판소 심판사건의 '명칭'을 나타낸다. 사건의 명칭은 사건의 종류에 따라 전반부에는 심판의 대상을, 후반부에는 청구유형 또는 취지를 압축적으로 표현한다. 위 사례에서, "국민건강증진기본법시행규칙 제7

조" 부분이 심판의 대상을 나타내고, "위헌확인" 부분은 청구유형 및 취지를 나타낸다.

③ 결정일자 및 사건번호

번호 ③의 부분은 '결정일자' 및 '사건번호'를 표시한 것이다. 결정일자는 헌법재판소의 종국결정이 이루어진 날짜를 의미하며, 사건번호는 해당 사건에 부여된 고유번호를 나타낸다. 헌법재판소의 사건번호도 법원의 사건번호와 같이 '연도구분+사건부호+진행번호'의 조합으로 구성된다. 연도는 사건이 접수된 해의 서기연도를 아라비아 숫자로 표시하고, 사건부호는 심판의 유형에 따라 일정한 부호를 부여하며, 진행번호는 해당 연도의 사건접수 순서에 따라 일련번호를 부여한다.[143] '전원재판부'의 표시는 헌법재판소의 심판사건 중 전원재판부가 심판하였을 때 이를 표시한다.

④ 판시사항

번호 ④의 '판시사항'은 해당 사건의 주요 쟁점을 정리한 것으로서 각 쟁점에 대한 헌법재판소의 결론적 의견을 동시에 표시하는 것이 보통이다. 판시사항에 있어서는 주요 쟁점에 대한 판단여부를 '적극' 또는 '소극'으로 표시하기도 하는데, 이는 해당 쟁점에 대하여 헌법재판소가 긍정하는 경우에는 '적극', 부정하는 경우에는 '소극'이라는 표시를 한다. 따라서 심판 및 결정의 전체 내용을 보지 않고서도 헌법재판소의 의견을 우선 간단히 파악할 수가 있다.

⑤ 결정요지

번호 ⑤의 '결정요지'는 판시사항의 주요 법적 쟁점에 대한 헌법재판소의

143) 헌법재판소에서 사용하는 사건부호는 헌가(위헌법률심판사건), 헌나(탄핵심판사건), 헌다(정당해산심판사건), 헌라(권한쟁의심판사건), 헌마(제1종 헌법소원심판사건), 헌바(제2종 헌법소원심판사건), 헌사(접수규칙 제3조 제3항에 규정한 신청사건), 헌아(접수규칙 제3조 제4항에 규정한 본안 사건 및 신청사건 이외의 사건으로서 헌법재판소가 심판하는 사건) 8개로 구분한다(헌법재판소 사건의 접수에 관한 규칙 제8조).

판단내용을 요약 정리한 것이다. 즉, 각 판시사항에 이르게 된 이유와 최종적인 결정사항을 핵심 내용 중심으로 정리하여 제시한 것이다. 따라서 판시사항과 결정요지를 종합하여 분석하면 특정 사안에 대한 헌법재판소의 입장과 결론을 파악할 수가 있다.

⑥ 심판대상

번호 ⑥의 '심판대상조문'은 위헌법률심판 청구의 대상이 되는 법률조항 또는 조문을 표시한다.[144] 즉, 위헌법률심판사건에 있어서 논쟁의 대상이 되는 법률의 명칭과 해당 내용을 간략히 기재한다. 심판대상은 경우에 따라서 법률전체가 될 수도 있고, 특정조문 또는 조항이 될 수도 있으며, 특정 법문(法文)의 일부가 될 수도 있다.

⑦ 참조조문

번호 ⑦의 '참조조문'은 심판대상의 조문과 관계가 있거나, 참고할 수 있는 법률의 조항 또는 조문을 표시한다. 따라서 참조조문은 심판의 대상이 된 사항과 관련하여 헌법재판소가 참조 또는 인용한 법률로서, 해당 판례를 이해하는데 종합적으로 조사·분석할 필요가 있다.

⑧ 당사자(대리인)

번호 ⑧의 '당사자'는 심판수행자와 대리인을 표시한다. 헌법재판소에 소를 제기하는 자는 위헌법률심판청구의 경우에는 제청법원, 기타의 심판청구는 청구인이 된다. 법원과 달리 헌법재판의 각종 심판절차에서 사인(私人)은 변호사를 대리인으로 선임하지 않으면 심판청구나 심판수행을 할 수 없으며(변호사강제주의), 정부가 당사자인 경우에는 법무부장관이 정부를 대표하여 심판을 수행한다(헌법재판소법 제25조).

---

144) 심판청구의 내용이 '위헌법률심판'이 아닌 탄핵심판·권한쟁의심판 등 다른 심판청구인 경우에는 그 제목을 '심판대상'이라고 하고, 심판청구의 대상이 되는 사항을 기재한다.

⑨ 결정주문

번호 ⑨의 '주문'은 헌법재판소가 내린 판단의 결론을 표시한다. 즉, 헌법재판소가 판단한 사항의 결론적인 내용으로서, 심판청구 사항에 대한 인용 또는 기각 등의 표시를 한다. 만일, 심판청구의 절차적 요건을 흠결한 경우에는 각하결정을 내리게 된다.

⑩ 결정이유

번호 ⑩의 '이유'는 헌법재판소가 주문과 같이 결정하게 된 이유를 나타낸다. 즉, 판단의 주문이 정당함을 인정할 수 있는 근거와 판단의 내용을 주요사항별로 정리하여 제시한 것이다. 결정이유에서는 사건의 개요와 심판대상, 청구인의 주장 및 관계기관의 의견, 판단 및 결론부분으로 나누어 기술한다. 결정이유를 분석하면 헌법재판소가 심판대상이 된 사안에 대하여 내린 평가와 의견을 확인할 수 있다. 결정이유에는 참여재판관의 전원일치의 의견으로 결정을 내리는 경우도 있지만, 의견이 서로 다른 경우에는 각 의견을 부기한다. 즉, 다수의견 외에도 별개의견 및 보충의견, 반대의견을 모두 기재한다.

⑪ 참여재판관

번호 ⑪부분의 '재판관'은 헌법재판의 심리와 결정에 참여한 재판관으로서 심판에 관여한 재판관은 결정서에 의견을 표시하여야 한다(헌법재판소법 제36조 제3항). 참여재판관의 표시는 재판장과 참여재판관의 서열에 따라 순차적으로 기재하고 서명 날인한다.

⑫ 기타 기재사항

헌법재판소의 결정서에는 별지를 첨부할 수도 있다. 즉, 헌법재판에 있어서 관계기관으로부터 제출받은 의견서나 기타 헌법재판과 관련한 참고자료 등을 결정서에 첨부하여 공개할 수 있다.

3. 행정심판문서 등의 작성과 형식

가. 심판문서 등의 작성 방식

행정심판위원회 등 준사법기관이 소관 사무에 대한 판정이나 결정 등을 행한 경우에도 최종적으로 그 심판서 또는 결정서 등을 작성하여야 한다. 앞서 설명한 바와 같이, 준사법기관이 행하는 준사법절차도 사법절차의 일종이므로 심판서 등을 작성함에 있어서는 사법기관의 재판서나 결정서 등의 예에 따라 작성하는 것이 일반적이다. 다만, 재판이 아닌 점에서 문서의 용어나 표현방식이 행정상의 명칭을 사용하고 있는 점이 다르다.

대표적인 준사법절차인 행정심판을 예로 들면, 행정심판청구에 대한 심리를 마치면 서면으로 '재결서(裁決書)'를 작성하여야 한다. 재결서에는 i) 사건번호와 사건명, ii) 당사자·대표자 또는 대리인의 이름과 주소, iii) 주문, iv) 청구의 취지, v) 이유, vi) 재결한 날짜 등을 기재하여야 하며, 재결서에 적는 이유에는 주문 내용이 정당하다는 것을 인정할 수 있는 정도의 판단을 표시하여야 한다(행정심판법 제46조).

나. 심판문서 등의 구성 체계

심판문서 등의 구성 체계와 문서형식은 준사법기관의 업무특성이나 심판내용에 따라 다른 형식을 사용하기도 하지만, 기본적이고 중요한 사항은 대체로 유사하다. 즉, 사건명, 사건번호, 당사자, 청구원인 및 내용, 주문과 이유를 기재하고, 마지막으로 심판일자와 심판에 참여한 심판관의 서명날인을 기재하게 된다. 다양한 행정심판문서 중 대표적인 것으로 행정심판위원회의 재결서와 특허심판원의 심결서의 사례를 살펴보면 다음과 같다.

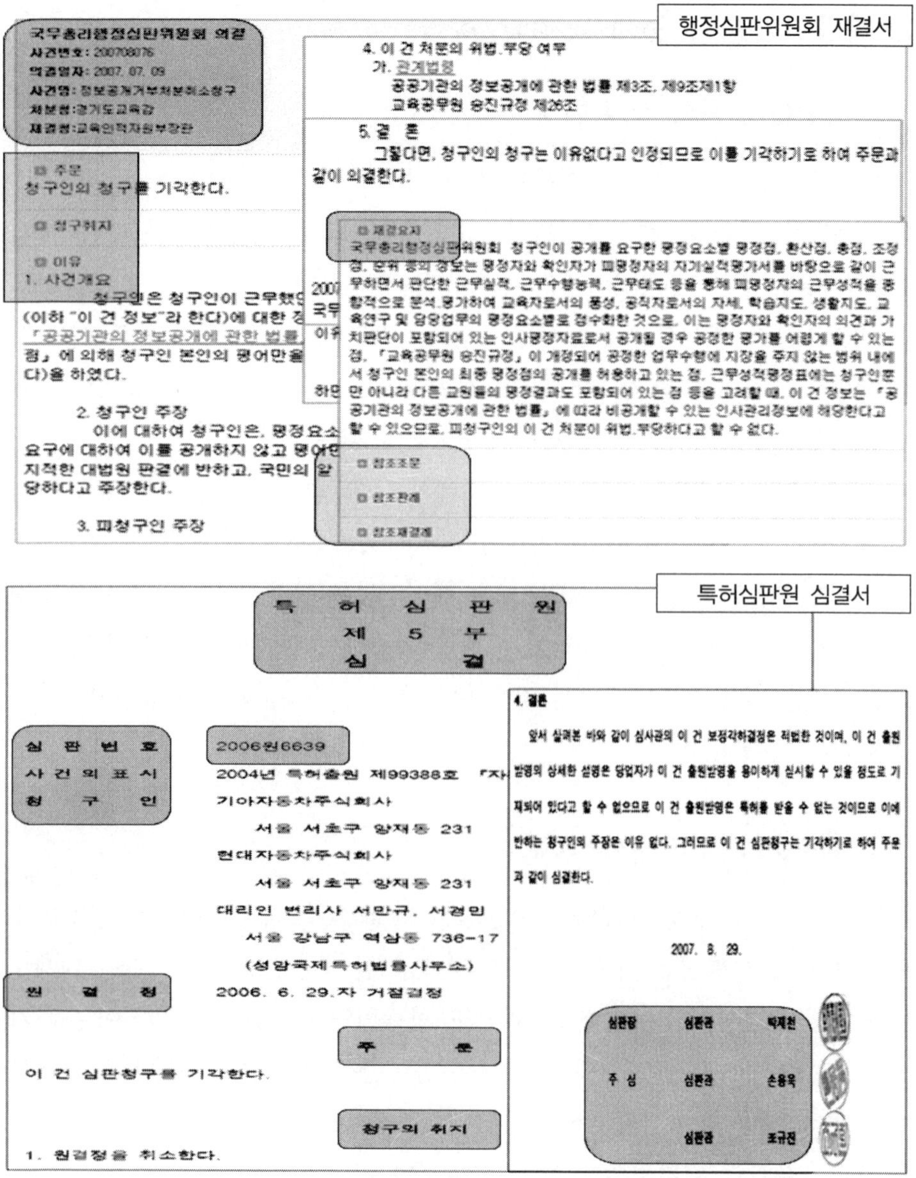

[그림 44] 행정심판기관의 재결서 및 심결서 사례

제3절 판례정보의 소재와 조사방법

1. 판례정보의 의의 및 종류

가. 판례정보의 의의

법령이 구체적으로 어떻게 해석되어 적용되고 있는지를 파악하기 위해서는 법원의 판결(判決)을 조사·분석하여야 한다. 법률상 판결이란 소송절차의 중요사항(소의 적법여부, 청구의 인용 여부 등)에 관한 종국적 또는 중간적 판단을 내용으로 하며, 법률이 따로 정한 경우를 제외하고는 반드시 변론을 거친 다음, 일정한 형식을 갖추고 법관이 서명 날인한 판결원본을 작성하여, 선고기일에 법정에서 선고함으로써 효력이 발생하는 것을 의미한다.[145] 판례(判例)는 이러한 과정을 거쳐 내려진 판결 중 일정한 법률문제에 관하여 동일한 취지의 판결이 반복됨으로써 재판의 방향이 대체로 일관적으로 확정되었을 때에 성립하는 재판의 선례(先例)를 의미한다. 따라서 판례는 판결에 의하여 확립된 일정한 법원칙이라고 할 수 있다.

불문법주의인 영미법계 국가에서는 판례의 법원성이 당연히 인정되지만, 성문법 국가에서는 판례가 법원을 구속하지 않는 것이 원칙이므로 판례의 법원성에 대하여는 논란이 있을 수 있다. 그러나 상급심의 판결은 당해사건에 관하여 하급심을 구속할 뿐만 아니라,[146] 실제에 있어서 법원 상호간에 동일사안에 대해 모순된 법령해석을 하는 것이 어려우므로 사실상의 구속력을 갖게 된다.[147] 따라서 판례정보는 어떠한 법령이 구체적으로 사건에 적용되는

145) 법원행정처, 법원실무제요, 민사소송[III], 2005, 236면.

146) 법원조직법 제8조(상급심재판의 기속력) 상급법원의 재판에 있어서의 판단은 당해 사건에 관하여 하급심을 기속한다.

147) 판례는 그 자체가 하나의 구체적 사실과 결합하여 나타나므로 성문법의 구속력보다 높은 예민성을 나타내며, 그 형성과정에서 일종의 입법적 기능을 갖는다는 점에서 '살아있는 법'으로서의 기능을 하고 있다(권재열 외 8인, 법학개론, 법원사, 2006, 20면).

일정한 방향 및 내용을 확인할 수 있다는 점에서 법학연구 및 법률실무상의 중요한 탐구대상이 된다. 한편, 판례정보는 사법기관과 준사법기관이 내린 판결, 결정 등 법적 판단을 포함하는 모든 종류의 사례 정보를 의미한다.[148)]

나. 판례정보의 특성

이와 같은 판례정보의 생산주체는 사법기관 또는 준사법기관으로서 해당기관이 생산한 정보는 원칙적으로 『공공기관의 정보공개에 관한 법률』에 따른 공개의 대상이 되는바, 판례정보는 일종의 공공재(公共財)의 성격을 띤 공공정보에 해당한다고 할 수 있다.[149)] 또한 판례정보는 사법기관 또는 준사법기관이 특정 법령의 적용에 관한 법적 판단을 내린 것으로서, 향후 민사·형사·행정 등 모든 법률영역에 실질적인 구속력을 발휘하는 권위성을 가지게 된다. 특히 판례는 법률관계에 적용될 법령의 규정이 흠결되어 있거나 내용이 불명확한 경우에는 해당 법령을 보충하는 입법적 기능도 수행하게 된다.

다. 판례정보의 종류

판례정보는 크게 사법기관에 의한 판례정보와 준사법기관에 의한 심판결정보로 구분할 수 있다. 사법기관에 의한 판례정보는 각급 법원과 헌법재판소에서 내린 판결 및 결정례 정보를 말하며, 준사법기관에 의한 심판결정보는 행정부에 속한 각종 분쟁해결기관이 내린 법적 판단에 관한 정보를 말한다. 여기에는 행정심판위원회 등 행정심판기관의 심판결례 정보, 각종 합의제 행정기관인 위원회의 심의·의결례 정보, 각종 분쟁조정기관의 중재 및 조정례 정보 등이 포함된다.

---

148) 엄격히 말하면, 준사법기관의 심판 및 결정 등의 정보는 재판기관의 판단결과가 아니므로 판례라고 할 수 없으나, 여기서는 준사법작용을 포함한 넓은 의미에서의 사법작용으로 발생되는 모든 판단의 결과를 대상으로 하므로, 판례의 범위에 포함하기로 한다.

149) 다만, 판례정보라고 하더라도 관련 법률에 따라 공개가 제한되는 비공개대상에 해당하는 경우에는 그 공개가 제한될 수 있다(공공기관의 정보공개에 관한 법률 제9조 제1항).

2. 판례정보의 주요 정보원

가. 인쇄형 판례정보원

판례정보를 조사할 수 있는 인쇄형 자료는 법원이나 헌법재판소가 발간하는 각종 판례공보와 판례집이 있으며, 준사법기관인 행정심판기관이나 위원회 등에서 소관 업무와 관련하여 발간하고 있는 각종 심결집이나 사례집도 활용할 수 있다. 이외에도 법률 관련 연구기관이나 대학교수 등 학자들이 발간하는 분야별 판례집 및 판례평석자료 등도 판례의 주요 내용을 분석하고 파악하는데 도움을 준다.

(1) 판례공보와 대법원판례집

판결 중에서 가장 구속력이 있는 대법원 판결이 수록된 공식적인 문헌으로는 법원도서관에서 간행하는 판례공보와 대법원판례집이 있다. 판례공보는 매월 1일과 15일에 정기적으로 발간되는 법원의 공식적인 간행물로서 최근 1~2개월 사이 선고된 중요한 대법원 판결을 선별하여 주기적으로 발간함으로써 대법원 판결을 신속하게 전파하고, 법령해석의 통일을 기하며, 하급심법원의 재판에 참고가 되도록 하고 있다. 대법원판례집은 판례공보에 수록된 판결 가운데 판례심사위원회에서 선례로서의 가치가 있다고 인정한 판결을 선정하여, 대법원판결의 원심판결과 상고이유 등 추가적인 자료를 덧붙여 간행하는 책으로 연간 4회 정도 발간된다. 판례공보와 대법원판례집에 수록되는 판결은 민사·형사·특별사건 분야로 나누어지며, 특별사건은 다시 일반행정·세무·특허·가사부로 구분되어 구성된다. 각 판결은 선고일자 순서대로 정리되고, 선고일자가 같은 경우에는 사건번호의 순서로 정리된다.

(2) 하급심판결집

하급심 판결이란 대법원을 제외한 각급 법원이 내린 판결의 총칭을 의미한다. 하급심 판결은 당해 사건에 대한 판결로서의 의미를 가질 뿐이지만, 대법원판결에 나타나지 않은 사실관계에 대한 법원의 판단을 파악할 수 있으며, 대법원판결이 선고되지 않은 시점에서는 나름대로의 판단기준을 제시한다. 이러한 하급심 판결을 수록한 판결집으로는 법원도서관에서 1983년까지 발간된 고등법원판결집과 1984년부터 연2회 발간되고 있는 하급심판결집이 있다.

(3) 헌법재판소공보와 헌법재판소판례집

헌법재판소가 담당하는 각종 헌법재판의 결과가 수록된 공식적인 문헌으로는 헌법재판소사무처에서 발행하는 헌법재판소공보와 헌법재판소판례집이 있다. 헌법재판소판례집은 1989년부터 헌법재판소 판례의 체계적인 축적을 위해 매월 선고사건 중 주요사건의 결정서를 상·하반기로 나누어 연간 2회 발간하고 있으며, 헌법재판소공보는 1993년 5월부터 헌법재판소의 규칙, 인사, 공지사항, 주요 결정내용 등을 수록하여 매월 간행되고 있다.

(4) 기타 심판결례집 등

준사법기관의 심판결정보 자료로서는, 국민권익위원회의 행정심판재결례집, 특허심판원의 특허판례요지집, 방송통신위원회의 방송통신심결집, 한국저작권위원회의 저작권판례집 등 각 기관이 발간하는 자료가 있다. 이와 같은 자료는 하나의 예시로서, 각 해당기관은 관련 정보의 대국민서비스 차원에서 다양한 자료를 발간하고 있다.

[표 23] 주요 인쇄형 판례정보원

구 분	정보자료	발행기관	비 고
법원판례	판례공보	대법원	중요 판례 속보(월2회)
	대법원판례집	대법원	대법원 중요판례(연4회)
	하급심판결집	법원도서관	하급심 중요판례(연2회)
헌재판례	헌법재판소공보	헌법재판소	중요 결정사건 속보(매월)
	헌법재판소판례집	헌법재판소	중요 결정사례집(연2회)

<table>
<tr><td rowspan="5">행정
심판
·
중재
조정
사례</td><td>행정심판재결례집</td><td>국민권익위원회</td><td>중요 심판례 종합 발간</td></tr>
<tr><td>특허판례요지집</td><td>특허심판원</td><td>법원 및 특허심판원 판례요지</td></tr>
<tr><td>조정과 심판</td><td>노동위원회</td><td>조정·심판 사례집(계간)</td></tr>
<tr><td>방송통신심결집</td><td>방송통신위원회</td><td>주요 심의·결정사례집</td></tr>
<tr><td>언론중재사례집</td><td>언론중재위원회</td><td>조정/중재/시정권고 사례</td></tr>
<tr><td rowspan="2">기타</td><td>한국저작권판례집</td><td>한국저작원위원회</td><td>저작권분야 판례모음집</td></tr>
<tr><td>민사판례집</td><td>만사판례연구회</td><td>민사 분야 판례모음집</td></tr>
</table>

나. 온라인 판례정보원

판례정보를 조사할 수 있는 온라인 정보원으로는 매우 다양한 정보사이트들이 있다. 법제처의 국가법령정보센터를 비롯한 대법원·헌법재판소 등 국가기관의 정보사이트는 물론, 준사법기관들이 운영하는 분야별 정보사이트에 이르기까지 상당히 많은 정보원이 존재한다. 또한 로앤비 등 민간정보기관에서도 중요 판례정보를 분석·제공하고 있어 조사의 목적 및 내용에 따라 적절한 정보원을 선택할 수 있다.

[표 24] 주요 온라인 판례정보원

판례유형	운영기관	주요 정보원	비고(서비스내용)
법원판례	법제처 대법원	국가법령정보센터 종합법률정보서비스	법원·헌재판례 통합정보 최신판례, 이슈판례 정보
헌재판례	법제처 헌법재판소	국가법령정보센터 헌법재판소홈페이지	법원·헌재판례 통합정보 최근 헌재판례 속보 정보
행정심판	국민권익위	권리누리행정심판정보	각 행정심판정보 통합정보
조세심판	조세심판원	조세심판원 홈페이지	조세심판 관련 심판결정정보
특허심판	특허정보원	특허정보넷 서비스	특허 및 산재권 심판정보
공정거래심결	공정거래위	공정거래위 홈페이지	공정위 제소사건 의결정보
방송통신심결	방송통신위	방송통신위 홈페이지	방통위 시정조치 의결정보
노동관련심판	노동위원회	노동위원회 홈페이지	부당노동행위 등 심판정보

판례유형	운영기관	주요 정보원	비고(서비스내용)
소비자분쟁조정	한국소비자원	한국소비자원 홈페이지	소비자분쟁 해결사례정보
환경분쟁조정	환경부 분쟁조정위	중앙환경분쟁조정위 홈페이지	환경관련 분쟁·피해구제 사례정보
판례정보	㈜로앤비	로앤비 포털정보사이트	각종 판례정보 종합제공

3. 주요 판례정보의 조사방법

가. 판례정보조사

판례정보를 종합적으로 조사할 수 있는 정보원으로서는 법제처의 국가법령정보센터 〈http://www.law.go.kr/〉와 대법원 종합법률정보서비스 〈http://glaw.scourt.go.kr/〉가 대표적이라고 할 수 있다. 특히 국가법령정보센터는 법제처, 대법원, 헌법재판소 등이 공동으로 데이터를 제공하여 운영하는 것으로서 판례정보의 종합조사에 적합하다.

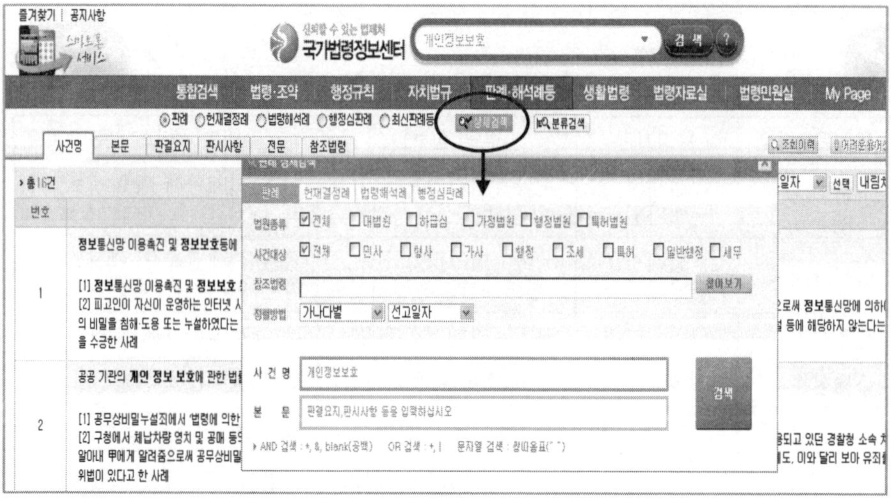

[그림 45] 국가법령정보센터를 통한 판례정보조사

국가법령정보센터의 경우, 판례·헌재결정례·법령해석례·행정심판례 등 각종 판례를 통합하여 조사할 수 있으며, 주제어·사건명·사건번호·판결일자 등으로 검색할 수 있다. 대법원 종합법률정보서비스는 판례정보에 대한 전문검색을 제공하고 있으며, 법률분야별·가나다별 등으로 판례를 재분류하여 제공하는 디렉토리 검색이 특징적이라고 할 수 있다. 디렉토리 검색은 특정 법률의 판례검색에 매우 유용하다.

나. 헌법재판례 정보조사

헌법재판례정보는 앞의 국가법령정보센터 및 종합법률정보서비스와 함께 헌법재판소의 홈페이지 〈http://www.ccourt.go.kr/〉를 통해서도 조사할 수 있다. 특히, 헌법재판소를 통한 검색은 최근 선고·변론사건, 주요 결정례 등에 관한 신속한 정보를 확인할 수 있고, 나의사건 검색기능과 법령사건 검색기능을 제공하여 특정 사건에 대한 심리진행 경과 등을 알 수 있는 것이 장점이라고 할 수 있다.

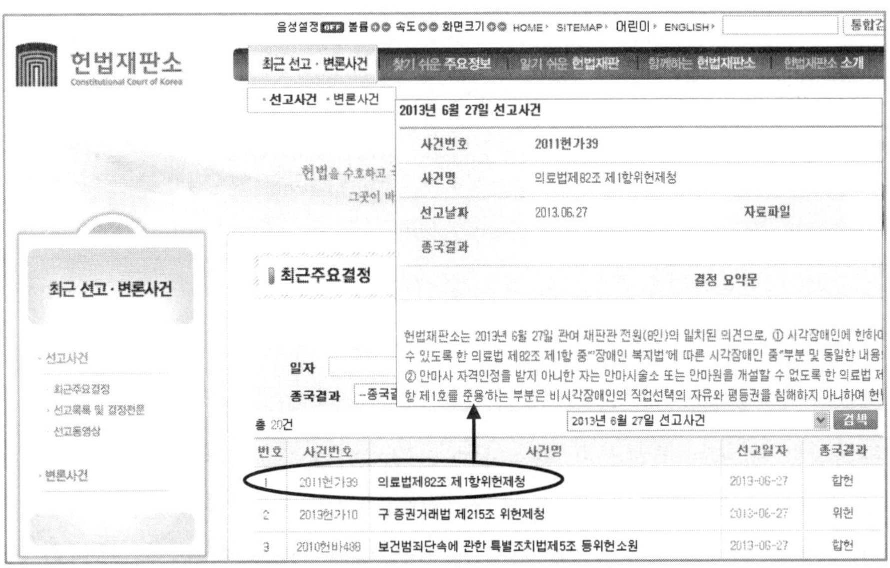

[그림 46] 헌법재판소를 통한 헌법재판정보조사

다. 행정심판례 정보조사

행정심판례는 매우 다양한 기관에서 찾을 수 있으나, 국가차원에서종합적인 정보를 제공하는 것으로는 국민권익위원회의 권리누리 행정심판정보 사이트 〈https://www.simpan.go.kr/〉가 대표적이다. 동 사이트는 전국의 각 지역별 행정심판정보를 종합하여 운영하고 있다. 행정심판 유형별, 주제별, 지역별 및 처분청별로 정보를 검색할 수 있으며, 사건명과 사건번호 등을 이용한 상세검색도 가능하다.

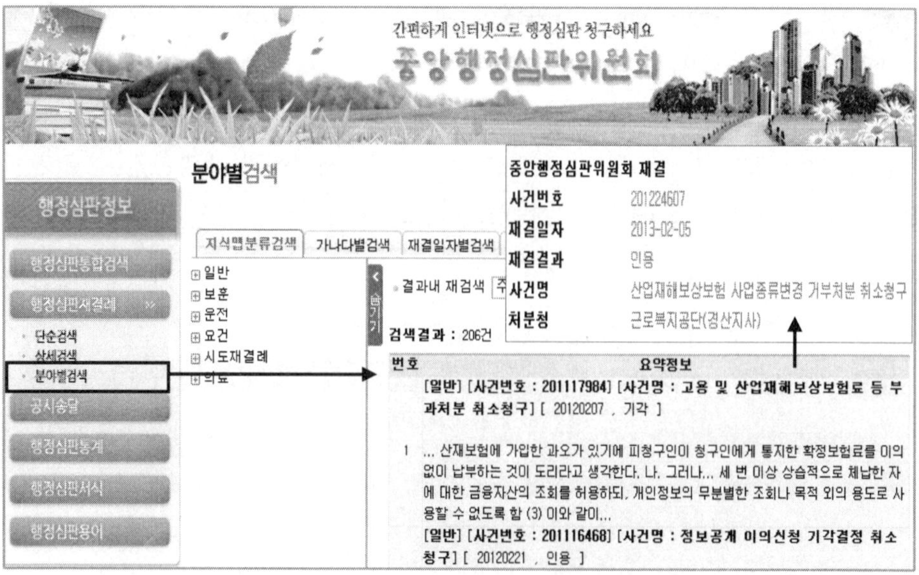

[그림 47] 권리누리사이트를 통한 행정심판정보조사

라. 특허심판 정보조사

특허심판 정보는 특허청과 연계하여 한국특허정보원이 운영하는 특허정보넷 〈http://www.kipris.or.kr/〉을 통해 종합적인 정보를 조사할 수 있다. 동 네트워크는 특허·실용신안, 디자인, 상표에 관한 권리정보뿐만 아니라 대법원, 특허법원, 특허심판원에서 내린 특허·실용신안, 디자인, 상표에 관한 판례와 심결례를 제공하고 있어 산업재산권 관련 심판정보를 조사하는데 유용하다. 특허정보넷은 심판번호, 출원번호, 등록번호, 청구인 등으로 검색이 가능하며, 당해 사건과 관련된 특허 등의 등록사항과 판결 및 심결문을 함께 제공함으로써 이용자의 편의와 이해를 돕고 있다.

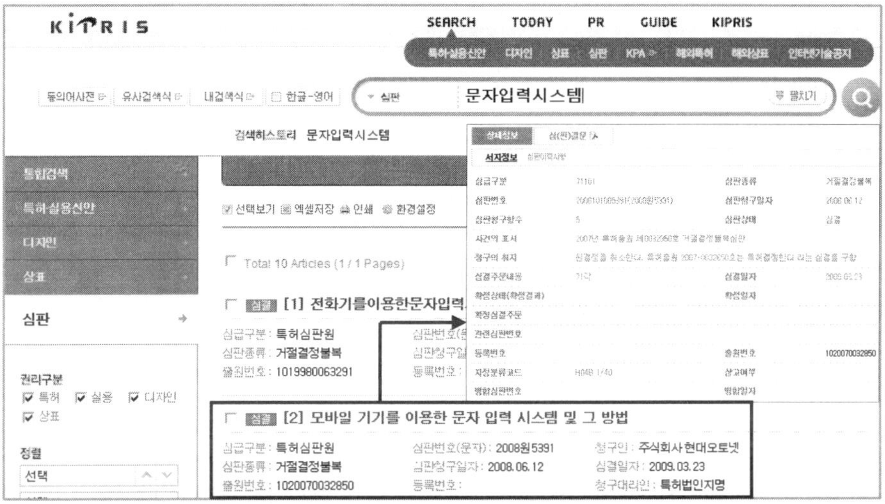

[그림 48] 특허정보넷을 이용한 특허심판정보조사

마. 공정거래심결 정보조사

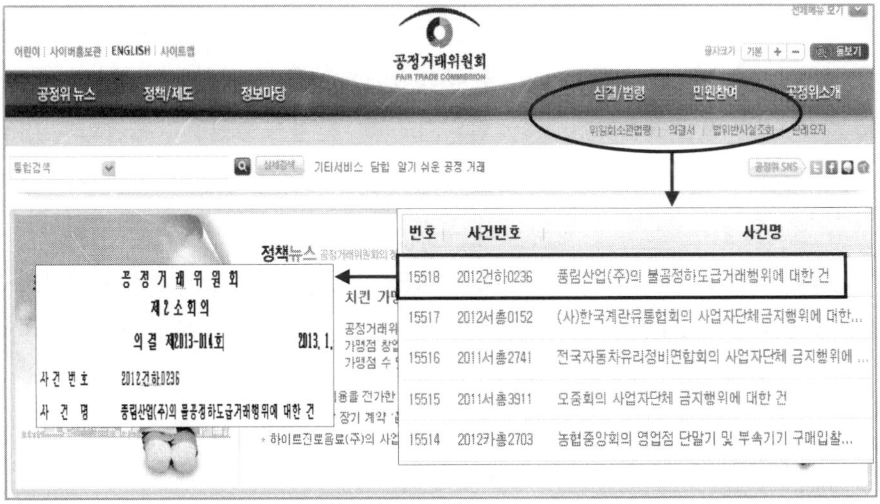

[그림 49] 공정거래위원회의 공정거래심결정보조사

공정거래위원회는 독점 및 불공정거래에 관한 사안을 심의·의결하기 위해 설립된 국무총리 소속의 중앙행정기관이자 합의제 준사법기관으로 경쟁정책을 수립하며, 공정거래에 관한 사건을 심결 처리하는 역할을 담당한다. 공정거래위원회는 홈페이지 〈http://www.ftc.go.kr/〉를 통해 공정거래와 관련한 정책과 제도, 사업자정보, 표준계약서 등의 정보를 제공하고 있는바 공정거래위원회 소관법령과 관련 의결서 및 판례요지 등을 주제어, 사건번호별로 검색하여 이용할 수 있다.

바. 방송통신심결 정보조사

방송통신위원회는 디지털 기술의 발달에 따른 방송과 통신의 융합현상에 능동적으로 대응하고, 방송의 자유와 공공성 및 공익성을 보장하며, 방송과 통신의 균형발전과 국제경쟁력을 높이기 위해 설립한 대통령 직속의 합의제 행정기관이다. 방송통신위원회는 방송과 통신에 관한 규제와 이용자 보호, 방송의 독립성 보장을 위하여 필요한 업무 등을 총괄하며, 소관 사무에 대한 심의·의결권을 가진다.[150)]

한편, 방송 내용의 공공성 및 공정성을 보장하고, 정보통신에서의 건전한 문화를 창달하며, 정보통신의 올바른 이용환경 조성을 위하여 2008년 5월에 독립적으로 사무를 수행하는 방송통신심의위원회를 설치하였다. 방송통신심의위원회는 구 방송위원회의 방송 심의기능과 구 정보통신윤리위원회의 인터넷 심의 기능이 합쳐진 방송·통신에 대한 심의를 총괄하는 기구로서 방송의 공공성 및 공정성 확보, 불법정보의 유통금지 등에 관한 사무를 심의한다.

방송통신위원회 홈페이지 〈http://www.kcc.go.kr/〉 및 방송통신심의위원회의 홈페이지 〈http://www.kocsc.or.kr/〉에서는 방송통신 관련 정책과 법령, 심결례, 통계 등의 정보를 제공하고 있다.

---

150) 방송통신위원회의 설치 및 운영에 관한 법률 제12조

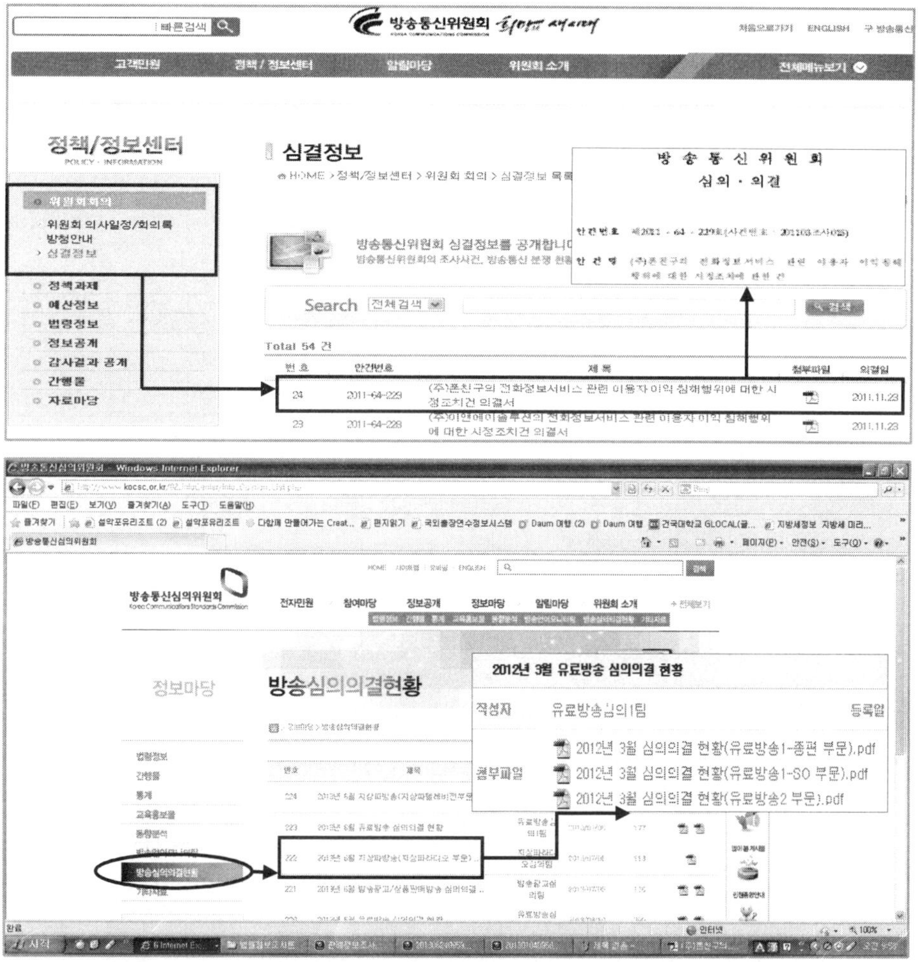

[그림 50] 방송통신위원회·방송통신심의위원회 심결정보조사

사. 로앤비의 판례정보조사

2000년 설립된 주식회사 로앤비는 국내의 대표적인 법정보 제공 민간기관으로서, 2001년부터 로앤비 사이트를 오픈하여 판례, 법령, 문헌 등의 정보를 제공하고 있으며, 2010년에는 모바일용 앱을 출시하여 이용자의 편의를 도모하고 있다. 로앤비에서 제공하는 판례정보는 판례공보 등을 통하여 공개된 판례는 물론 공개되지 않은 하급심판결과 일본판례, 독일판례 등을 제공하고 있

으며, 법률분야와 체계에 따라 중요판례를 분류하여 검색할 수 있는 판례디렉토리 검색이 가능하다.

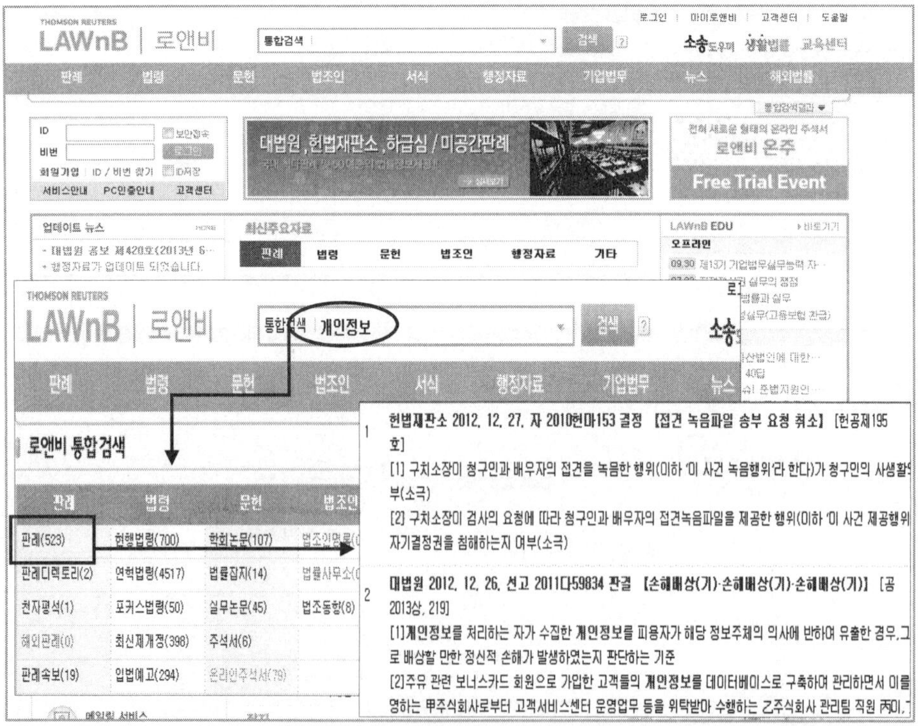

[그림 51] ㈜로앤비의 판례정보조사

제7장 법률문헌의 이해와 정보조사

제1절 법률문헌의 의미와 유형

1. 법률문헌의 의미와 특성

가. 법률문헌의 의미

일반적으로 '문헌'이라 함은 어떠한 연구를 할 때 참고가 되는 서적이나 문서를 말한다. 따라서 법률문헌 또는 법 문헌은 법에 관한 교육·연구 및 학습활동의 참고자료가 되는 각종 서적이나 문서라고 할 수 있다. 법률문헌을 광의로 파악할 때는 앞서 살펴본 법령이나 판례도 하나의 법문서로서 포함되지만 협의로는 이들을 제외한 단행본, 논문, 수험자료 등 법학자나 연구자들이 법에 관하여 전문적으로 조사·분석하고 연구한 자료만을 의미한다. 결국 법률문헌은 법의 의미·연혁·체계·내용 및 법 해석의 기준·절차·방법 등에 관하여 조사·분석·연구·해설한 자료의 일체를 의미한다고 할 수 있다.

나. 법률문헌의 특성

법정보로서의 법률문헌은 다른 법정보인 법령이나 판례에 비하여 그 형식과 내용이 매우 다종·다양하다. 법령이 국가나 지방자치단체 등 입법권한을 가진 자에 의하여 생성되고, 판례가 사법권을 가진 기관에 의하여 생성되며 일정한 형식에 따라 작성되는데 비해, 법률문헌은 학자나 연구자 등 다양한 주체에 의하여 생산되고, 그 형식에 있어서도 매우 자유롭다. 물론 학술논문 등 일부 법률문헌의 경우 어느 정도의 형식을 갖추어 생산되지만, 대체로는 그 형식과 내용에 있어서 특별한 제한이 없다.

또한 법률문헌은 특정한 주제나 사항에 관하여 종합적이고 체계적인 정보를 제공한다. 법령이나 판례가 단순히 규범의 내용 또는 그 해석에 관한 정보를 제공하는데 비해, 법률문헌은 특정한 법령의 내용, 그에 관한 법원의 판단 및 이들에 대한 학자들의 비판적 검토와 분석 등에 관한 정보를 종합적으로 파악할 수 있는 점에서 법을 탐구하고 인식하는데 있어서 중요한 정보원이 된다. 이에 따라 법을 공부하고 이해함에 있어서는 이들 법률문헌 자료를 적극 수집하여 활용하는 것이 필요하다. 특히, 법률문헌에서 나타나는 다양한 법학 이론과 학설은 법학연구방법론의 기초이자 결정체라고 할 수 있다.

2. 법률문헌의 종류와 유형

법률문헌은 그 형태에 따라 단행본·잡지(연속간행물)·총서·전집 등으로 구분되며, 문헌의 간행 목적 또는 내용에 따라 전문서(학술서)·논문·보고서·수험자료 등으로 구분할 수 있다.

가. 단 행 본

단행본은 특정 주제 분야에 관하여 하나의 독립된 책으로 발간된 서적을 말한다. 법률문헌으로서의 단행본은 교과서나 전문서가 대표적이라고 할 수 있으나, 논문집이나 보고서 등도 하나의 책으로 묶어서 발행되는 경우에는 단행본의 일종으로 볼 수도 있다.

(1) 교 과 서

교과서는 법학교육을 목적으로 특정분야의 법률에 관한 의미와 내용, 연혁, 학설과 판례 등을 체계적으로 수록한 책으로서, 법학을 공부하는데 필요한 각종 정보를 제공한다. 보통은 학교교육과정과 연계하여 일정한 법률단위로 편찬되고 이용된다. 따라서 학습단위가 적은 국제법이나 저작권법과 같은 법률은 한권의 책으로 발행되지만, 민법이나 상법과 같이 학습단위가 많은 법률은 물권법, 채권법, 회사법, 어음수표법 등과 같이 세부학습단위로 발행되기도 한다.

(2) 전 문 서

전문서는 일정한 법률주제에 대하여 전문적인 시각에서 서술한 서적으로서, 특정 주제 분야에 대한 학설과 판례 및 기타 전문적인 이론을 심도 있게 분석·연구한 책이다. 주로 특정 법제도의 연혁, 국내외의 학설과 판례 등을 종합적으로 분석하고, 그에 대한 연구자의 의견을 정리하여 제공한다. 이에 따라 전문서는 특정 법률이나 주제에 대하여 전문적인 지식을 습득하거나 깊이 있는 연구를 수행하는 데 있어서 중요한 자료로 활용된다.

(3) 주 석 서

주석서는 특정 법률의 조문별로 그 의미와 내용, 입법취지, 관련 학설 및 판례, 외국의 법제와 해석례 등을 축조하여 정리한 책을 말한다. 주석서는 일반 전문서와 달리 조문의 순서에 따라 그 법규의 의미를 충실히 이해하도록 하기 위하여 다양한 학자들의 견해와 법원의 판례 등을 종합적으로 수집·분석하여 제공하고 있어, 특정 법률 또는 조항과 관련된 연구를 수행하거나 심도 있는 학습을 하는데 참고할 수 있는 점에서 매우 유용한 자료라고 할 수 있다.

(4) 보 고 서

보고서는 특정 주제 또는 사안에 대하여 체계적으로 조사·분석·연구하여 정리한 책이다. 보고서는 특정 사안에 대한 정보의 수집 또는 내용의 파악, 의사결정 등을 하기 위하여 작성하는 목적지향적인 자료로서 일정한 시점에서의 보고대상과 범위를 정하여 수행하는 것이 보통이다. 일반적으로 보고를 요청하는 자와 보고하는 자와의 관계 속에서 자료가 작성되고 전달된다.

나. 논 문(집)

논문은 특정 주제에 대하여 심층적으로 연구한 결과를 체계적이고 논리적으로 작성한 글로서 법률 논문으로서는 학술논문, 학위논문 및 판례평석 등을 들 수 있다. 또한 이들 논문을 하나의 책이나 연속되는 자료집으로 묶어 발간하는 논문집이 있다.

(1) 학술논문

학술논문은 어떠한 법률 주제에 대하여 학술적으로 작성한 논문이다. 학술논문은 주로 이론적인 내용을 중심으로 일정한 형식에 따라 분석·연구하는 것이 보통이며, 특정 주제에 대한 국내외 학설과 판례 등을 종합적으로 소개하고 저자의 생각을 논리적으로 제시한다.

(2) 학위논문

학위논문은 석·박사 학위 취득을 목적으로 작성하는 학술적 논문으로서, 특정한 법제도나 법률문제를 이론적 또는 실제적인 측면에서 체계적으로 연구한 것이다. 학위논문은 학술논문에 비해 그 연구내용이 포괄적이고 논문의 분량도 상당하여 어떠한 법적 주제에 대한 폭넓은 지식을 제공하는 점에서 유용한 법률문헌으로서 취급된다.

(3) 판례평석

판례평석은 특정 판결의 의미와 내용을 분석·평가한 글로서, 해당 판결 또는 판례를 비판하거나 그 논리적 근거를 추론해 내는 것이 일반적이다. 판례를 평석함에 있어서는 종래의 법원의 판결동향, 해당 판결과 관련된 국내외의 법률이론을 소개하고, 하급심부터 상급심에 이르는 법원의 입장과 결론을 분석한 다음, 그에 대한 평석자의 의견을 제시하는 방식으로 수행된다.

(4) 논문집과 판례집

논문집은 특정한 주제 또는 법률 분야에 대한 논문들을 모아 하나의 책으로 묶어 발간하는 문헌자료이다. 논문집은 어떠한 법적 주제와 관련된 다수의 학자나 연구자들의 논문을 체계적으로 수집하여 제공하는 점에서 연구자들의 연구 활동에 중요한 자료가 된다. 논문집에는 특정시기의 학술대회에서 발표하는 논문들을 모아 발간하는 학술발표논문집(proceedings)과 정식의 논문심사 과정을 거쳐 연속간행물 형태로 발간하는 학술지(series) 등의 논문집이 있다. 학술지 중에는 특히 학술연구재단의 일정한 심사·평가를 거쳐 그 가치가 인정된 한국연구재단 등재(후보) 학술지가 중요하다고 할 수 있다. 한편, 판례평석의 경우 논문집에 게재되는 경우도 있으나, 판례평석만을 따로 모아 판례집 또는 판례정석 등의 이름으로 발간되기도 한다.

다. 수험자료 및 기타 문헌

(1) 수험자료

수험 자료는 법학에 관한 각종 시험에 대비하기 위하여 작성된 문헌 및 서적을 말한다. 수험 자료는 단행본이나 잡지(연속간행물) 등의 형태로 발간되며, 그 내용에 따라 서술형 또는 선택형의 시험문제와 그 해설 등을 수록한 문제집과 기타 특정 법학분야에 관한 주요 내용을 알기 쉽게 정리한 요약서 등으로 발간된다.

(2) 기타 문헌

법학에 관한 기타의 문헌자료로서는 법률에 관한 특정 주제 또는 사안에 대한 느낌이나 생각을 일정한 형식 없이 자유롭게 쓴 에세이, 신간 법률 서적이나 학문적으로 소개할만한 책의 내용과 의미 등을 평가하고 소개한 서평자료, 외국어로 된 법률문헌을 우리말로 번역한 번역서 등이 있다. 또한, 법학을 처음 공부하는 학생들에게 법학의 의미와 내용을 소개한 입문서, 일반인들의 법학에 대한 관심과 지식의 수요에 대응하기 위한 법률서적도 있다. 이들 법률문헌은 그 사용목적에 따라 다양한 형식과 내용으로 저술되고 활용된다.

제2절 법률문헌의 구조와 작성

1. 문헌의 일반적 편성체계

법률문헌을 포함하여 일반적인 문헌은 보통 전문(서두), 본문, 후문(말미) 부분으로 편성된다. 문헌의 유형과 내용에 따라 위와 같은 편성체계가 명확히 표시될 수도 있으나, 경우에 따라서는 문헌의 편성이 특별한 구분 없이 이루어질 수도 있다. 문헌의 일반적인 기재사항으로는 표제, 저자, 요약문(초록), 본문, 주석, 참고자료 등을 들 수 있다. 문헌의 종류에 따라 이와 같은 기재사항들이 모두 포함될 수도 있고, 더 많은 기재사항들이 추가되어 작성되기도 한다.

[표 25] 문헌의 일반적 편성체계

전 문(서두)	본 문	후 문(말미)
- 표제 : 논문제목, 날짜, 저자(소속, 직위, 성명) - 목차 : 항목번호(편/장/절), 하위제목, 페이지 번호 - 초록 : 영문(외국어) 초록, 한글 초록(외국어 논문) - 주제어 : 국문, 영문주제어(보통 5개 내외로 선정) - 그림·표 목록, 용어해설 등은 필요한 경우 작성 * 학위논문의 경우 인증서나 감사의 글 등을 추가하여 작성할 수 있음	- 서론 : 논문 작성배경, 목적 및 필요성, 연구의 범위와 방법 등 설명 - 본론 : 논문의 중심적 내용을 체계적으로 기술(주요쟁점과 저자의견을 논리적·객관적으로 기술) - 결론 : 논문의미, 내용, 기대효과 등 요약기술 * 목차번호(편/장/절 등)는 순차적으로 들여 표시하며, 각주는 어깨번호와 함께 연속 표시	- 미주 : 각주를 해당 지면에 표시하기 부적절한 경우, 논문의 뒷부분에 통합표시 - 참고문헌 : 논문에 인용 또는 참고한 문헌 전체를 종합하여 말미에 표시(가나다/알파벳순) - 부록 : 논문본문에 포함하기 어려운 내용을 종합하여 첨부(도표, 기술서, 자료조사방법 등)

2. 문헌의 주요 구성요소와 작성

가. 전 문(서두)

전문(前文) 또는 서두(序頭)는 논문의 머리 부분에 해당하며, 해당 문헌자료의 표제, 저자에 관한 사항, 논문을 요약한 초록 및 주제어, 발행처 및 발행일 등을 기재한다.

(1) 표 제

표제(標題)는 문헌의 제목 또는 명칭으로 해당 문헌의 의미와 내용을 압축적으로 표현한다. 단행본의 경우 본표제·부표제·총서표제 등을 표시하고, 연속간행물의 경우에는 잡지명, 권·호 등을 표시한다. 판차 및 권·호는 단행본 개정판의 경우 판의 유형(개정판, 전정판 등)과 순서(제2판 등)를 표시하며, 연속간행물의 경우 발간한 연도와 편집 수(집, 권 등) 및 세부 발행순서와 분량(호, 숫자 등)을 표시한다.

(2) 저자에 관한 사항

저자(著者)는 문헌을 직접 작성한 자로서 원저자를 개인 이름 또는 단체 명의로 표시한다. 여러 사람이 공동으로 작성한 경우에는 공동명의 또는 대표자 명의로 기재한다. 원저자가 아닌 번역자·편저자·비평자·삽도자 등은 원저자와 별도로 병기하여 표시한다. 원저자를 포함하여 문헌자료의 저작에 참여한 사람들은 해당 저작물에 대한 저작권 등의 권리를 보유하므로 그 표시에 있어서 항상 주의하여야 한다.

(3) 초록 및 주제어

초록(抄錄)은 보통 논문의 경우에 작성하며, 해당 논문의 주요내용을 핵심적 사항을 중심으로 요약하여 정리한다. 한글 논문에는 외국어(영문) 초록을 작성하고 외국어 논문의 경우에는 한글 초록을 작성하는 것이 일반적이나, 최근에는 외국어 초록과 한글 초록을 병행하여 기재하기도 한다. 주제어(keyword)는 해당 논문을 구성하는 핵심적인 용어나 단어를 추출하여 국문과 영문으로 작성한다. 이들 초록과 주제어는 법률문헌 데이터베이스의 제작 및 이용에 중요한 검색기반이 된다.[151)]

나. 본 문

본문(本文)은 문헌의 몸통 부분에 해당하는 것으로, 해당 문헌의 중심적인 내용을 일정한 목차와 항목으로 나누어 체계적·논리적으로 작성한다. 본문은 문헌의 작성내용에 따라 서론·본론·결론부분으로 구성되며, 본문의 내용을 보충하거나 참고자료 등의 출처를 설명할 필요가 있는 경우에는 이를 각주로 표시하여 기재한다.

(1) 목차의 구성과 표시

목차는 문헌의 내용을 체계적·논리적으로 기술하기 위하여 저자가 일정한 순서 및 내용에 따라 구분하여 표시한 것이다. 목차는 문헌의 성격 및 분량 등에 따라 편·장·절 및 숫자기호 Ⅰ·1·가·(1) 등으로 순차 구분하고, 해당 서술내용에 맞는 소제목을 붙여 작성한다. 간단한 학술논문이나 판례평석의 경우 Ⅰ, 1, 가, (1), ① 등으로 목차를 구성하는 것이 보통이다. 목차와 소제목은 해당 문헌의 전체적인 방향과 내용을 파악할 수 있도록 붙이는 것이 바람직하다.

(2) 서론 부분

일반 문헌이나 논문의 서론 부분은 해당 문헌자료의 도입부로서 그 문헌 또는 논문 등의 작성배경, 목적 및 필요성, 연구의 범위와 방법 등을 기재하여 특정 문헌이나 논문이 왜 작성되었고, 어떠한 방법으로 어떻게 작성되었는지

151) 법률문헌 데이터베이스를 제작하고 법정보시스템을 통해 검색서비스를 제공함에 있어서는 일정한 키워드를 사용하게 되는데, 이때 주로 사용되는 검색키워드가 주제어이다.

를 종합적으로 설명하는 것이 보통이다. 특히, 논문의 경우 해당 논문이 중점을 두고자 하는 내용과 논문의 작성방향을 제시함으로써 논문의 의미와 가치, 독자들이 논문을 통해 얻을 수 있는 지식과 정보의 주요 내용을 파악할 수 있도록 하고 있다.

(3) 본론 부분

본론은 문헌 또는 논문의 중심적인 내용을 구성하는 부분으로, 서론에서 제시한 방향 및 내용에 따라 조사·분석·연구한 사항들을 일정한 체계에 따라 분류하고 정리하여 체계적·논리적으로 작성한다. 보통은 특정 법제도의 개념과 정의, 제도의 연혁과 발전 등을 조사·소개하고 관련 법이론, 국내외 관련제도와의 비교·분석, 학자들의 견해와 판례의 내용 등을 체계적으로 분석하여 중심적인 내용에 대한 이해를 넓힌 다음, 해당 법제도 운영상의 문제점과 개선방향 등을 연구하여 제시하는 것이 일반적이다. 단행본 등의 전문서적의 경우, 해당 법률과 관련된 내용을 일정한 주제별로 구분하고 관련 법해석 방법론, 국내외의 관련 학설과 판례의 동향 등을 종합적으로 기술한다.

(4) 결론 부분

결론 부분은 해당 문헌 또는 논문을 끝맺는 부분으로, 해당 문헌이나 논문이 제시하는 주장과 기대효과 등을 간략히 작성한다. 문헌의 주제가 광범위하고 본문의 내용이 많을 경우에는 본문에서 다루고 있는 중요한 사항들을 일정한 내용으로 분류하여 요약·정리하기도 한다. 특히 논문에 있어서의 결론은 해당 논문이 제기하고 있는 주요 주장내용을 핵심적으로 일목요연하게 기술한다.

(5) 각주와 인용표시

각주(脚註)는 본문에서 기술하고 있는 특정한 내용을 보충하여 설명하거나 해당 내용을 작성함에 있어서 참고하거나 인용한 자료에 대한 출처와 내용을 간략히 표시하는 것이다. 각주는 특별한 사정이 없는 한 어깨번호를 아라비아 숫자로 해당 문단 또는 단어위에 연속적으로 부여하고, 본문 하단에 밑줄을 긋고 본문의 내용과 구별하여 표시한다.[152] 보통 본문에서 사용한 글자의 크기 및 서체와 다른 것을 사용하여 쉽게 구분되도록 하며, 핵심적인 내용을 중심으로 간단·명료하게 작성한다. 특히, 다른 사람의 논문이나 자료를 인용하는 경우에는 정해진 방식으로 정확하게 인용하는 것이 요구된다.

'인용(引用)'은 해당 분야의 연구의 계속성을 나타내고 타인의 저작내용을 직접 언급하여 그 견해를 소개하는 것으로서,[153] 특정한 내용이 인용된 것임을 반드시 표시하고, 국내외의 법령·판례·문헌 등 인용되는 자료의 유형에 적합한 인용방식에 따라 허용된 범위 내에서 인용 및 작성하여야 한다.[154] 문헌인용을 정확하게 하지 않는 경우에는 연구윤리위반의 문제는 물론, 심할 경우에는 저작권 침해 등의 법률문제로까지 발전할 수도 있으므로 법률문헌 작성에 특히 유의하여야 한다.

[표 26] 각주 및 문헌인용 표시방법

▣ 문헌각주의 표시방법 – 어떤 저작물이 각주에 처음 인용될 때는 정식으로 표시 : 저자, 제목, 수록지, 인용면수, 출판사항 등을 순차로 표시 * 권오승, EC경쟁법, 서울 : 법문사, 1992 ; 윤종민, "학교기업제도의 현황과 과제", 경영법률(제18집), 2008.12, 36면 이하. – 각주에 여러 문헌을 인용할 때는 세미콜론(;)으로 구분하고, 더 유용하고 권위 있는 것을 순서대로 먼저 기재

152) 각주에는 본문의 특정 내용에 대한 출처나 참조사항을 지시하는 '문헌각주'와 본문의 내용을 추가하거나 보충하는 '내용각주'가 있다,

153) 타인의 저작물을 인용하는 방식에는 저작원문을 따옴표 또는 구획인용(50개 이상 낱말 인용 시 부호 없이 좌·우측을 들여쓰기 하여 인용) 방법을 통한 '직접인용'과 저자의 말로 바꾸어 인용하는 '간접인용'의 방식이 있다.

154) 법률문헌에 있어서 각주 및 참고문헌 등의 표기방법은 해당 문헌자료의 발행주체가 정하는 편집규정 등에 따라 기재하는 것이 원칙이다. 다만, 법학분야의 일반적인 논문작성에 있어서는 한국법학교수회가 2000.11. 제정한 '법학 논문작성 및 문헌인용에 관한 표준안'에 따르는 것이 보통이다.

* 『헌법(우리나라-외국-UN-EU헌장)-법령-국제조약-판례-입법자료-행정자료-단행본/논문 - 신문기사』 등의 순서로 인용

- 각주의 지시기호 : *See* / *See Also* (지지 인용자료), *Cf.* (비교 인용자료), *But see* / *But cf.* (반대 인용자료)

▣ 약식표시방법 : 앞의 인용문헌을 뒤에서 다시 인용하는 경우

- 영문자료 : *Id.*(*ibidem*) - 바로 직전의 인용문헌 표시 : [*See Id.* / *Id. at 567.*]
  Supra - 앞에 인용되었던 같은 인용문헌 : [Reich, Supra note 18, at 5]
- 국문자료 : 위의 책(논문) - 바로 직전 인용문헌 : [윤종민, 위의 책(논문), 17면]
  앞의 책(논문) - 앞에 인용되었던 같은 인용문헌 : [윤종민, 앞의 책(논문), 25면]

[표 27] 법령 및 판결 등의 인용표시

▣ 법령의 기본표시방법

- 특정 법령의 명칭과 해당 법조문의 조, 항, 호, 목 등을 차례로 표시 : [상법 제516조의2 제2항 제4호]
- 필요에 따라 해당 법조문의 본문, 단서, 전문, 후문 등을 특정할 수 있음

▣ 법령의 폐지, 개정 등 경과사항의 표시

- 법령의 폐지 또는 개정 등에 관한 정보는 해당 법령명 뒤에 괄호( )를 붙여, 그 경과사항 등 설명내용을 기재
  * 지방공무원법(1991.5.31. 법률 제4370호로 개정되고 1994.12.22. 법률 제4797호로 개정되기 전의 것) 제2조
- 법령 약식 표기 : 동일한 법령내용이 바로 앞 또는 동일한 각주 등에 나온 경우 [동법 제5조, §478①, §§350-351]

▣ 판결의 기본표시방법

- 선고법원, 선고일자(연·월·일), 사건번호, 재판의 종류 및 판결의 출처 (판결집/공보) 등의 순으로 표시
- 대법원과 헌법재판소는 정식명칭, 기타 법원은 약칭 사용, 선고일자는 아라비아 숫자로 한 칸 띄어쓰기
- 재판종류는 판결·결정을 구분하여 판결은 선고, 결정/명령은 '자'로 표시

* 대법원 1996. 4. 26. 선고 96다1078 판결 (공1996상, 1078)

▣ 준사법기관의 결정

- 공정거래위원회, 방송통신위원회 등과 같은 준사법기관의 결정(심결)은 법원의 판결에 준하여 표시
- 결정기관, 결정 연월일, 사건번호, 출처 등 : [공정거래위원회 2009. 2. 22.자 2007독감0628 결정 (자료집 제4권 3호)]

[표 28] 단행본 및 정기간행물 등의 인용표시

▣ 단행본의 기본표시방법

- 저자, 제명, 인용페이지, 출판연도 등은 필수 기재, 기타 편집자, 역자, 판수, 출판사 등도 표시

  * 송상현, 민사소송법, 신정2판(1999), 203면(복수면은 203~208면).

- 저자 : 단행본에 표시된 대로 모두 표시. 2인 이상인 경우 처음 저자와 등 또는 'et al' 로 표시, 기관저자인 경우 하위부서까지, 개인과 기관이 함께 표시된 경우 개인+기관 명칭으로 표시

  * 권오승 등, 공정거래법(1996), 256면 ; 법무부 보호국, 보호통계, 55면 ; 박병형·윤세리, 공정거래위원회, 시장지배력 평가 합리화방안, 3면.

▣ 정기간행물의 기본표시방법

- 저자, 논문 제목(큰 따옴표/이탤릭 체), 정기간행물 명칭과 통권·호수, 인용 페이지, 간행연월 순으로 표기
- 정기간행물 명칭은 정식명칭 또는 널리 알려진 약어를 사용

  * 박성호, "편집저작물의 저작권 보호", 저작권, 1995, 16면

▣ 신문기사 인용

- 정기간행물과 동일한 방식 : 저자, 제목, 신문명칭, 발행일, 게재면 등 표시

  * 박상건, "부동산의 명의신탁과 횡령죄", 법률신문, 1997.10.27., 14면.

▣ 심포지엄 자료 인용

- 심포지엄 전체를 인용할 경우 제목 앞에 심포지엄 표시, 개별 자료는 정기간행물과 동일하게 표시

▣ 인터넷 자료 인용
- 저자 이름, 인용 자료의 첫머리 제목 또는 표제, 방문일자, 〈해당자료 수록 URL 주소〉 순으로 표시

▣ 인터뷰 자료 인용
- 실황/전화 인터뷰는 인터뷰자의 소속과 직함, 인터뷰 장소와 일자를 표시
- 저자가 직접 인터뷰 하지 않은 경우, 인터뷰 한 사람도 표시
  * 가재환 사법연수원장과의 인터뷰, 사법연구원 210호실 (1997. 8. 22.)

다. 후 문(말미)

후문(後文)은 말미(末尾)라고도 하며, 문헌 또는 논문의 꼬리부분에 해당한다. 후문은 통상 본문에 수록하기 어려운 참고문헌과 부록 등을 첨부하여 구성하며, 특히 주(註)를 해당 본문에 기재하지 않는 경우 그 내용을 모아 미주(尾註)로 첨부하기도 한다.[155]

(1) 참고문헌

참고문헌은 해당 법률문헌의 작성에 직접적으로 참고하거나 인용한 문헌을 말하며, 본문을 작성함에 있어서 인용한 참고문헌은 전체를 종합하여 논문의 말미에 [참고문헌]의 항목으로 별도의 독립된 페이지로 정리하여 첨부한다. 참고문헌은 일반적으로 단행본-논문-기타자료, 동양서-서양서(동·서양서 내에서는 국가별) 등의 순으로 분류하여 기재하며, 가나다 또는 알파벳 순서로 기록한다. 만일, 참고문헌을 일반적인 방법이 아닌 연도순이나 다른 순서로 기재할 경우에는 그 첫 페이지에 그러한 취지를 기재하고 작성하고자 하는 목록 순서에 따라 이를 정리하여 작성한다. 참고문헌도 각주의 기재방식과 마찬가지로

155) 주(註)에는 주번호가 있는 해당 본문의 아래에 주의 내용을 표시하는 '각주'(脚註)와 해당 주가 표시된 장 또는 논문의 말미에 주의 내용을 모아서 기재하는 '미주'(尾註)가 있다.

정식 인용표시 방법에 따라 저자명, 문헌자료의 명칭, 수록지명, 발행처, 발행인, 발행일자 등을 기재한다. 참고문헌은 인용표시와 달리 약식표시를 할 수 없으며, 일련번호 없이 참고문헌면의 위에서부터 아래로 순서에 따라 기재한다. 서양문헌의 경우, 저자 이름을 적을 때 성(姓)-이름의 순으로 작성한다. 또한, 동일한 저자의 문헌을 여러 개 인용할 경우에는 첫 번째 저작물에만 이름을 표시하고, 두 번째 저작물부터는 밑줄(위 이름 아래 여덟 칸 넓이로 표시)로 저자 이름을 대신할 수 있다.

(2) 부록자료

부록은 해당 법률문헌의 작성과 관계된 자료 중 본문의 내용으로 기재하기 어려운 것을 모아 말미에 첨부하는 것이다. 부록의 종류와 내용은 제한이 없으며, 해당 문헌의 이용에 참고할 수 있는 내용이면 무엇이든 첨부할 수 있다. 보통은 해당 문헌에 나온 주요 용어 찾기, 인용된 법령 또는 판례 등의 색인을 정리하기도 하며, 특히 보고서의 경우 해당 보고서 작성에 이용된 조사내용 및 결과, 도표 및 기술자료, 사례 등을 체계적으로 정리하여 수록한다.

(3) 미 주(尾註)

앞서 설명한 바와 같이, 미주는 본문의 내용을 보충하거나 참고 또는 인용한 자료의 출처 등을 표시하는 각주를 해당 본문의 페이지에 기재하지 않고 문헌자료의 말미에 별도로 정리하여 주(註)로 표시하는 것을 말한다. 미주는 부여되는 일련번호에 따라 순서대로 종합·정리하며, 특정한 장 또는 절이 끝난 다음에 표시하기도 하고, 해당 문헌의 맨 뒤에 종합하여 표시하기도 한다.

(4) 기타 사항

후문에는 특정 법률문헌의 출판사항을 기재하는 경우도 있다. 즉, 단행본의 경우 저자소개·출판사·출판일 등을 작성하여 해당 법률문헌의 저작관계를 표시하거나, 출판정보를 제공하기도 한다.

제3절 법률문헌정보의 소재와 조사방법

1. 법률문헌정보의 조사와 유의점

가. 문헌정보 제공기관의 사전파악

법률문헌정보는 앞서 살펴본 법령정보나 판례정보가 국가의 입법 및 사법기관을 중심으로 제공되는 것과는 달리, 여러 출판기관이나 민간정보사업자 등이 관련 정보를 관리·유통함에 따라 각 기관의 정보서비스의 종류와 내용 및 특성 등을 미리 파악하는 것이 중요하다.

또한, 어느 한 기관이 관련 정보를 종합적으로 수집·제공하기보다는 여러 기관들이 분야별 또는 자료유형별로 부분적으로 제공하고 있어 관계된 정보원을 가능한 모두 조사하여 정보수집의 공백이 발생하지 않도록 유의할 필요가 있다. 특히, 법률문헌의 종류와 내용이 매우 다양하여 국내에서 생산되는 모든 정보들이 온라인 데이터베이스로 구축·관리되지 않기 때문에 온라인 정보검색을 통해서는 찾고자 하는 정보를 모두 찾기가 어렵고, 일부 문헌정보의 경우에는 서지사항을 중심으로 관리되고 있어 문헌의 전체내용을 파악하기 위해서는 원문복사신청 등 별도의 이용절차를 거쳐야 하는 경우도 있다.

이에 따라 법률문헌정보의 소재를 체계적으로 파악하고, 관련 정보기관에 원활히 접근 및 활용하기 위해서는 중요 법률문헌정보 제공 사이트에 대한 조사방법론을 미리 학습하는 것이 필요하다.

나. 다양한 수단과 방법의 종합조사

법률문헌정보의 조사는 일반적으로 국가기관이나 대학 등의 법학도서관을 이용하는 방법과 일반 정보기관에서 제공하는 정보서비스를 이용하는 방법이 있다. 최근에는 법학도서관에서도 민간 정보사업자의 법률데이터베이스나 전자저널을 도입하여 구성원들에게 서비스하고 있으므로, 이용자들은 법학도서관의 정보시스템 또는 민간기관의 정보서비스체계를 이용하여 원하는 정보를 수시로 확인하고 활용할 수 있다. 그러나 원활한 정보조사를 위해서는 법학도서관의 정보시스템과 민간기관의 정보서비스체계를 함께 이용하여 조사함은 물론, 단행본과 같은 단편서적의 경우 출판사의 e-book이나 온라인서점 등을 통해 관련 문헌을 종합적으로 조사하는 것이 바람직하다.

2. 법률문헌정보의 소재와 정보원

법률문헌정보를 조사하기 위한 접근방법은 다른 정보와 마찬가지로 인쇄매체 형식의 실물 정보원과, 디지털매체 형식의 온라인 정보원으로 구분할 수 있으며, 주요 정보원은 다음과 같다.

가. 인쇄형 문헌정보원

인쇄매체의 실물 정보원은 책자 또는 자료집 형태로 간행된 것으로서 각종 교과서·참고서 등의 단행본과 학회지·논문집 등의 연속간행물 그리고 각종 수험서 등을 들 수 있다. 인쇄매체의 법률문헌은 보통 법학도서관을 방문하여 소장 자료의 확인 및 자료대출 등을 통해 정보를 조사할 수 있다. 인쇄매체를 통한 법률문헌 정보의 조사는 그 특성상 단행본 형태의 문헌자료가 중심을 이룬다고 할 수 있다.

나. 온라인 문헌정보원

온라인 법률문헌 정보원으로서는 앞서 살펴본 각종 대학도서관 및 법률 관련 국가·공공도서관 등이 제공하는 도서정보서비스를 통해서도 이용할 수 있으나, 일반적으로는 학술문헌정보 제공기관의 전문사이트 또는 해당기관이 운영하는 온라인 데이터베이스나 전자저널을 이용하여 관련 정보를 조사한다.

국내 법률관련 학술문헌정보를 제공하는 주요 기관 및 관련 정보서비스 내용은 다음과 같다.

[표 29] 주요 온라인 문헌정보원

구 분	운영기관	주요 정보원	비 고(서비스특징)
단행본 및 일반도서류	법학도서관	각 대학 법학도서관, 법원도서관, 국회도서관 등 법학 전문도서관	각종 법률관련 교과서 및 전문서, 수험서 등에 관한 소장정보 종합서비스
	민간출판사	교보문고, 박영사 등의 온라인 정보 사이트	해당 민간업체가 발행하는 각종 법률도서 정보서비스
학술연구 논문	한국교육학술정보원(KERIS)	학술연구정보서비스 (http://www.riss.kr/)	국내 각종 학술연구정보 종합서비스
학위논문	학위논문공동이용협의회	학위논문정보서비스 (http://thesis.or.kr/)	국내대학 석·박사학위논문 정보 종합서비스
국가 R&D 연구보고서	미래창조과학부	국가연구정보서비스 (http://www.ntis.go.kr/)	국가연구개발보고서 정보 종합서비스
	안전행정부	정책연구정보서비스 (http://www.prism.go.kr/)	각 중앙행정기관 정책연구보고서 정보 종합서비스
민간기관 법학관련 상업 DB	㈜로앤비	로앤비 법률정보 (http://www.lawnb.com/)	각종 법률관련 전문서 및 학술논문, 법률문서 등에 관한 정보의 통합서비스
	누리미디어	DBpia 문헌정보서비스 (http://www.dbpia.co.kr/)	법률관련 논문, 전자저널, 전자책 등 정보서비스
	한국학술정보	KISS 문헌정보서비스 (http://kiss.kstudy.com/)	국내 1,200개 학회 발행의 3,200여개 학회지논문정보

3. 유형별 법률문헌정보의 조사방법

가. 학술연구정보

법률 관련 학술연구정보는 여러 정보 사이트를 통해 조사할 수 있으나, 일반적으로 가장 많이 이용하는 정보원은 법원도서관의 “학술정보서비스”〈http://library.scourt.go.kr/〉와 한국교육학술정보원이 운영하는 “학술연구정보서비스”〈http://www.riss.kr/〉라고 할 수 있다. 법원도서관의 학술정보서비스는 국내정보와 함께 해외 학술연구정보를 동시에 검색할 수 있으며, 법률 관련 학회의 학술대회 일정을 제공하고 있는 점에서 특색이 있다. 한국교육학술정보원의 학술연구정보서비스는 대학의 학술논문 외에 학위논문, 연구보고서 등을 동시에 검색할 수 있고, 다국어 입력기능을 통해 영문 학술지 정보를 검색할 수도 있다. 일부 원문을 소장하지 않는 자료에 대하여는 상호대차서비스 및 해외논문구매대행서비스를 통해 자료원문을 제공하고 있어 다양하고 편리하게 학술연구정보를 조사하여 이용할 수 있다.

[그림 52] KERIS를 통한 학술연구정보조사

한편, 학술논문정보 특히, 학회나 법학연구소 등의 학술지에 수록되는 학술연구정보는 민간업체가 제공하는 상업용 법률데이터베이스를 통해서도 조사할 수 있다. 이들은 해당 기관과 협약을 체결하고 매 학술지의 발행 시마다 관련 정보를 지속적으로 추가하여 제공한다. 다만, 이들 민간업체의 법률데이터베이스는 경영환경의 변화에 따라 그 서비스주체가 언제나 변경될 수 있는 점에 유의하여야 한다. 이들 민간업체의 법률데이터베이스는 대학도서관들이 도입하여 운영하기도 하므로, 해당 업체의 정보 사이트를 직접 이용하거나 대학의 도서관서비스를 이용하여 필요한 정보를 조사할 수 있다.

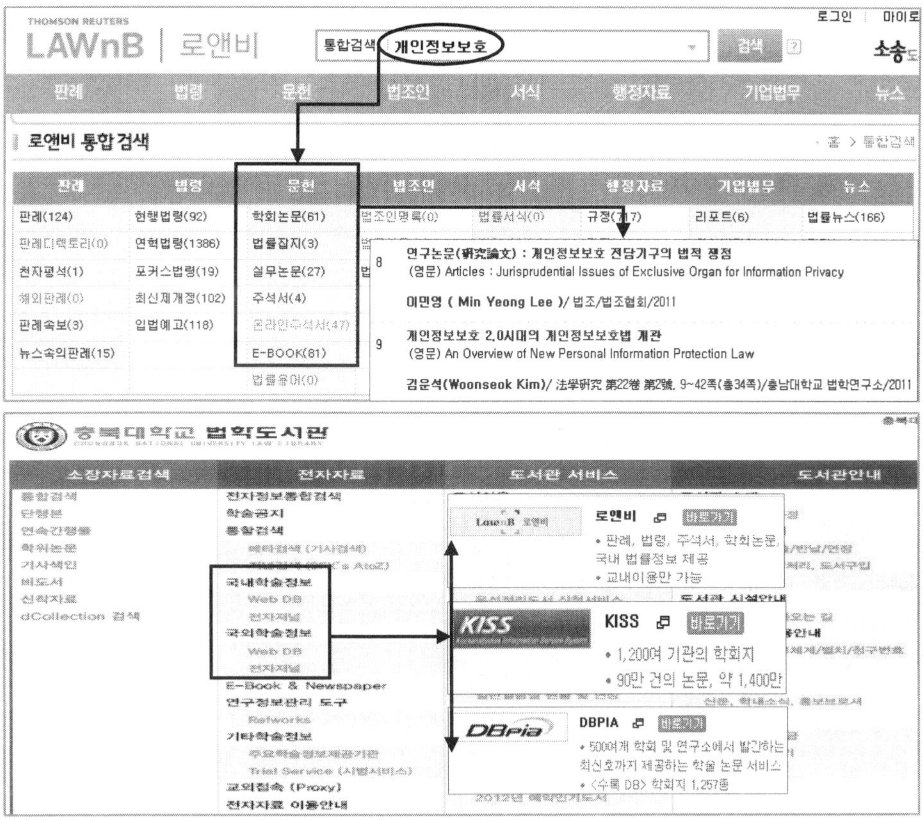

[그림 53] 민간정보사업자를 이용한 학술연구정보조사

나. 학위논문정보

법학에 관한 석·박사 학위논문정보를 조사할 수 있는 정보사이트는 국회도서관 및 학위논문공동이용협의회가 운영하는 "학위논문정보서비스"〈http://thesis.or.kr/〉가 대표적이라고 할 수 있다. 국회도서관의 학위논문정보는 1945년 이후 국내외 대학원에서 수여한 석·박사 학위논문에 대한 목록정보를 데이터베이스로 구축한 대표적인 국가서지데이터베이스로서[156] 외부이용자에게 검색서비스를 제공하고 있다. 특히, 국회도서관에 소장된 모든 학위논문이 디지털 원문으로 구축되어 있어 필요시 관련 자료이용이 가능하다. 학위논문 공동이용협의회는 전국 160여개 대학도서관이 참여하여 저자의 정보이용 동의를 바탕으로 석·박사 학위논문을 상호대차 형식으로 공동 이용할 수 있도록 정보시스템을 개발·운영하고 있다. 자기 대학의 학위논문은 물론, 전국 대학의 석·박사학위 논문을 손쉽게 접근·활용할 수 있다.

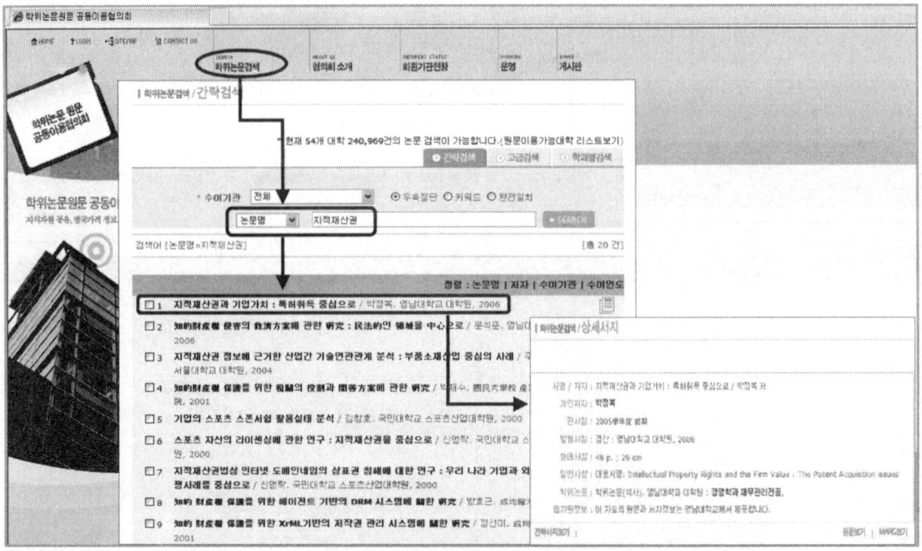

[그림 54] 학위논문공동이용협의회를 통한 학위논문정보조사

다. 연구보고서정보

법학연구보고서는 법학이론 또는 법제운영실무 등에 관하여 전문적으로 조사·분석한 연구보고서이다. 법학연구보고서는 주로 정부나 국회 또는 법원이 특정 법령의 정비·해석·운영 등에 관한 사항을 파악하기 위하여 교수 및 연구

156) 국회도서관은 『국회도서관법』에 의한 '도서납본제도'에 따라 대학 등 교육·연구기관이 발행한 도서자료를 발행 또는 제작일로부터 30일 이내에 제출받아 이를 데이터베이스로 구축하여 국회의원의 입법 활동 지원 및 대국민 정보서비스를 수행하고 있다.

자 등에게 전문적인 연구를 의뢰하여 작성된다. 정부의 법학연구보고서는 주로 국가연구개발과제나 정책연구과제의 형식으로 위탁·생산되며, 연구결과로서 제출된 보고서는 정부차원에서 종합·관리하고, 관련 정보를 외부에 제공하고 있다. 정부의 연구보고서정보를 조사할 수 있는 곳은 미래창조과학부의 "국가과학기술지식정보서비스" 〈http://www.ntis.go.kr/〉와 안전행정부의 "정책연구정보서비스" 〈http://www.prism.go.kr/〉가 대표적이라고 할 수 있다. 특히, 프리즘서비스는 각 중앙행정기관이 관리하는 각종 정책연구보고서를 종합하여 운영하는 정책정보전문시스템으로서 법학 관련 각종 연구보고서 정보를 조사하여 이용할 수 있다.

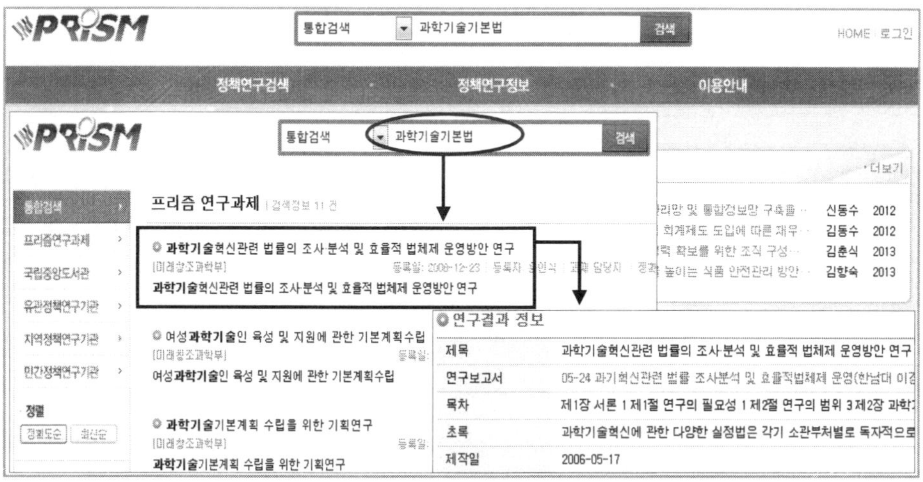

[그림 55] 프리즘서비스를 이용한 연구보고서 정보조사

제8장 해외 법정보 조사론

제1절 해외 법정보조사 일반론

제2절 미국법의 이해와 법정보조사

제3절 일본법의 이해와 법정보조사

제4절 독일법의 이해와 법정보조사

제5절 국제법의 이해와 법정보조사

제1절 해외 법정보조사 일반론

1. 해외 법정보조사의 목적 및 필요성

가. 국제적 법률관계의 형성과 확대

19세기 이후 교통 및 통신의 획기적인 발전에 따라 사람과 물품의 국가 간의 이동과 교역이 큰 폭으로 확대되어 왔다. 특히, 20세기에 들어와 인터넷과 정보기술의 비약적인 발전은 전 세계를 하나의 생활문화권으로 변화시키고, 전 세계 각지의 정보를 실시간으로 전달하고 공유할 수 있도록 하였다. 이러한 사회현상 속에서 시민들의 정보와 지식수준은 나날이 높아지고 있으며, 국가나 사회적 현상을 이해하는 방식과 수준도 크게 변하고 있다.

한편, 각 국가에 있어서 특정 사회문제의 발생원인과 현상은 상당한 유사성을 띄고 있다. 이는 인간생활관계의 동질성에 기인하기도 하지만, 사회·문화제도의 전파와 교류확대에 따라 유사한 법률문제들이 상호적으로 발생하기 때문이다. 또한, 기업의 해외진출과 상품수출 등에 따라 국제적인 법률관계가 수시로 형성되고, 그에 따른 분쟁도 빈번해지고 있다. 최근 애플과 삼성의 특허분쟁에서 보는 바와 같이 특정한 법률문제가 여러 국가에서 동시다발적으로 발생되기도 한다.

이와 같이 오늘날 국민생활과 기업 활동은 범지구적으로 확대되고 있으므로, 이에 따라 형성되는 국제적인 법률관계를 유지하기 위해서는 한 나라의 법규범뿐만 아니라 다양한 국가의 법규범에 대한 체계적이고 시의적절한 인식과 활용능력을 함양하는 것이 요청된다. 여기서 해외 법정보에 대한 이해와 조사방법론을 탐구할 필요가 있다.

나. 해외 법정보조사의 구체적 목적 및 필요성

해외 법정보에 대한 조사방법론을 탐구하는 구체적인 목적 및 필요성은 다음과 같이 몇 가지로 나누어 볼 수 있다. 즉, 학문적인 측면과 실무적인 측면, 그리고 환경적인 측면으로 나누어 볼 수 있다.

(1) 법학연구 및 교육자료의 확보

먼저, 학문적인 측면에서 효율적인 법학교육 및 연구를 위해서는 해외 법정보 자료의 지속적인 수집과 활용이 필요하다. 즉, 우리나라의 법제는 대체로 외국법을 참고로 하여 제정되었기 때문에 어떠한 법의 연혁적인 고찰 등 관련 제도의 충분한 이해를 위해서는 외국의 법제를 파악하는 것이 요구되며, 나아가 우리나라보다 법률의 역사가 오래된 선진국에 풍부하게 축적된 연구결과를 참고할 필요가 있다.

또한, 상대적으로 사회발전 속도가 빠른 선진국에서 발생하는 다양한 법률문제들은 향후 우리나라의 법률문제로 나타날 가능성이 있으므로 주요 외국의 법제와 분쟁사례에 대한 사전연구를 통해 법률문제의 발생을 미리 예측하고, 이를 바탕으로 국내 실정에 부합하는 보다 발전적인 법제를 정비하고 운영하는 것이 요구된다.

(2) 국제적 분쟁해결능력의 습득

법 실무적인 측면에서는 법률문제 또는 법적 사건의 국제화가 촉진됨에 따라 이를 해결하기 위한 해외 법정보의 해석과 적용 능력을 배양하는 것이 필요하다. 즉, 개인 및 기업 활동의 국제화가 크게 확대됨에 따라 법률실무에서 국제적 법률문제에 대한 상담 및 자문요청이 증가하고 있으며, 변호사의 업무도 국제무대를 대상으로 확대되고 있다. 특히, 특정 사건과 관련하여 국내에 선행판례가 없는 경우 외국에서 발생한 유사사건에 대한 사법부의 판단내용을 확인하는 것은 사건해결에 많은 참고가 될 수가 있다.

오늘날 지식재산권이나 통상무역 분야와 같은 국제적 사안의 분쟁이 빈번히 발생하고 있으므로, 주요 국가의 법률체계 및 내용을 이해하는 것은 사건해결을 위한 필수적인 요소이다.

(3) 법률시장의 개방과 경쟁 대응

최근 국가 간의 자유무역협정의 체결 등 무역질서의 변화에 따라 법률시장의 개방이 불가피한 선택으로 대두되고 있다. 법률시장의 개방은 국내변호사의 해외진출도 기대되지만, 해외변호사의 국내 진출로 인한 경쟁이 크게 강화될 것으로 예상된다.

우리나라는 법률시장 개방의 전단계로 이미 2009년 3월 「외국법자문사법」을 제정하였으며, 동년 9월부터 시행에 들어갔다. 이는 그동안 국내로 한정되어 있던 법조시장이 국내외의 무한경쟁체제로 돌입하였음을 의미한다. 이와 같은 법률시장의 개방과 경쟁에 효과적으로 대응하기 위해서는 해외 법제에 대한 이해와 운영능력을 함양하는 것이 필수적으로 요구되며, 이를 위한 기본 전제로서 해외 법정보에 대한 접근과 조사방법을 배우는 것이 요청된다.

한편, 최근 들어 로스쿨 학생이나 법조인들의 해외교류가 크게 확대되고 있다. 이에 따라 외국의 법률문화와 제도를 정확히 이해하기 위해서도 주요 국가들의 법정보에 대한 체계적인 접근과 독해방법을 익히는 것이 필요하다.

2. 해외 법정보조사의 기초와 방법론

가. 법률 환경 및 제도의 이해

해외 법정보를 효과적으로 조사하기 위해서는 실제적인 조사방법론의 습득에 앞서 다음과 같은 사항들을 먼저 이해하는 것이 필요하다. 이는 올바르고 정확한 법해석과 적용을 위해서도 필요하다.

첫째, 그 나라의 법률 환경과 사회제도 등에 대한 이해가 필요하다. 한나라의 법제도 운영은 여러 가지 교육·문화 및 사회적 환경 등에 따라 상이한 모습을 보이고 있다. 따라서 한 나라의 법제도를 정확하고 효율적으로 파악하기 위해서는 법규범의 운영과 관련된 해당 국가의 사회제도, 문화적 특성, 국가 운영시스템 등의 법률 환경에 대한 전반적인 이해가 바탕이 되어야 한다.

둘째, 해당 국가의 입법구조 및 사법체계의 특성을 이해하여야 한다. 한 나라의 법률제도는 서로 영향을 주기도 하지만, 그 나라의 역사적 경험과 발전에 따라 구체적인 운영체계가 다를 수밖에 없다. 국가의 법계를 대륙법계와 영미법계로 구분할 수 있지만 이는 특정 국가의 법률체계를 구분하는 일반적인 기준에 불과하며, 같은 법계의 국가라고 하더라도 국가에 따라 법률제도의 운영에 많은 차이가 있다. 이에 따라 특정 국가의 법규범의 특성을 제대로 파악하기 위해서는 그 나라의 입법·행정·사법기능의 분담 및 운영구조, 주요 법률기관의 설치 및 운영체계 등을 이해하여야 한다.

셋째, 각국의 법정보의 발생 및 관리체계를 파악하여야 한다. 각국의 법정보의 구축과 유통은 그 국가의 법제도의 운영체계와는 달리, 그 나라의 법정보 정책에 따라 다른 양상으로 나타난다. 즉, 법정보를 국가기관을 비롯한 공공기관이 관리·제공하는 경우가 있는가 하면, 민간기관을 중심으로 한 서비스체계가 발달한 경우도 있다. 또한, 같은 법정보라고 하더라도 공공기관이 제공하는 방법과 민간기관이 제공하는 방법이 서로 다를 수 있다. 이에 따라 법령, 판례, 문헌 등 주요 법정보 유형별 운영시스템을 이해하여야 한다.

나. 해외 법정보 접근방법의 숙지

구체적으로 해외 법정보를 조사하기 위해서는 각 국가별 및 법정보 유형별로 다양한 정보접근방법을 숙지하는 것이 필요하다. 해외 법정보에 접근하는 방법은 크게 두 가지로 나누어 볼 수 있다. 즉, 직접적 접근방법과 간접적 접근방법이 그것이다.

(1) 직접 접근방식

특정 국가 또는 국제기구의 법정보를 조사함에 있어서 가장 바람직한 방법은 해당 국가나 국제기구의 정보원에 직접 접근하여 정보를 조사하는 것이다. 이는 원정보에의 접근을 통해 보다 정확하고 다양한 정보를 조사할 수 있기 때문이다. 또한, 간접적인 정보접근방식에 비해 법규범의 내용을 가공하지 않은 상태로 구득할 수 있어, 법정보의 본래적 취지와 내용전달이 우수하다는 장점이 있다. 다만, 이와 같은 직접적인 접근방식은 관련 지식이 많지 않을 경우 정보의 소재와 전달방식의 이해부족으로 원활한 정보조사를 실시하기 어렵고, 경우에 따라서는 언어적인 문제 등으로 간접적인 접근보다도 더 부정확한 해석을 초래할 위험도 존재한다. 해외 법정보의 직접적인 접근방법에 대하여는 개별 국가의 법정보조사에서 다시 설명한다.

(2) 간접 접근방식

해외 법정보를 조사하는 두 번째 방법은 국내에서 제공하고 있는 해외 법정보에 간접적으로 접근하는 방식이다. 최근 우리나라의 일부기관에서 해외 법정보에 대한 정보서비스를 확대하고 있다. 해외 법정보를 제공함에 있어서는 해당 국가의 언어로 된 정보를 그대로 제공하는 경우가 있는가 하면, 우리말로 번역하여 제공하기도 한다. 경우에 따라서는 영어 등 공용어를 통해 제공하는 경우도 있다. 이에 따라 해외 법정보를 체계적으로 조사함에 있어서는 이와 같은 간접적인 조사방법을 알아두면 편리하다. 특정 해외 법정보에 대한 정확한 번역과 이해를 위해서는 우리말로 번역한 정보자료와 해당국가의 원문정보를 병행하여 조사·활용하는 것도 좋은 방안이 될 수 있다. 현재 국내기관에서 제공하는 주요 해외 법정보서비스 현황은 다음과 같다.

[표 30] 국내기관의 해외 법정보 서비스

구 분	운영기관	정보내용	서비스 특징
세계법제 정보사이트	법제처	세계각국 법제정보	주요국가(12개 국가 및 권역)의 법제체계 및 법정보자료, 법률정보 검색사이트, 법률유관기관 등 안내
외국법제 정보제공	법제연구원 (간행물)	최신외국 법제정보	외국의 최신 법제 동향 및 법제내용 소개·안내
		아시아 법제연구정보	아시아 국가의 법제관련 연구자료 제공

구 분	운영기관	정보내용	서비스 특징
일본법령 번역서비스	법제연구원	일본법령 번역서비스	일본 총무성 행정관리국의 허가를 받아 일본 현행법령정보 자동번역 서비스
국제조약 번역자료	외교부	각종 조약정보	우리나라가 당사국인 국제조약 번역자료(영문, 제2외국어, 한글정보 제공)
해외웹정보 종합안내	㈜로앤비	해외 웹 법률정보	주요국가의 법률정보 사이트, 법률 관련 기관 및 로스쿨 등 법률 관련웹사이트 연계서비스

다. 국내기관을 통한 해외 법정보조사

(1) 법제처 세계법제정보센터 [http://world.moleg.go.kr/]

세계법제정보센터는 법제처가 운영하는 해외 법정보 전문사이트로서, 해당 서비스를 통해서 세계 각 국가의 현행법령과 법제관련 연구자료 등을 종합적으로 조사·이용할 수 있다. 주요 국가의 경제법령 등에 대하여는 우리말로 번역하여 제공하며, 특히 각 국가의 법정보서비스기관과의 링크를 통해 해외 법정보에 직접 접근할 수 있는 연계기능도 제공하고 있어, 이를 통해 해외 법정보를 직접 조사할 수도 있다.

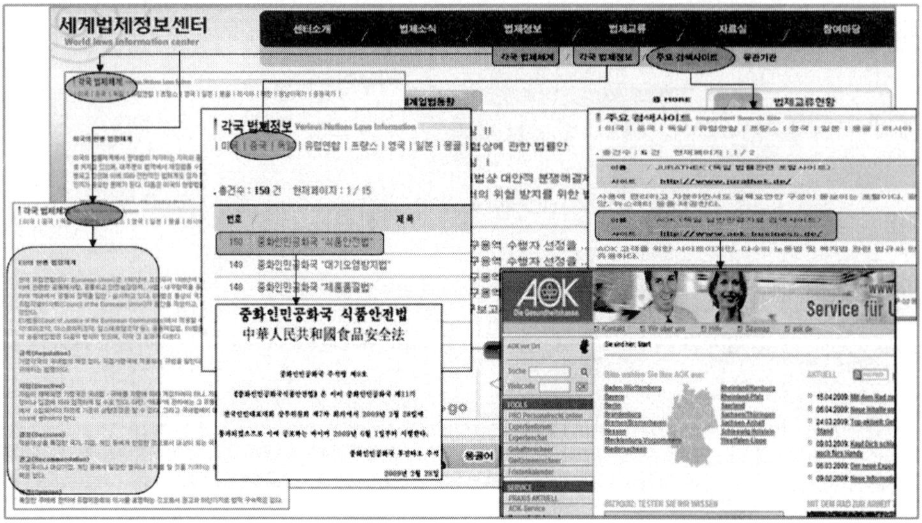

[그림 56] 세계법제정보센터를 통한 해외 법정보조사

(2) 법제연구원 해외 법정보 사이트 [http://www.klri.re.kr/]

법제연구원은 법제 전문 연구기관으로서 국가입법연구를 위해 세계 각국의 법제정보를 수집·분석·제공하고 있으며, 주요 해외 법정보를 온라인을 통해 국내이용자에게 서비스하고 있다. 따라서 특정 국가 및 법률주제에 대한 정보가 필요한 경우 법제연구원을 통한 해외 법정보의 조사와 이용이 가능하다.

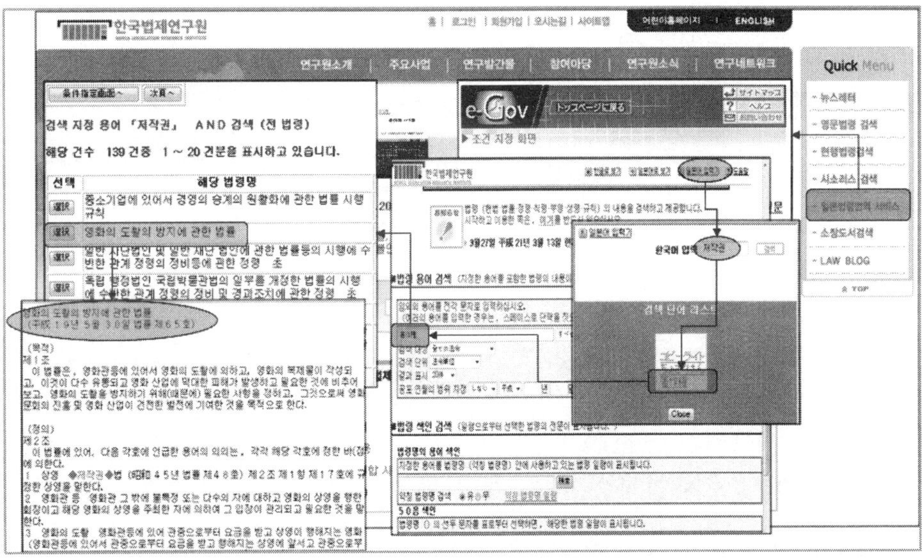

[그림 57] 법제연구원을 통한 해외 법정보조사

(3) 로앤비 해외 법정보 서비스 [http://www.lawnb.com/]

로앤비(LAWNB)는 국내 민간 종합법정보서비스 기관으로서, 법령·판례·문헌 등의 주요 법정보와 법조인, 법률서식 등에 관한 참고정보를 이용자에게 제공하고 있다. 로앤비는 정보서비스의 일환으로서 해외의 주요 법정보에 대한 번역서비스 및 링크서비스를 제공하여 이용자들의 해외 법정보 이용을 지원하고 있다. 특히, 기업 활동과 관련한 해외법정보가 필요한 경우 이를 통한 조사와 이용이 가능하다. 로앤비의 해외 법정보서비스는 주요 국가별 및 분야별 법령의 번역자료와 함께, 미국·영국·호주 등 영미국가의 WESTLAW International,

일본의 WESTLAW Japan 등의 웹정보를 이용할 수 있는 점에서 유익하다.

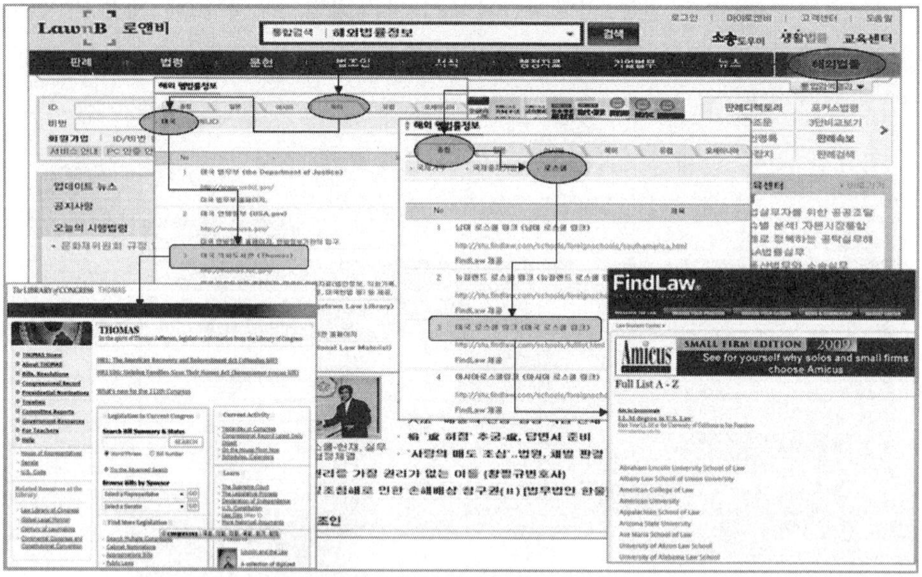

[그림 58] 로앤비를 통한 해외 법정보조사

(4) 민간 정보사업자의 해외 법정보 서비스

국내기관을 통한 해외 법정보조사는 앞서 설명한 정보기관이나 정보사이트 외에도 다양한 경로를 통해서도 수행할 수 있다. 개별 정부부처나 공공기관들이 고유의 업무수행과 관련하여 특정한 해외 법정보를 제공하기도 하며, 민간의 정보사업자들이 외국의 정보업체들과 제휴하여 국내 이용자에 대한 해외 법정보서비스를 실시하기도 한다.

특히, 미국 등 외국의 법정보서비스 업체들은 스스로 구축한 법정보 데이터베이스를 바탕으로 세계적인 유통망을 형성하여 독점적인 정보사업을 수행하고 있는데, 이들 해외 정보사업자들은 국내 정보사업자를 통해 대학·연구기관·개인 이용자 등과 협약을 맺고, 특정 웹정보의 전문적인 서비스를 수행하고 있다. 이 경우에는 해외 법정보에 직접 접근하는 것과 동일한 효과를 기대할 수 있다.

국내 정보사업자를 통해 이용할 수 있는 주요 해외 법정보서비스로는 영미법계 국가의 WESTLAW와 LEXIS/NEXIS, 유럽의 Kluwer Law Online, 일본의 TKC Law Library, 중국의 CLKD, 전 세계의 학위논문정보를 제공하는 PQDT/DDOD 등을 들 수 있다.

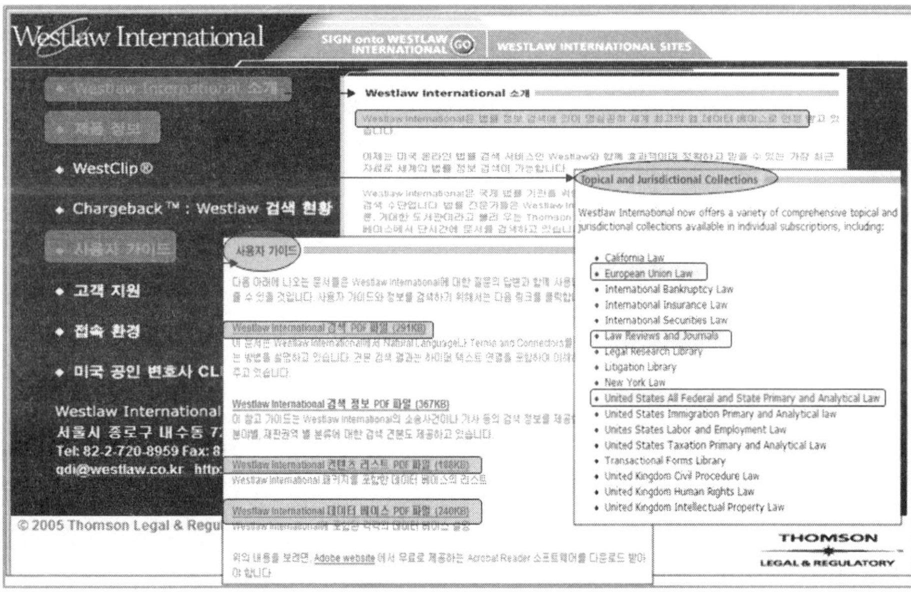

[그림 59] 미국의 WESTLAW International을 통한 해외 법정보조사

제2절 미국법의 이해와 법정보조사

1. 미국 법체계의 특징

가. 연방제국가

주지하는 바와 같이, 미국은 연방제인 국가체계를 운영하고 있어, 사법 분야에 있어서도 연방사법체계를 형성하고 있다. 즉, 미국은 연방제국가로서 50개의 州(state), 특별구(district) 및 準州(territory)[157] 등으로 구성되어 있으며, 특히 연방과 각 주는 서로 독자적인 입법, 사법, 행정권한과 조직을 보유하고 있어 연방과 각 주가 자기의 관할범위 내에서 수많은 법정보를 생산하고 있다. 따라서 미국의 법정보를 조사·분석하고 이용함에 있어서는 이와 같은 각 법정보 상호간의 관계와 형식(pattern)을 파악하여 공통적인 특성을 이해하는 것이 중요하다.

나. 보통법체계

미국의 사법제도는 보통법체계(common law system)에 의한 운영시스템이라고 할 수 있다. 이는 법원이 판결을 함에 있어 공동체 구성원들에게 보편적으로 통하는 일련의 관행과 원칙인 보통법에 준거하여 판결함을 의미한다. 즉, 판사는 사실관계에 적용할 법 원칙(legal principle)을 보편적으로 통하는 일련의 관행인 보통법 속에서 찾아내고 적용한다. 이에 따라 법원의 판결은 '선례구속의 원칙'에 따라 동일 또는 유사한 사건에 대한 선 판결 또는 상급심에 구속되며, 이러한 원칙은 미국의 법체계 운영에 있어서 매우 중요한 역할을 한다.

---

157) 특별구는 특별자치구를 의미하며 미국 연방정부의 소재지인 컬럼비아 특별구(District of Columbia, DC) 1개가 있다(Washington, D.C). 準州는 아직 주(州, state)의 지위를 얻지 못한 미국의 행정구역(자치지역)으로서 여기에는 푸에르토리코, 버진제도 등이 있다.

보통법 원리인 선례구속의 원칙(doctrine of precedent)을 해석하고 적용함에 있어서는 다음과 같은 몇 가지 점에 유의하여야 한다. 첫째, 관할권을 가진 법원의 판결만이 해당 사안에 대한 법적 효력을 갖는다는 점이다. 따라서 다른 주의 법원의 판결은 해당 주의 사건에 직접 적용하기 어렵다. 둘째, 심급제에 따라 상급법원의 판결은 하급법원을 구속한다. 즉, 선례에 따라 확립된 법원칙이 일반적으로 적용된다. 셋째, 상급법원은 스스로 종래의 판결을 번복할 수 있다. 다만, 종전과 달리 정반대의 판결을 하는 경우는 매우 드물며, 점진적인 변화를 시도하는 경향이 크다. 따라서 시대와 환경에 따라 보통법의 원칙이 변화될 수도 있다는 것이다. 그러나 오늘날은 행정기능의 확대 등으로 복잡한 법률관계가 크게 증가함에 따라 제정법의 제정 및 해석을 통해 판결하는 비중이 점차 증가하고 있다.

2. 미국의 제정법 체계와 운영

가. 제정법의 현황과 체계

미국은 역사적으로 영국에서 형성·발전된 보통법체계를 계승하여 발전해왔으나, 영국의 보통법체계와는 상당한 차이를 나타내고 있다. 이는 미국이 영국의 식민지로 시작하였음에도 불구하고 영국인뿐만 아니라 여러 민족들이 정착하는 과정에서 보통법체계를 계승하면서도 대륙법계 등 다른 법체계의 영향을 받았기 때문이라고 할 수 있다. 특히 남북전쟁 이후 법전편찬 운동, 법의 통일화 움직임 등을 통하여 오늘날 미국의 법은 과거와 달리 불문법주의라는 말이 무색할 정도로 거의 모든 법 영역에서 성문법이 존재한다.

미국의 법률체계에서 보통법이 차지하는 지위와 중요성은 오늘날에도 큰 변화는 없다. 하지만 제정법의 비중이 증가하고 있으며, 전반적인 법체계도 점차 유형화되고 있는 추세를 보이고 있다. 실제로 미국 의회는 다양한 주제에 관한 법률을 수시로 제정하고 있어 그 수는 매년 수천 건에 이르고 있으며,

이에 따라 현실적으로 오늘날의 법원의 판결은 의회에서 제정한 법률이나 행정부의 명령 해석을 중심으로 이루어지고 있다.[158]

미국의 제정법은 연방제 사법체계에 따라 연방헌법(Constitution of the United States) 및 법률에서부터, 주 헌법(State Constitutions) 및 법률에 이르기까지 다양하게 구성되어 있다. 연방법과 주법은 헌법에 의해 부여된 연방관할권과 주관할권에 따라 제정되고 운영된다. 대체로 연방법은 대외적인 주권과 관계되거나 모든 연방에 해당하는 사항 및 연방간의 통일을 기할 필요가 있는 사항들을 대상으로 한다.[159]

미국 제정법의 체계에서 보통 연방법은 주법에 상위하고 있으며, 이에 따라 연방법과 주법이 명시적으로 충동할 경우 연방법이 적용되고 주법은 무효가 된다. 또한, 연방법과 주법이 충돌하지는 않으나 같은 분야를 중복하여 규율하고 있을 경우에도 연방대법원은 연방정부에 의해 선점(preemption)되었다고 판단되면 주법을 무효처리한다.[160]

한편, 미국 제정법은 그 효력 및 내용에 따라 헌법(Constitution), 법률(Act), 집행명령(Executive Order), 행정법규(administrative rule), 규칙(regulations), 자치조례(by laws) 등으로 부르고 있다. 미국 제정법의 구조와 운영체계를 요약하면 다음과 같다.

---

158) 정인섭 외 공저, (개정판) 해외 법률문헌 조사방법, 서울대학교출판부, 2005.8, 13면.

159) 미국연방헌법은 연방정부의 권한으로 총 17개를 규정하고 있다. 대표적인 것으로는 세금징수, 화폐발행, 우편제도 운영, 특허 및 저작권시스템 운영, 국토방위, 이민 및 귀화권한 등이다. 그러나 연방대법원은 주간의 거래와 관련된 환경법이나 인종관련법 등도 연방정부의 권한으로 인정하고 있어 연방정부의 권한은 점차 확대되고 있다.

160) 박경신 외, 앞의 책, 227면 이하 참조.

[표 31] 미국 제정법의 구조와 운영체계

법적 효력순위	내용
	① 연방헌법(Constitution of the United States) : 미국 내 모든 제정법 중 최고 상위 법 - 위헌법률심사권을 가진 연방대법원의 판례(위헌법률심판)는 불문헌법을 형성하며, 헌법과 동일 효력 - 증보식 개정 : 의회 양원 2/3 투표 제안, 전체 3/4 이상 州의 의회 또는 헌법개정위원회 비준으로 개정
높음	② 연방법률(Act) : 연방의회가 제정한 각종 법률, 조약과 함께 헌법에 대하여만 하위에 서고, 주법보다 상위
↑	③ 조약(Treaty) : 미국이 외국과 체결한 조약, 연방제정법과 동일한 효력, 상호 충돌 시 연방제정법이 우선 - 대통령이 의회 2/3 이상 찬성을 얻어 체결, 국내법적 효력을 갖기 위하여 별도 시행입법이 필요 - 행정협정 : 대통령이 의회 승인 없이 외국과 체결(한정된 권한), 행정협정은 조약과 동일한 효력 보유
법적효력순위	④ 연방집행명령(Federal executive orders) : 대통령이 헌법에 의하여 발한 명령, 연방입법으로서의 효력 보유
	⑤ 행정법규(Administrative rules) 및 규칙(Regulations) : 연방행정 부처가 연방법률에 따라 제정한 명령, 연방입법의 성격
↓	⑥ 주 헌법(State Constitutions) : 각 주가 제정한 헌법, 유효한 연방입법에 대해서 하위, 주의 최고 법규범
낮음	⑦ 주 법률(State Statutes) : 각 주 의회가 제정한 주 법률, 유효한 연방 법률과 주 헌법에 구속됨
	⑧ 주 행정법규 및 규칙 : 주 정부가 제정한 법규 및 규칙, 연방과 주 법률에 구속(주로 인·허가 사항규정)
	⑨ 기타 지방자치단체 조례(by-laws) 등 : 주 이하 자치단체(county, city)가 제정한 주 조례 등, 최하위 효력

나. 제정법의 표기방식과 독해

(1) 연방법률 고유번호

미국의 연방제정 법률의 고유번호는 해당 법률이 어느 회기기간 중에 몇 번째로 제정된 법률인지를 표시하는 의미가 있다. 즉, 의회의 회기번호와 제정된 순서대로 부여되는 일련번호를 조합하여 법률번호가 붙여지게 된다. 이러한 법률은 통상 Public Law로 편성된다. 예를 들면, 1980년에 소집된 제96차 회기 중에, 517번째로 제정된 입법의 경우 Public Law No. 96-517의 법률번호가 부여된다.

H.R.6933
Latest Title: Government Patent Policy Act of 1980
Sponsor: Rep Kastenmeier, Robert W. [WI-2] (introduced 3/26/1980)
Latest Major Action: 12/12/1980 Public Law 96-517.

[그림 60] 미국 연방법률 고유번호 표기방법

여기서 말하는 'Public Law'란 공법을 의미하는 것이 아니라 특정개인이나 단체 또는 지역에 국한되는 것이 아닌 보편적인 규범력을 가진 일반법의 의미로 쓰여 진다. 반면에 의회가 특정인이나 단체 또는 지역 고유의 법률문제를 다루기 위해 제정한 경우에는 Public Law라고 하지 않고, 대신 Private Law 또는 Special Law로 분류되어 별도의 법률번호를 부여받게 된다.

(2) 연방법률 명칭표기

미국의 경우 법률의 명칭을 표기함에 있어서는 통상 법률의 머리에 "An Act to …"라는 접두어를 붙여 부여하는 것이 정식적인 명칭표기방법이지만,161) 때에 따라서는 해당 법안의 특성이나 제출자의 이름을 붙여 축약된 명칭으로 부르기도 한다. 즉, 해당법률의 간략한 내용을 나타내는 단어나 숙어, 제정연도 등을 조합하여 간단히 "… … Act of 2004"와 같은 형태로 줄여서 표시하거나,162) 법안의 제출자의 이름을 붙여 "○○○ Act of 2004"라고 표시하기도 한다.163) 이에 따라, 특정 법률의 내용을 상징하는 단어를 조합하거나, 법안을 발의한 의원의 실명을 법률의 명칭으로 사용하는 경우에는 그 명칭만

161) 예를 들면, "An Act to amend the patent and trademark laws"와 같이 표기한다.
162) 예를 들면, 앞의 특허상표법 개정 법률을 그 정책적 측면을 고려하여 "Government Patent Policy Act of 1980"와 같이 표기한다.
163) 예를 들면, 앞의 예시법률의 경우 "Bayh-Dole Act of 1980"과 같이 표기한다.

으로 법률의 내용이나 주제를 파악하기 쉽지 않기 때문에 당해 법률에 대한 속칭(popular name)과 법률명을 연계하여 숙지하여야 한다.

한편, 미국의 공식법령집인 코드집(U.S. Code 또는 Code of Federal Regulations)에 수록된 법령의 번호로 표시하는 경우에는 법률은 “35 U.S.C. 18 §200(a)(1)”, 규칙은 “15 C.F.R. 1180.1(a)”와 같이 편, 장, 조, 항 등의 순서로 표시한다.

3. 미국의 사법제도와 법원구조

미국은 연방제 국가구조를 운영함에 따라, 법원의 조직과 운영체계도 연방법원과 주법원의 2중 구조로 설치·운영된다. 각각의 운영체계를 간략히 살펴보면 다음과 같다.164)

가. 연방법원의 구조

미국 연방법원의 구조는 기본적으로 연방지방법원, 연방항소법원, 및 연방대법원의 3심 체제로 구성된다.

(1) 연방지방법원

연방지방법원(Federal District Court)은 제1심법원으로서 각 주마다 인구수에 비례하여 1~4개가 설치되며, 일정기준 이상의 민사사건과 형사사건을 관할한다. 민사사건의 경우 i) 연방법에 관계되는 사건, ii) 소송 당사자들이 서로 다른 주에 소속된 경우, iii) 소송가액이 75,000달러 이상인 경우 등을 관할대상으로 하며, 형사사건의 경우 죄의 경중을 불문하고 연방형사법을 위반한 사건을 그 대상으로 한다.

---

164) 미국법원의 체계와 구조에 대하여는 채동배, 법으로 보는 미국 그리고 한국의 사법개혁, ㈜살림출판사, 2004, 49~55면 ; 박경신 외, 앞의 책, 228~231면 참조.

(2) 연방항소법원

연방항소법원(Federal Court of Appeals)은 제2심 법원으로서 미국 전역을 12개 권역으로 구분하여 각 권역별로 하나씩 설치되어 있다. 이를 순회지구(Circuit)라고 하기 때문에 항소법원을 순회법원이라고도 한다. 이 12개 항소법원은 자기 관할지역내에 위치한 지방법원의 결정에 불복하여 제기되는 사건을 담당하며, 모든 민사재판과 형사재판의 항소심을 관장한다. 항소법원의 심리는 3인으로 구성되는 합의부가 담당하며, 사실심리는 하지 않고 법률심사만을 수행한다.

(3) 연방대법원

연방대법원(United States Supreme Court)은 미국의 최고법원으로서 워싱턴 D.C에 소재하고 있으며, 9인의 재판관으로 구성되는 전원합의체에 의하여 심판한다. 연방대법원은 연방항소법원의 결정에 불복하거나, 주 최고법원이 다룬 불복사건 중 연방헌법이나 연방법률에 관계되는 법적 문제가 있는 사건을 관장한다. 연방대법원의 심판은 심판관 과반수의 찬성으로 결정을 내리는데 재판관 전원일치에 의한 결정은 거의 없으며, 보통은 다수의견(majority opinion)과 이에 대한 보충의견(concurring opinion) 또는 소수의견(dissenting opinion)으로 재판결과를 표시하게 된다.

나. 주법원의 구조

미국의 주법원도 연방제 국가의 특성에 따라 각 주별로 독립적인 재판권을 관장하는 3심 구조의 법원체계를 구성하고 있다. 즉, 제1심법원, 주항소법원 및 주최고법원이 각각 설치되어 있다.

(1) 제1심 법원

주(州)의 제1심 법원(Trial Court)은 두 종류의 법원으로 나뉜다. 즉, '제한적인 재판권'을 가진 법원과 '일반적인 재판권'을 가진 법원으로 구분할 수 있다. 제한적인 재판권(limited jurisdiction)을 가진 주 법원은 소송가액이 일정 금액 이하인 민사사건과, 1년 이하의 징역 또는 2000달러 이하의 벌금에 처해지는 경범죄의 형사사건을 담당한다. 일반적인 재판권(general jurisdiction)을 가진 주 법원은 소송가액이 큰 민사사건과 1년 이상의 징역에 처해지는 형사사건을 관장한다.[165] 주 법원은 대개 카운티(county) 또는 시(city)에 인구수에 따라 설치되며, 인구가 많은 지역은 민사법원과 형사법원을 별도로 설치하거나 두 개 이상의 법원이 설치되기도 한다. 제1심 법원의 재판은 합의부가 아닌 1인의 재판관이 심리 및 재판한다.

(2) 주항소법원

주(州)의 항소법원(Court of Appeal)은 주의 제1심 법원의 결정에 불복하는 항소사건을 담당하며, 연방항소법원과 마찬가지로 주의 지역을 몇 개의 구역으로 구분하고 각 구역마다 하나씩 설치된다. 특이한 사항은 각 주마다 항소법원의 명칭이 다를 수 있다. 예를 들면, 뉴욕 주의 경우 "Appellate Division of the Supreme Court"라고 하고, 텍사스 주의 경우에는 "Court of Criminal Appeals"라고 부른다.

(3) 주최고법원

주(州)의 최고법원(Supreme Court/High Court)은 각 주마다 하나씩 설치되어 있으며, 주항소법원의 불복사건을 최종적으로 담당하는 법원이다. 주최고법원은 각 주의 상고심사건의 재판을 담당하지만, 경우에 따라서는 주정부의 중대한 법률문제나 장래에 큰 영향을 미칠 수 있는 사회정책들에 대한 결정을 담당하기도 한다.

---

165) 일반적인 재판권을 가진 주의 법원을 지방법원(District Court) 또는 상급법원(Superior Court)라고 부르기도 한다.

다. 연방법원과 주법원의 관계

미국의 연방법원과 주법원은 서로 독립된 재판권을 각각 행사한다. 특히, 주법원은 연방국가의 특성상 관할 주 내에서 완전하고 독립적인 재판권을 행사하며, 연방법원의 관할로 규정된 사항에 대하여만 예외적으로 재판권의 제한을 받는다. 결국, 미국에서의 재판권은 기본적으로 주법원이 담당하되, 연방법원의 관할로 규정된 범위 내에서는 연방법원이 독립적으로 담당하는 2중 구조의 형식이라고 할 수 있다.

4. 미국 법정보의 주요 정보원

미국의 법정보원으로서는 다양한 유형의 각종 법령집이나 판례집이 간행되고 있으며, 특히 온라인 법정보를 제공하는 정보시스템이 발달되어 있어 법정보를 찾는데 유용한 정보원이 되고 있다. 미국의 경우 인쇄형 정보는 주로 공공기관들이 발간하는데 비해, 온라인 정보유통시스템은 민간기관을 중심으로 구축되어 운영되고 있다.

가. 인쇄형 법정보원

미국은 연방국가의 특성상 일찍이 연방 및 주의회를 통과한 제정법들을 법안의 통과 순서나 주제별로 재편성하여 일련의 법령집으로 수록·발간하여 오고 있다. 그 가운데 대표적인 것이 Slip Law, Session Law, Code, Annotated Code이다.[166] 또한, 미국에는 약 300만 개의 판례가 축적되어 각종 판례집에 수록되어 있으며, 여기에는 매년 약 10만 개 정도의 새로운 판례가 추가되고 있다. 이들 법령집과 판례집은 대체로 연방기관이나 관련 기관들이 주로 발간하고 있으며, 경우에 따라서는 일부 민간기관들이 제작하기도 한다.

한편, 미국의 학술문헌 정보로서는 로스쿨 과정에서 활용하는 많은 종류의 각종 교과서 및 참고서, 대학이나 연구기관에서 발간하는 법률서적 등이 있다.

166) 법제처, 미국법의 체계와 검색방법, 63면; 정인섭 외, 앞의 책, 2005.8, 17면.

이들 학술문헌정보는 주로 책자(실물) 형태로 발간되지만, 최근에는 전자책으로도 발간되어 온라인으로 서비스되고 있다. 미국의 법정보를 조사할 수 있는 주요 인쇄매체 형식의 법정보원을 요약하면 다음과 같다.

[표 32] 미국의 주요 인쇄형 법정보원

자료형식		유 형	특 징	대표법전(발간주체)
주제별	주제별 법전	Codes	현행법령을 50개 주제별로 편·장·조문으로 구성하여 일련번호에 따라 수록 편찬	United States Codes (U.S.C) (G.P.O)
	주석식 법전	Annotated Codes	Codes에 수록된 법령별로 판례, 입법취지, 유권해석 등을 부가·해설하여 편찬	U.S.C. Annotated (U.S.C.A) (West Pub.)
시기별	속보식 법전	Slip Laws	각 단행 법령 제정 시마다 팸플릿 형식으로 편찬하여 신속한 법령정보를 제공	U.S.C.C.A.N. (West Pub.)
		Advance Session Law Services		U.S.C.S. Advance (Layers Co. Pub.)
	회기별 법전	Session Laws	모든 법률, 조약, 대통령령 등을 의회의 회기 별로 제정 순서에 따라 수록하여 편찬	U.S. Statute at Large (G.P.O)
대법원판례	주기별 판례집		연방대법원 판결을 종합하여 매 주기별로 편찬	United States Reports (U.S.)
	속보식 판례집		대법원 판결의 주요내용을 요약·정리하여 편찬	Supreme Court Reports (West Pub. 등)
하급심판례	연방 하급법원 판례집		연방항소법원 및 사실심법원 판결을 수록 편찬	Federal Reporter
	주 법원 판례집		각 주 법원의 판결을 분야별 등으로 수록 편찬	New York Reporter
문헌	교과서, 참고서, 법률잡지 등		로스쿨 교육 및 연구에 필요한 자료집으로 발행	Case Book, Law Review

나. 온라인 법정보원

온라인 정보는 인쇄형 정보에 비하여 접근이 용이하고, 해당 정보원에 직접 방문하는 수고를 덜어준다는 장점이 있다. 최근 많은 정부기관들이 홈페이지 또는 전문정보사이트를 통하여 소관 정보를 데이터베이스로 구축하고 인터넷을 통해 대국민서비스를 추진하고 있어, 이들 정보에 대한 접근방법을 알고 있으면 필요한 정보를 수집하는데 매우 유용하다. 미국의 경우 법령, 판례, 학술문헌 등 법정보의 종합적인 제공은 주로 민간기관을 통해 이루어지고 있다. 특히, 법률정보 전문서비스업체의 경우 다양한 정보를 종합적으로 수집·가공하여 이용자의 정보수요에 대응하고 있다. 다만, 전문서비스업체의 경우 해당 정보를 유료로 제공하는 경우가 대부분이므로, 무료로 정보를 취득할 수 있는 정보원과 적절히 연계하여 활용하는 전략이 필요하다.

[표 33] 미국의 주요 온라인 법정보원

구 분	운영기관	주요 정보원(site)	서비스특징
법령정보	미 정부인쇄국	법령정보제공 사이트 http://www.gpoaccess.gov/	연방 및 각 주 헌법, 법률, 행정규칙 등 종합 제공
	연방하원사무국	입법관련정보 사이트 http://uscode.house.gov/	연방 법률의 주제 분류, 키워드 검색서비스 제공
입법정보	미 의회도서관	http://thomas.loc.gov/	미국 의회의 회기에 따른 입법과정, 법령내용, 개정연혁 등 입법정보 제공
	GLIN 운영센터	글로벌 법정보 네트워크 http://www.glin.gov/	
판례정보	미 법원행정처	각급 법원 안내서비스 http://www.uscourts.gov/	미국 각급 법원의 소재 및 주요 정보서비스안내
	미 변호사협회	판례정보속보 서비스 http://www.abanet.org/publiced/	연방대법원의 주요 판결내용(판례속보) 서비스
	㈜톰슨로이터	판례정보 서비스 http://www.findlaw.com/casecode/	연방대법원 주요 판례에 대한 검색서비스 제공
문헌정보	미국 로스쿨 민간 잡지사	http://www.law.harvard.edu/ 등 http://west.thomson.com/ 등	로스쿨 및 민간출판사가 발간하는 법학연구 정보
종합법률정보	미 상무성(NTIS)	연방정보 서비스 http://www.fedworld.gov/	미국정부의 공공행정정보 서비스 종합검색 사이트
	㈜westlaw intl	법정보 종합 서비스 http://westlaw.com/	미국 전체 법령, 판례, 문헌 등 종합 정보서비스
	㈜톰슨로이터	http://lp.findlaw.com/ (무료)	법령, 판례, 문헌 등에 관한 종합법률 포털사이트
	㈜alllaw.com	http://www.alllaw.com/ (무료)	

5. 미국의 법정보 조사방법

미국의 법정보를 조사함에 있어서는 법학도서관 등 법정보가 소재한 장소를 직접 방문하는 방법과 인터넷을 통한 온라인 정보검색방법이 있다. 그러나 도서관 방문 등을 통한 정보조사는 현실적으로 쉽지 않은 방법이므로, 이하에서는 온라인을 통한 정보검색방법을 중심으로 살펴보고자 한다. 온라인 정보검색은 시간적으로나 공간적으로 신속하고 자유로운 정보접근을 가능하게 할 뿐만 아니라, 새로운 정보의 추가와 갱신에도 효율적이기 때문에 가장 많이 이용하는 조사방법이다.

가. 미국의 법령정보 조사

미국의 법령정보조사는 미국정부인쇄국(GPO)이 운영하는 법령정보서비스 사이트 〈http://www.gpoaccess.gov/〉를 이용하는 것이 가장 효율적이라고 할 수 있다. 이는 우리나라의 국가법령정보센터와 유사한 것으로, 미국 연방 및 각 주의 다양한 법령정보를 조사할 수 있다.

[그림 61] 미국 정부인쇄국을 통한 법령정보조사

나. 미국의 입법정보 조사

미국의 입법정보조사는 미국 하원에서 운영하고 있는 의회도서관의 입법정보시스템 〈http://thomas.loc.gov/〉을 이용하는 것이 가장 효과적이다. 동 정보시스템을 이용한 정보조사의 방법은 다음과 같다.

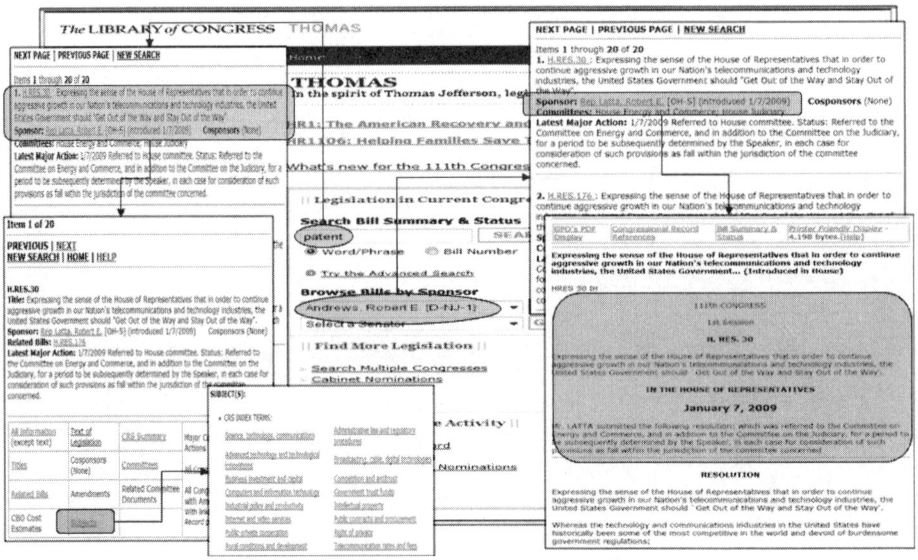

[그림 62] 미국하원 의회도서관을 통한 입법정보조사

다. 미국의 판례정보 조사

미국의 판례정보 조사는 법원행정처가 운영하는 연방대법원 홈페이지 정보서비스 〈http://www.uscourts.gov/〉, 미국 상무성의 정부정보제공시스템인 FED WORLD 〈http://www.fedworld.gov/〉 및 ㈜톰슨로이터가 운영하는 FIND LAW 〈http://www.findlaw.com/〉 시스템을 통해 이용하는 방법 등이 있다. 이 가운데 정보검색의 편의성이 높은 FED WORLD를 이용한 조사방법은 다음과 같다.

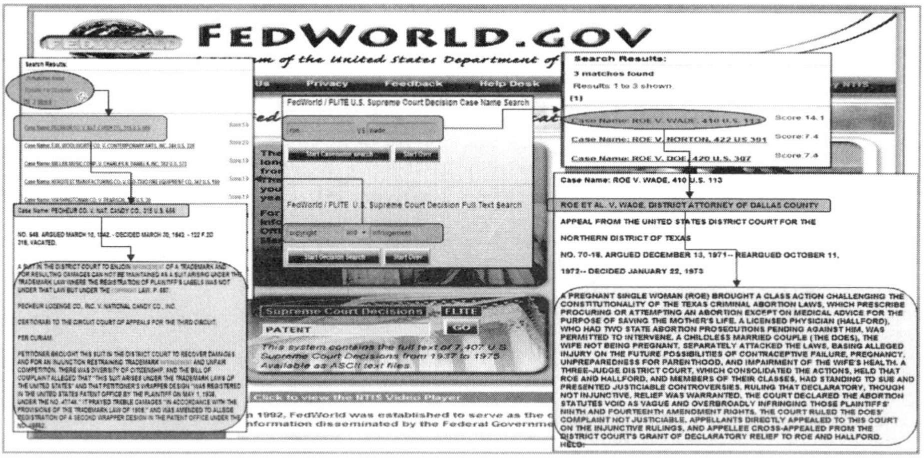

[그림 63] 미국상무성 FED WORLD를 통한 판례정보조사

라. 미국의 문헌정보 조사

미국의 문헌정보를 조사하는 방법은 여러 가지가 있으나, 가장 일반적인 방법은 민간출판사의 학술잡지를 이용하는 방법과 미국 로스쿨이 발간하는 각종 법학연구정보를 이용하는 방법이다. 미국의 대표적 로스쿨인 하버드대학의 학술정보를 조사하는 방법은 다음과 같다.

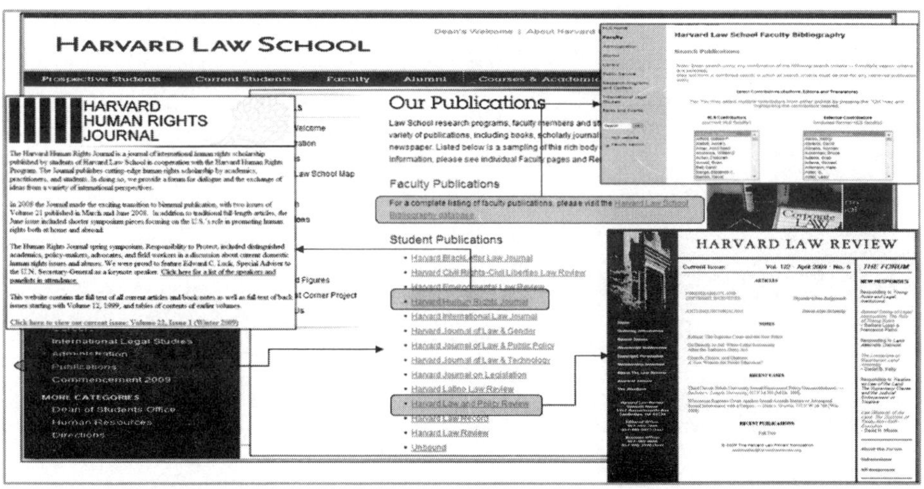

[그림 64] 미국 하버드대학의 법률문헌 정보조사

마. 미국의 법정보 종합조사

미국에서 법정보를 종합적으로 조사하는 방법은 민간사업자가 운영 중인 법정보 전문검색시스템을 이용하는 것이 일반적이다. 미국에서 가장 많이 이용되는 온라인 법정보시스템은 WESTLAW와 LEXIS라고 할 수 있다. 이와 같은 민간 법정보시스템은 법령·판례·문헌 등의 전형적인 법정보는 물론, 법률뉴스나 기사 등 관련 정보들로 함께 제공하고 있다. 앞서 설명한 바와 같이, 이들 정보제공사업자들은 국내의 대리점들과 연계하여 국내 각 대학 및 연구기관, 법률사무소 등과 협약을 체결하고 주기적인 교육과 정보시스템 운영 지원을 통해 상시적인 정보이용이 가능하도록 운영하고 있다. 대표적인 온라인 법정보 검색시스템인 WESTLAW를 이용한 법정보 조사방법은 다음과 같다.

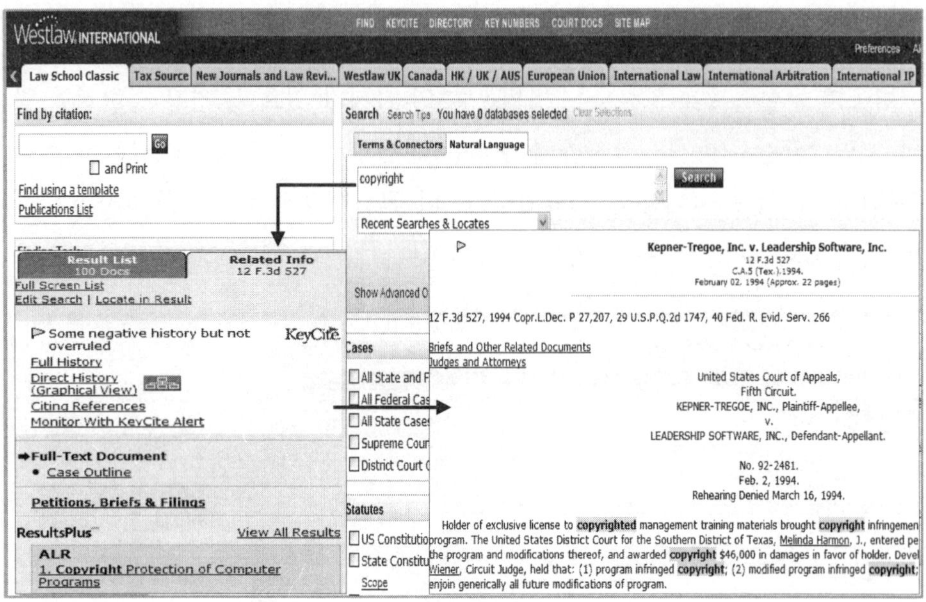

[그림 65] WESTLAW를 이용한 미국 법정보조사

제3절 일본법의 이해와 법정보조사

1. 일본 법체계의 특징

일본의 법정보를 효과적으로 조사하고 정확히 이해하기 위해서는 먼저 일본의 각종 법령체계와 사법제도 운영시스템을 이해하는 것이 필요하다. 일본 법체계 운영의 기초가 되는 일본의 법률 및 정치제도의 특징을 개괄적으로 살펴보면 다음과 같다.

가. 성문법주의 국가

일본은 미국이나 영국 등과 달리 성문법계 국가이다. 일본은 메이지 유신(明治維新, 1868) 이후 근대화 과정에서 대륙법계를 계수하였으며, 최고법인 헌법을 정점으로 각종 법령들이 모여 하나의 국가법체계를 형성하고 있다. 따라서 일본의 국가법제 운영구조는 제정법의 해석과 적용을 중심으로 하면서, 판례법이 보충적인 역할을 수행한다.

나. 의원내각제 국가

일본의 정치제도는 의원내각제 국가이다. 즉, 입법권을 가진 국회와 행정권을 가진 내각이 밀접하게 결합되어 있는 통치구조로서, 의회의 다수당이 집권하는 내각이 행정권의 주체이며 의회에 대하여 책임을 진다. 또한, 중의원(衆議院)과 참의원(參議院)으로 구성되는 양원제 국가로서 법률의 제정에 양원(兩院)의 승인을 필요로 하는 등 법령의 제정 및 운영절차가 상대적으로 복잡하고 까다롭다고 할 수 있다.[167]

---

167) 다만, 일본헌법은 제59조 제2항에서 양원의 의결이 다른 경우 중의원이 재의결(2/3)하면 법률안이 성립하도록 하는 중의원 우월을 규정하고 있으며, 일본 국회법 제89조에서는 중의원이 재의결이 아닌『양원협의회』를 통해 법률안 등에 대한 의안의 타협적 해결도

다. 복잡하고 난해한 법문표기

일본 법제운영의 특수한 사정으로서 일본은 매우 복잡하고 난해한 법률용어와 조문표기를 가지고 있다. 이는 100년이 넘는 일본법령의 역사와 표기법이 다양한 일본어의 특성에 기인한 것으로 법문의 표현이 복잡하고 난해하며, 문어체(文語體) 중심의 난독한 표현이 현재의 실정 법률 전반에 걸쳐 그대로 잔존하고 있어 해독이 곤란한 경우가 많다. 이에 따라 일본의 법문을 독해함에 있어서는 이와 같은 법문체의 해석에 특히 유의하여야 한다.[168)]

2. 일본의 제정법 체계와 운영

가. 제정법의 현황과 체계

일본은 헌법을 최고규범으로 하는 계층적 단일구조의 법체계를 가지고 있다. 일본헌법은 제98조에서 헌법의 최고법규성을 명시하고 있는바, 성문법국가로서 규범체계의 통일성과 체계성을 확보하고 있다. 일본의 법체계는 우리나라와 매우 유사하며, 대륙법계 국가들의 일반적인 법제운영체계와 유사하다고 할 수 있다. 일본의 제정법을 형성하고 있는 다양한 법령의 내용 및 그 운영구조는 다음과 같다.

가능하도록 하고 있다.

168) 일본 법문의 난해한 표현과 다양한 표현의 예로서는『此限ニ在ラス』(このかぎりにあらず = 그러하지 아니하다),『利益考量=利益較量=利益衡量』(이익형량) 등을 들 수 있다.

[표 34] 일본 제정법의 구조와 운영체계

법적 효력순위	내용
	① 헌법(憲法) : 日本国憲法(1947.5.3 제정·시행) - 2차 대전 後, 旧 헌법(大日本帝国憲法 = 明治憲法, 1868)을 대체하여 1947년(昭和 22년) 제정한 新 헌법 - 일본헌법은 헌법에 의하여 그 『최고법규성』이 명시적으로 보장됨(日헌법 제98조)
높음	② 조약(条約) : 일본이 외국과 체결한 조약(내각의 비준과, 천황의 공포로 성립) - 비준·공포된 조약은 국내법으로서 효력발생, 법률에 우선하는 형식적 효력 인정(조약우선원칙)
↕	③ 법률(法律) : 의회 의결을 거쳐 제정된 법규범 - 원칙적으로 衆·參 양원의 의결을 거쳐 제정(日 헌법 제59조) - 헌법-조약 다음의 형식적 효력 보유
법적 효력 순위	④ 명령(命令) : 의회의 의결 거치지 않고, 행정기관이 제정한 법규범(집행명령, 위임명령) - 제정주체에 따라 政令(내각), 府令(内閣総理大臣), 省令(各省大臣), 庁令(外局의 長) 등으로 구분 - 효력순위 : 法律 〉 政令 〉 府令 = 省令(법무성령, 재무성령, 외무성령 등) = 庁令(外局 規則 포함)
낮음	⑤ 기타 행정기관의 규칙 : 중앙행정기관과 독립한 행정관청이 소관업무규율을 위해 제정하는 규칙 - 회계검사규칙(회계검사원), 인사원규칙(인사원), 각 위원회규칙(공정거래위원회, 국가공안위원회 등) - 효력순위 : 法律 〉 政令 = 기타 행정기관 規則
	⑥ 의회규칙/재판소규칙 : 의회 내부규율 및 재판소 소송절차 등을 규율하기 위한 규범(헌법 §58, §77)
	⑦ 지방자치단체 조례 : 지방자치단체 사무 및 내부규율을 위하여 자치단체가 제정하는 규범(헌법 §94)

나. 법령의 제정형식 및 주체

일본의 법령은 그 제정권자에 따라 다양한 명칭이 부여되고 있으며, 기본적으로는 국회, 행정부 및 지방자치단체 등으로 구분되어 표기된다. 이는 우리나라의 경우와 거의 같다고 할 수 있다. 한편, 일본의 모든 제정 법령 및 각종 고시 등은 정부(인쇄국)에서 간행하는 '관보'와 '법령전서(法令全書)'를 통해 게재되어 일반 국민에게 공포된다. '관보'는 인터넷을 통해 검색이 가능하며[169] 월록(月錄)이 발행되고 있으므로 월록을 이용하여 필요한 내용을 검색할 수도 있다. '법령전서'는 법률 및 명령 등이 종류별·공포일 순으로 편집되어 있다.

[표 35] 일본 법령의 제정형식과 주체

법령형식	제정주체(제정권)	제정근거	법령의 명칭	비고
헌법(개정)	국민	헌법	일본국헌법	헌법
조약	내각	헌법	OO조약, OO협정	조약
법률	국회	헌법	OO법, OO에 관한 법률	법률
政令	내각	헌법	OO시행령, OO령	대통령령
府令 省令	내각총리대신 각성대신	내각부설치법 국가행정조직법	OO법 시행규칙 OO규칙, OO규정	총리령 부령
인사원규칙 회계검사원규칙 각종위원회규칙	인사원 회계검사원 공정거래위원회 등	국가공무원법 회계검사원법 국가행정조직법	OO규칙, OO규정	기관규칙
중의원규칙 참의원규칙	중의원 참의원	헌법	OO규칙, OO규정	국회규칙
최고재판소규칙	최고재판소	헌법	OO규칙, OO규정	대법원규칙
지방자치단체조례 지방자치단체규칙	지방자치단체 지방자치단체장	헌법 지방자치법	OO조례 OO규칙	조례 규칙

다. 법령의 표기 및 독해

일본은 원호법(元號法)에 의하여 1세 1연호를 사용하며, 정령으로 연호를 정하고 모든 공문서에 연호를 사용하도록 하고 있다. 이에 따라 판례와 법령도 공식적으로는 연호에 따라 표기 된다. 따라서 일본의 연호가 표기된 경우에는 이를 서기(西紀)로 계산하여 표시하는 방법을 이해하는 것이 필요하다.[170] 일

169) 일본의 인터넷 관보는 국립인쇄국의 〈http://kanpou.npb.go.jp/〉에서 확인할 수 있다.

본의 법령구조는 우리나라와 매우 유사한데 표제부에 제명·법령번호, 공포 및 시행일, 개정경과 등을 표시하고 있으며, 본문의 법조문은 조·항·호 등으로 구성된다.

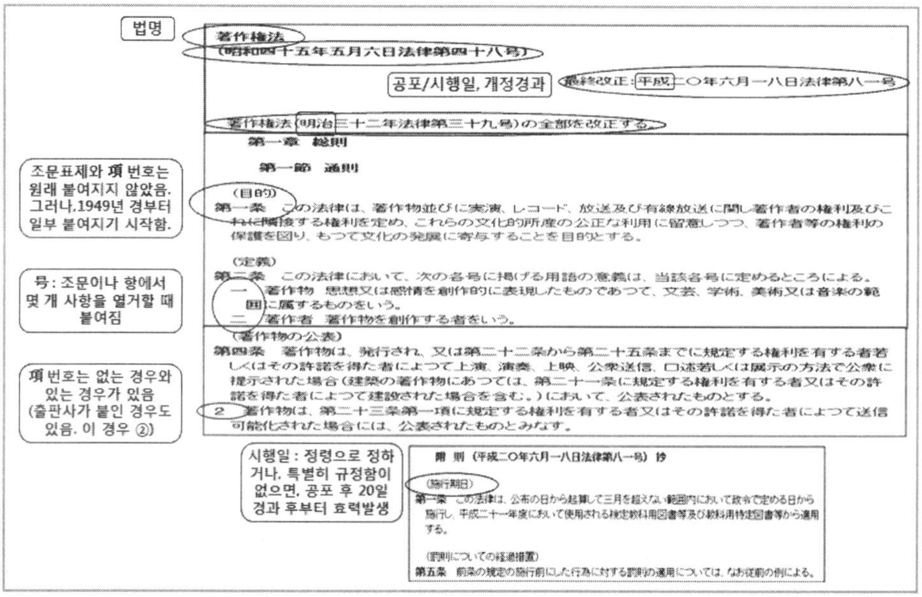

[그림 66] 일본의 법령표기와 독해

3. 일본의 사법제도와 법원구조

가. 사법제도 개관

일본 헌법 제76조는 일본의 재판소는 최고재판소를 최종심·최상급 법원으

---

170) 일본의 연호 및 기간과, 서기연호와의 비교

연 호	기 간	서기연호와 비교
명치(明治)	명치 1년 ~ 명치 44년	서기 1868년 ~ 서기 1912년 (약 +67년)
대정(大正)	대정 1년 ~ 대정 14년	서기 1912년 ~ 서기 1926년 (약 +11년)
소화(昭和)	소화 1년 ~ 소화 63년	서기 1926년 ~ 서기 1989년 (약 +25년)
평성(平成)	평성 1년 ~ 평성 24년	서기 1989년 ~ 서기 2013년 (약 +88년)

로 하되, 하급재판소의 설치와 운영은 법률로 정하도록 규정하고 있다. 이에 따라 현재 하급재판소는 고등재판소·지방재판소·가정재판소·간이재판소 등 4종류의 재판소가 설치·운영되고 있으며, 구체적인 재판소의 설립과 그 관할구역은 『하급재판소의 설립 및 관할구역에 관한 법률』에서 정하고 있다.[171]

일본 재판소의 재판관할은 일반재판소(가정재판소 이외의 재판소)는 민사재판과 형사재판을 관장하고, 가정재판소는 가정사건(가족 및 상속관련 사건)과 20세 미만의 소년범죄 및 비행소년사건을 관장하도록 하고 있다. 또한, 재판소의 심급제도는 제1심-항소심-상고심의 3심제로 운영하고 있으며, 상급재판소와 하급재판소는 원칙적으로 서로 독립하여 재판사무를 관장하고 수행한다. 각급법원의 구성과 운영체계는 우리나라의 법원구조와 거의 동일하다.

판례의 법원성과 관련하여 상급재판소의 재판결과는 원칙적으로는 당해 사건 외에는 구속력이 인정되지 않으나, 일반적으로는 하급심을 기속하고 있어 사실상의 선례구속성이 인정된다고 할 수 있다. 한편, 재판소의 판결은 최고재판소판례집(민사, 형사), 고등재판소 및 하급재판소판례집, 주제별판례집 등 다양한 판례집이 편찬되고 있으며, 주로 특정 사안과 관련한 새로운 판결 또는 종전의 선례를 변경하는 판결 등 중요한 판례를 중심으로 수록·편찬하고 있다.

나. 각급 재판소의 설치와 운영[172]

(1) 간이재판소

간이재판소는 간이·신속한 사건의 해결을 위한 재판소로서, 2012년 현재 전국 각지에 438개소가 설치되어 있다. 간이재판소는 민사사건의 경우 소송물가액이 140만 엔을 초과하지 않는 경미한 사건, 형사사건의 경우에는 벌금 이하의 형에 해당하는 죄 및 절도·횡령 등 비교적 경미한 사건에 관한 제1심 재

171) 일본의 사법제도는 정인섭 외, 앞의 책, 205면 이하 참조.

172) 일본의 최고재판소 및 하급재판소의 설치 현황에 관하여는 일본 최고재판소 홈페이지 「재판소조직」 〈http://www.courts.go.jp/about/sosiki/〉 참조.

판권을 갖는다. 간이재판소의 모든 재판은 1인의 재판관에 의하여 심리 및 재판된다.

(2) 지방재판소

지방재판소는 정식재판절차의 제1심 재판소로서 전국에 50개가 설치되어 있고, 그 지부는 203개가 설치되어 있다. 각 都·府·縣에 1개소씩 설치되어 있으나, 북해도 지역에는 4개소가 설치되어 있다. 지방재판소는 모든 1심 사건에 대한 재판권을 가지며, 간이재판소의 민사판결에 대한 항소심재판권을 가진다. 지방재판소의 재판은 단독판사 또는 3인의 판사로 구성되는 합의부가 사건을 심리·재판한다.

(3) 가정재판소

가정재판소는 지방재판소와 동격의 가정 관련 전문재판소로서 지방재판소의 관할별로 같은 수의 재판소 및 그 지부가 설치되어 있다. 가정재판소는 가정에 관한 사건의 심리·조정, 이혼이나 인지 등의 인사소송의 제1심 재판, 소액보호사건의 심판, 소년의 복지를 해하는 성인의 범죄 등에 관한 제1심 재판을 담당한다.

(4) 고등재판소

고등재판소는 항소심재판소로서 전국적으로 8개의 대도시권에 설치되어 있으며, 6개 도시에는 지부가 설치되어 있다. 특히 동경고등재판소에는 지적재산고등재판소가 설치되어 있어 지적재산 관련 항소심사건을 전문적으로 담당한다. 고등재판소는 사실심의 최종재판소로서 기능한다. 고등재판소의 관할은 각 지방재판소가 제1심관할인 사건 및 가정재판소 판결의 항소심, 지방재판소가 제2심인 사건의 상고심 등을 관장하고 있다. 고등재판소의 재판은 원칙적으로 3인의 재판관으로 구성되는 합의부가 행하지만, 내란죄 및 공정거래위원회 심결에 대한 소송은 5인의 재판관으로 구성되는 합의부가 심리 및 재판한다.

(5) 최고재판소

최고재판소는 일본 유일의 사법부 최고기관으로서 장관 1명과 재판관 14명으로 구성된다. 최고재판소의 심리 및 재판은 재판관전원합의체인 대법정(정족수 9인)과 재판관 5명의 합의체인 소법정(정족수 3인)에서 이루어진다. 최고재판소는 상고심 사건 및 특별히 규정된 항고재판 사건에 대한 재판권을 담당하고, 탄핵사건에 대하여는 제1심 및 최종심으로서의 재판권을 행사한다. 우리나라의 대법원과 달리, 헌법재판사건을 함께 관장하고 있는 점이 다르다고 할 수 있다.

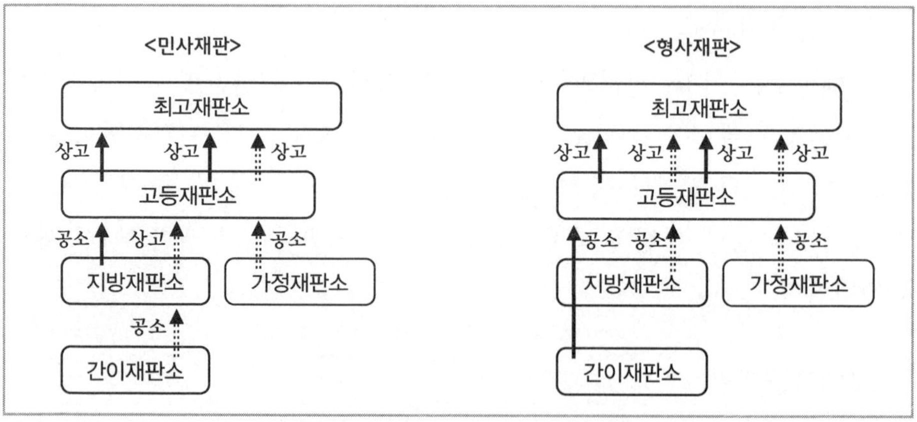

[그림 67] 일본의 재판구조와 심급체계

다. 판결의 구성 체계와 독해

일본 판례는 우리나라의 판례체계와 크게 다르지 않다. 즉, 그 구성에 있어서 사건번호, 사건명, 판시사항, 재판요지 등으로 구성된다. 판결문의 구체적인 구성과 내용은 다음과 같다.

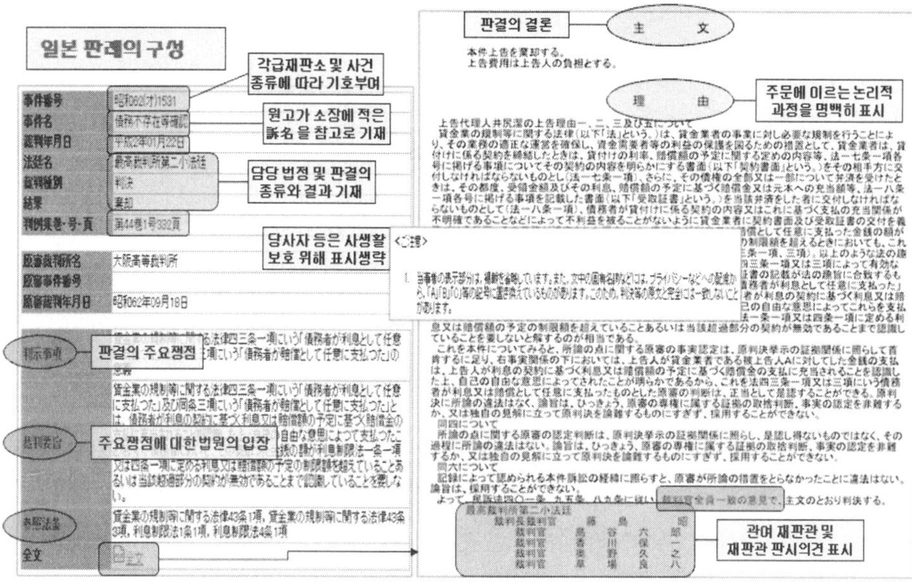

[그림 68] 일본 판례의 구성과 체계

4. 일본 법정보의 주요 정보원

일본의 법정보원도 미국과 같이 다양한 유형의 각종 법령집이나 판례집이 간행되고 있으며, 온라인 법정보를 제공하는 정보시스템도 다수 운영되고 있어 법정보를 찾는데 유용한 정보원이 되고 있다. 그러나 일본의 법정보를 국내에서 접근·활용할 수 있는 서비스체계가 상대적으로 미흡한 실정으로서, 효율적인 정보조사를 위해서는 인쇄형 정보원과 온라인 정보원을 상호 보완하여 활용하는 것이 바람직하다.

가. 인쇄형 법정보원

일본의 법정보를 조사할 수 있는 주요 인쇄형 정보원은 정부의 관보를 비롯한 각종 법령집, 육법전서 및 분야별 법전, 최고재판소를 비롯한 각급 재판소가 발간하는 판례집, 판례평석집 등이 있다. 판례집의 경우 재판소가 정기적으로 발간하는 공식판례집과 특정주제에 관한 판례집 및 판례요지집이 있고, 하급심 판례집도 다수 발간되고 있다.

학술문헌의 경우 각종 전공별 교과서를 비롯하여 다양한 형태의 학습도서와 참고도서들이 출판사별로 발간되어 제공된다. 학술논문 등의 연구정보는 주로 각 학회 및 대학에서 발간하는 정기간행물과 논문집 등이 있으며, 이들 정보는 연도별 및 권·호별로 편철하여 관리되는 것이 일반적이다.

나. 온라인 법정보원

일본의 온라인 법정보원으로서는 국가·공공기관 및 민간기관에서 운영하는 각종 인터넷 법정보 사이트가 있으며, 특히 미국의 온라인 법률정보 회사인 Westlaw사와 일본의 신일본법규사가 공동 합작하여 설립한 Westlaw Japan은 우리나라 로앤비와의 콘텐츠 제공계약을 통하여 국내에 서비스를 제공하고 있어 유용하게 활용할 수 있다. 정보조사의 목적 및 내용에 따라 관련된 정보원을 활용하여 필요한 정보를 조사하는 것이 바람직하다.

[표 36] 일본의 주요 온라인 법정보원

구 분	운영기관	주요 정보원	비 고(서비스 특징)
법령정보	일본총무성	법령정보시스템 (http://law.e-gov.go.jp/)	법령 명, 주제어, 분류색인(50음도) 등 검색기능과 현행법령통계, 최신 법령, 미시행법령 등 종합서비스
	내각법제국	홈페이지 사이트 (http://www.clb.go.jp/)	최신 법률·조약정보 서비스, 기타 법제정보 서비스
	국회도서관	회의록검색시스템 (http://kokkai.ndl.go.jp/)	중의원, 참의원의 각종 의안/회의록 정보제공서비스
판례정보	일본 최고재판소	재판정보사이트 (http://www.courts.go.jp/)	최고재판소판례, 하급재판소판례 등 각종 판례에 대해 재판소명, 사건번호, 주제어 등의 검색기능 제공

<table>
<tr><td rowspan="2">문
헌
정
보</td><td>일본국립
정보학연구소</td><td>NII 학술정보
(http://www.nii.ac.jp/)</td><td>일본 내 학술논문, 학위논문, 도서, 잡지 등 종합안내 및 정보 콘텐트 포털 서비스</td></tr>
<tr><td>한국교육
학술정보원</td><td>일본학술지원문*
(http://www.riss4u.net/)</td><td>일본 학술논문 인용/피 인용 정보 및 학술지 논문에 대한 원문 제공(약 1,000종, 260만 여건)</td></tr>
<tr><td rowspan="2">종
합
정
보</td><td>TKC</td><td>TKC Law Library
(http://ipos.lawlibrary.jp/)</td><td rowspan="2">일본의 법령, 판례, 문헌 등 각종 법정보의 종합안내 및 검색서비스 제공</td></tr>
<tr><td>Westlaw
신일본 법규사</td><td>Westlaw Japan*
(http://www.westlawjapan.com/)</td></tr>
</table>

* 표시는 국내기관이 제공하는 일본 법정보 서비스임.

5. 일본의 법정보 조사방법

일본의 법정보를 조사함에 있어서도 법학도서관 등 법정보가 소재한 장소를 직접 방문하는 방법과 인터넷을 통한 온라인 정보검색방법이 있다. 도서관 방문 등을 통한 정보조사는 현실적으로 쉽지 않으므로, 이하에서는 온라인을 통한 정보검색방법을 중심으로 살펴본다.

가. 일본의 법령정보 조사

일본의 법령정보는 여러 정보원을 통해 조사할 수 있으나, 대표적인 방법은 일본 총무성이 운영하고 있는 “법령데이터제공서비스(法令デ-タ提供システム)” 〈http://law.e-gov.go.jp〉를 이용하는 것이다. 이 서비스는 일본 관보에 기초하여 헌법을 비롯한 각종 법령 정보를 무료로 제공하고 있다. 그러나 정부의 법령정보 외에 조약이나 다른 기관의 법령정보 즉, 사법부 규칙이나 의회 규칙 등은 제공하지 않고 있다.

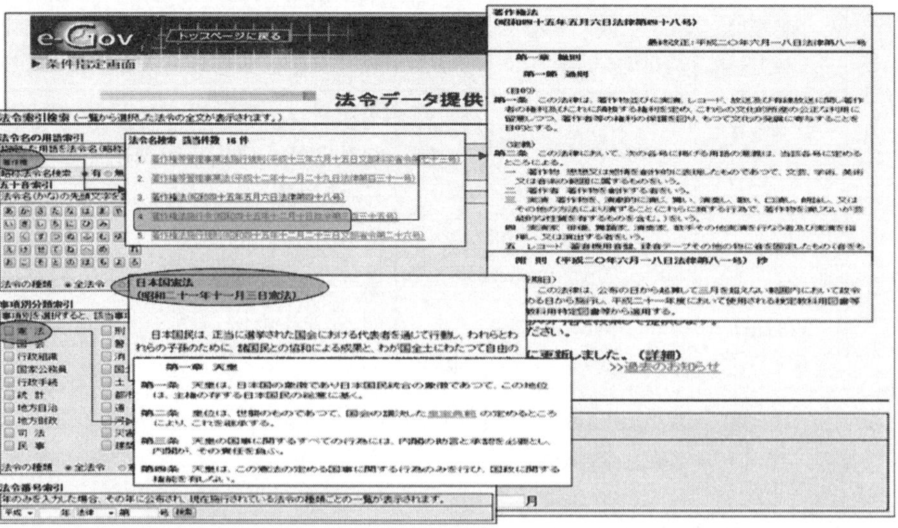

[그림 69] 일본 총무성 법령정보시스템을 통한 정보조사

이 사이트를 통한 정보조사는 여러 가지 방법을 이용할 수 있다. 먼저, 법령용어를 이용한 검색방법으로서 검색창에 찾고자 하는 법령의 용어를 입력하여 정보를 조사한다. 이때는 검색대상, 검색기간 등을 제한하여 검색할 수 있으며, 글자판의 한자변형기능을 이용하여 필요한 검색어를 입력한다. 다음으로 법령색인을 이용한 검색방법으로서 법령명 용어색인, 오십음(五十音) 색인, 사항별분류색인, 법령번호색인 등의 방법을 이용하여 정보를 검색할 수 있다. 이들 각각의 정보조사방법은 그 특성에 따른 장·단점이 있으므로 그에 유의하여야 한다.

나. 일본의 판례정보 조사

일본의 판례정보 조사는 일본 최고재판소가 운영하는 재판례정보 사이트 〈http://www.courts.go.jp/〉를 이용하여 찾는 것이 비용측면이나 효율측면에서 가장 좋다고 할 수 있다. 검색방법은 다음과 같다.

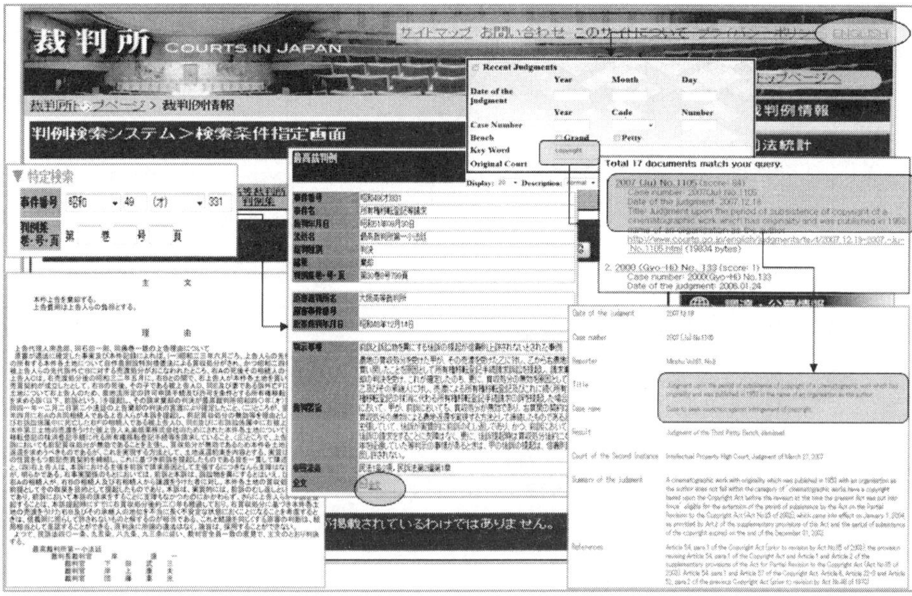

[그림 70] 일본 최고재판소를 이용한 판례정보조사

다. 일본의 학술정보 조사

일본의 학술정보 조사는 여러 방법이 있으나, 대표적으로는 국립정보학연구소가 제공하는 NII 학술정보서비스 〈http://www.nii.ac.jp/〉와 우리나라 한국교육학술정보원이 운영하는 일본학술지원문 정보서비스 〈http://www.riss4u.net/〉를 이용하는 방법이 있다.

라. 일본의 법정보 종합조사

일본의 법령, 판례, 문헌 등 법정보를 종합적으로 조사할 수 있는 정보사이트는 여러 가지가 있으나, 특히 국내에서 접근이 가능한 것은 TKC 社가 운영하는 TKC 로-라이브러리 〈http://ipos.lawlibrary.jp/〉와 로앤비가 연계·제공하는 Westlaw Japan 〈http://www.westlawjapan.com/〉을 들 수 있다. TKC 로-라이브러리를 이용한 정보검색방법은 다음과 같다.

[그림 71] TKC Law-Library를 이용한 일본 법정보조사

제4절 독일법의 이해와 법정보조사

1. 독일 법체계의 특징

가. 연방제국가

독일은 1990년 통일 이후, 16개의 분방(分邦, 州)으로 구성된 연방제 국가로서 연방과 각 주는 독자적인 관할권을 보유하고 있다. 이에 따라 연방에는 최고입법기구로서 연방대의회(Bundestag, 국민대표)와 연방평의회(Bundesrat, 각 주 대표), 최고사법기관으로서 연방헌법재판소(Bundesverfassungsgericht ; Bverf GE) 및 최고집행기관인 연방대통령과 연방정부(Bundesregierung)가 각각 구성되어 있으며, 각 주에는 자신의 지역을 관할범위로 하는 州의회, 州헌법재판소, 州수상 및 州정부가 각각 최고기관으로서 설치되어 권한을 행사한다. 따라서 독일에서의 법률관계를 규율함에 있어서는 연방법과 주법 중 어느 법이 적용되며, 어떤 법원을 관할법원으로 하는지를 확인하여야 한다.

나. 대륙법체계

독일의 법체계는 대륙법계 체계이다.[173] 즉, 성문법 중심의 법체계를 갖고 있으며, 헌법과 법률을 포함하는 다수의 법령들이 제정되어 운영된다. 독일은 대륙법계 중에서도 로마법 고전시대의 법제도를 유럽의 다른 어느 나라들보다 더 원형에 가깝게 보유하고 있으며, 독일연방법령에는 구 독일제국 당시 제정되었던 법령 중에서 현재까지 유효한 것도 적지 않다. 또한 동·서로 분단되었다가 통합하는 과정에서 구동독의 일부 법령들이 1991년의 「동·서독간의 통화 및 경제통합법」(Einheitsgesetz)에 따라 현재에도 유효한 것이 있다. 한편, 법원의 판례는 영미법 국가에서와 같은 선례구속의 원칙이 엄격히 적용되지

---

173) 독일법체계에 관하여는 법제처, 독일연방법의 체계와 검색방법, 1면 이하 참조.

않으나 실제 중요한 법원으로 작용하고 있으며, 기타 관습법 등도 법원으로서 인정을 받고 있다.

다. 유럽연합(EU) 국가

독일은 유럽연합(EU)의 구성 국가이다. 이에 따라, 유럽연합 차원에서 공통적으로 적용하는 법에 직접 영향을 받거나, 유럽연합의 법을 국내법으로 구체화하여 적용하는 경우가 있다. 최근 유럽연합의 입법, 사법 및 행정의 통합적 규율현상이 점차 확대되고 있어, 특히 경제 및 무역 분야의 법적용에 있어서는 이와 같은 점에 유의하여야 한다.

2. 독일의 입법체계와 법령형식

가. 입법권의 분장

앞서 설명한 바와 같이, 독일은 연방제 국가로서 입법권이 연방과 각 주에게 독립적으로 부여된다. 연방에 속한 입법권은 크게 세 가지로 구분할 수 있는데 전속입법, 경합입법, 기준입법이 그것이다.

먼저, 전속입법은 연방에 전속하는 입법권한으로서 외무·국방·교통·산업재산권보호·체신·통화 등에 관한 것을 그 대상으로 하며, 이 전속적 입법영역에 있어서는 연방 법률이 명시적으로 권한을 위임한 경우에만 주가 입법권을 갖는다(독일기본법 제71조). 경합입법은 민사·형사·사법제도 등 국가전체의 생활관계나 법·경제의 통일을 위한 입법으로 이 경우에는 연방이 입법권을 행사하지 않는 경우에만 주가 그 범위 내에서 입법권을 갖는다(동 제72조). 마지막으로 기준입법은 대학교육·언론·자연보호·국토개발 등 주의 입법기준 제시에 관한 사항으로서 연방의 입법권한으로 규정하고 있다(동 제73조).

한편, 각주는 기본법 제70조 제1항에 따라, 연방의 입법권에 속하지 않는 기타의 입법사항들을 입법권한으로 하여 소관 관할지역의 범위 내에서 효력을 갖는 입법을 담당한다.

나. 입법과정 및 절차

입법을 추진함에 있어서는 연방법과 주법이 크게 다르지 않다. 즉, 연방과 주의 의회를 중심으로 각 소관법률을 제·개정한다. 연방법은 연방정부, 연방대의회 및 연방평의회가 입법을 주도하는데(기본법 제76조), 헌법개정안 및 연방제의 기초에 영향을 주는 중요한 입법은 반드시 연방평의회 승인을 필요로 한다(기본법 제79조). 주법은 각 주 의회 및 주 정부가 관장하며, 일반적인 입법절차에 따라 법률을 제·개정한다.

한편, 연방정부와 주정부는 각 법률의 위임사항 및 집행에 관한 명령을 제정할 수 있다. 입법절차가 완료된 법령에 대하여는 연방정부의 경우 '연방법령관보', 각 주정부의 경우에는 '법령관보'를 통해 공포되고 시행된다.

다. 법령의 형식과 명칭

연방과 각 주에서 제정한 각종 입법은 그 형식에 따라 법률, 법률효력명령, 일반명령 등과 같은 이름으로 제정되고 시행된다. 연방에서 제정하는 주요 법령의 형식과 명칭은 다음과 같다.

[표 37] 독일 연방법령의 형식과 명칭

명 칭	구 분	예 시
Gesetz	연방하원에서 제정된 법률	Grundgesetz(기본법)
Ordnung	연방하원에서 제정된 法 또는 命令(법률효력명령)	Bundesverwaltungsordnung(연방행정명령)
Verordnung	일반적인 명령 또는 시행령	Patentanmeldeverordnung(특허신청에 관한 명령)

3. 독일의 사법제도와 법원구조

가. 사법제도 개관

독일은 연방제 국가로서 단일국가와는 다른 사법제도가 운영된다. 즉, 독일 기본법 제92조는 독일 사법권이 연방헌법재판소, 연방법원 및 주법원에 의하여 행사된다고 명시하고 있다. 또한, 독일은 여러 개의 특별법원을 설치하여 재정·노동·행정 등에 관한 전문사건을 담당하도록 하고 있어, 사법제도의 전문성을 강화하고 있는 것이 특징이라고 할 수 있다. 연방법원과 주법원의 가장 큰 차이점은 법관의 임명주체에 관한 것으로 연방법원의 법관은 연방정부가 임명하고 주법원의 법관은 주정부가 임명한다. 한편, 독일기본법 제97조와 제98조에서는 법관의 독립과 법관의 법적 지위에 관하여 비교적 상세한 규정을 두어 재판의 독립성을 유지하도록 하고 있다.

나. 각급 법원의 설치와 운영체계

독일의 법원구조는 크게 일반법원, 특별법원, 주 및 연방헌법재판소로 나누어볼 수 있다. 각각의 업무관할 및 운영체계는 다음과 같다.

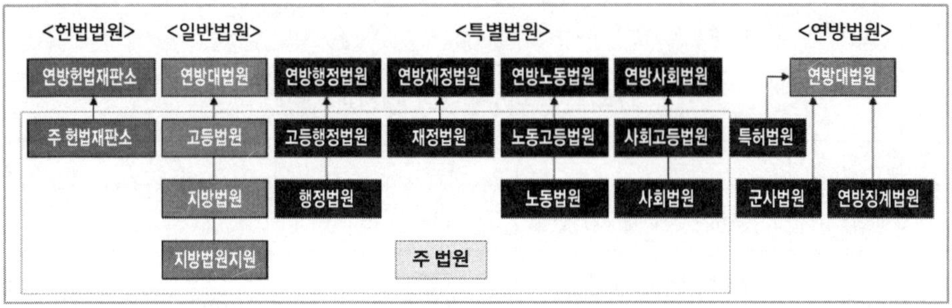

[그림 72] 독일의 법원구조와 운영체계

(1) 일반법원

일반법원은 민사·형사 등의 일반사건을 담당하며, 지방법원지원·지방법원·고등법원·연방대법원으로 구성된다.

지방법원지원(지구법원, Amtsgericht)은 소액사건과 임대차사건, 여행계약 관련사건, 4년을 초과하지 않는 자유형에 대한 사건을 처리한다. 지방법원(Landesgericht)은 지방법원지원의 관할에 속하지 않는 민사사건과 국가를 상대로 하는 소송사건 등을 담당하며, 지방법원지원이 관할하는 사건의 항소심이 된다.

고등법원(Oberlandesgercht)은 지방법원의 판결에 대한 항소심 및 결정에 대한 항고심으로서의 역할을 담당한다. 한편, 형사사건의 경우 중죄에 대한 1심법원의 역할을, 지방법원이 판결한 1심 사건에 대한 항소심을 관장한다.

연방대법원(BGH, Bundesgerichtshof)은 고등법원의 판결 및 결정에 대한 상고심 및 재항고심으로서의 역할과, 연방특허법원에 대한 항소심 및 결정에 대한 항고심, 고등법원이 1심으로서 판결한 형사판결 및 지방법원이 판결한 형사판결에 대한 상고심 역할을 한다.

(2) 특별법원

특별법원은 일반사건 외의 특별한 사건을 담당하는 법원으로서, 행정법원·재정법원·노동법원·사회법원이 있다.

행정법원(Verwaltungsgericht)은 행정사건을 담당하며, 1심법원인 행정법원과 항소심을 다루는 고등행정법원, 그리고 상고심인 연방행정법원이 있다. 재정법원(Finanzhofgericht)은 재정관련 사건을 담당하며, 2심제로 운영된다. 고등법원급의 제1심인 재정법원과 상고심인 연방재정법원으로 구성된다.

노동사건을 담당하는 노동법원(Arbeitsgericht)은 제1심법원인 노동법원, 항소심법원인 노동고등법원, 상고심법원인 연방노동법원으로 구성된다. 사회법원(Sozialgericht)은 사회사건을 담당하며, 사회법원, 고등사회법원 및 연방사회법원으로 구성된다.

(3) 주 및 연방헌법재판소

헌법재판소는 연방 및 주정부의 최고 헌법기관으로서, 연방의회 및 주 의회와 동열의 지위와 위상을 갖는다. 주 헌법재판소는 각 주의 수도에 위치하여 주 헌법재판사건을 담당하고, 연방헌법재판소는 독일헌법의 수호자로서 연방차원의 헌법재판을 담당한다.

4. 독일 법정보의 주요 정보원

가. 인쇄형 법정보원

독일은 여러 가지 교과서와 주석서들이 다양하게 출판되고 있으므로 기본지식을 얻고자 할 때는 우선적으로 이들을 참고하는 것이 유용하다. 또한 학술서적에 해당하는 편람서, 일정한 해설이 추가되어 있는 서식집·표준계약서 양식집, 연방 및 주 법령관보, 연방 및 주 법령집, 각급 법원 판례집 등이 다양하게 출판되고 있어, 인쇄형 정보원으로서 수시로 접근·활용할 수 있다.

나. 온라인 법정보원

독일의 법정보를 조사할 수 있는 인터넷 온라인 정보원으로는 독일의 국가기관·공공기관 및 민간기관들이 운영하는 각종 인터넷 정보제공 사이트가 있다. 독일의 법정보에 접근·활용함에 있어서는 언어적인 문제를 고려하여 두 가지 방법을 생각해 볼 수 있다. 즉, 독일어의 독해가 가능한 사람들의 경우로서 독일어로 된 독일의 법정보 제공사이트를 방문하여 해당 정보를 직접 취득하여 독해하는 방법과, 영어 등 범용외국어로 제공하는 독일 법정보 제공사이트에 접근하여 독일의 법정보를 간접적으로 수집하여 분석하는 방법이다. 영어로 된 독일의 법정보를 제공하는 기관을 이용할 경우에는 독일 법정보의 정확한 내용을 파악하는데 한계가 있을 수도 있으므로, 가능한 독일 원문정보와 대비하면서 독해하는 것이 바람직하다고 할 수 있다. 일반적으로 접근하여 활용할 수 있는 주요 법정보 사이트는 다음과 같다.

[표 38] 독일의 주요 온라인 법정보원

구 분	운영기관	주요 정보원	비 고(서비스 특징)
영문 독일 정보	Gerhard Dannemann	German Law Archive (www.iuscomp.org/gla/index.html)	독일의 각종 법령, 판례, 문헌 등에 관한 정보의 영문자료 제공
	JIPS	http://archiv.jura.uni-saarland.de/english/glsindex.html	독일 법령, 판례, 문헌에 대한 영문자료 제공
법령 정보	독일 법률포럼	법률정보서비스 (http://www.recht.de/)	독일 각종 법령 정보의 종합 포털 서비스
	독일법무부	법률정보서비스 (http://www.jurathek.de/)	
판례 정보	연방법원	연방법원정보 (http://www.deutschejustiz.de/)	독일의 각급 법원 안내 및 판례정보 서비스
	연방헌법 재판소	연방헌법재판정보 (http://www.bverfg.de/)	독일 연방헌법재판소의 판결자료 서비스
종합 정보	Wolters Kluwer	Kluwer law online (http://www.kluwerlawonline.com/)	독일의 법령, 판례, 문헌 등 각종 법 정보의 종합서비스
	Beck-online	www.beck-online.de/	
	Juris	www.juris.de/	

5. 독일의 법정보 조사방법

가. 영문 독일 법정보 조사

독일의 법정보를 영문으로 제공하는 서비스는 다양한 기관과 단체들이 수행하고 있으나, 대표적으로는 Gerhard Dannemann의 GLA 서비스 〈http://www.iuscomp.org/gla/index.html〉와, JIPS의 영문독일법정보서비스 〈http://archiv.jura.uni-saarland.de/english/glsindex.html〉 등을 들 수 있다. 이들 법정보서비스는 독일의 법령, 판례, 문헌 등의 각종 법정보를 영문으로 작성하여 제공하거나, 영문 독일법정보 제공서비스와 상호 링크하여 정보를 제공하고 있다. 이 중 GLA 서비스를 이용한 영문 독일법정보의 조사방법은 다음과 같다.

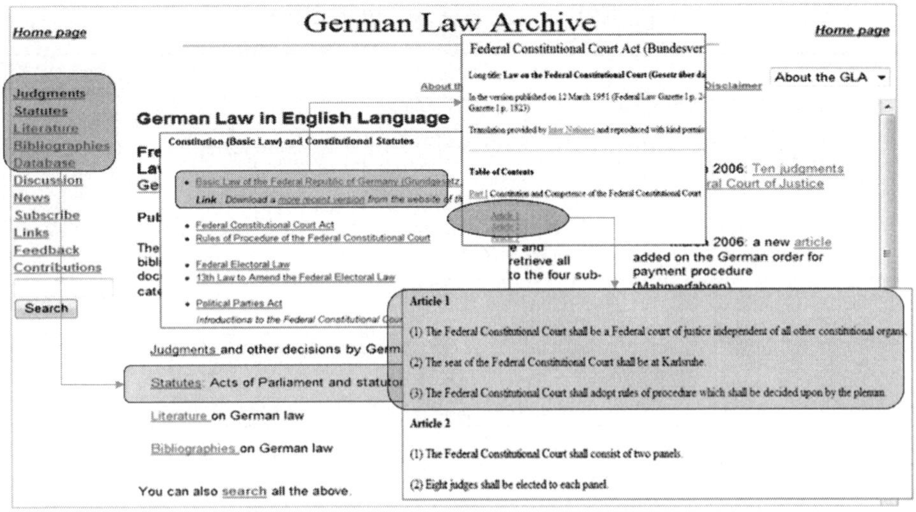

[그림 73] GLA를 이용한 영문 독일법정보조사

나. 독일 법정보 종합조사

독일의 법정보를 독일어 원문으로 제공하는 서비스는 앞에서 살펴 본 바와 같이 매우 다양한 기관에서 정보를 제공하고 있다. 즉, 독일법무부나 연방헌법재판소 등이 법령 및 판례정보를 제공하고 있으며, 민간정보기관도 자체적인 정보시스템을 구축하고 이용자에 대한 정보서비스를 제공하고 있다.

이 중 독일 헌법재판소 등 국가기관이 제공하는 정보서비스는 해당 기관의 홈페이지를 통해 언제든지 필요한 정보를 조사할 수 있으므로 필요에 따라 적합한 기관을 방문하여 법정보를 이용하면 된다. 그러나 민간정보기관의 정보서비스는 상업적 방식으로 국내의 에이전시를 통해 각 대학 및 연구소 등과 이용계약을 체결하고, 지속적인 이용자 교육 등을 통해 제한된 정보검색서비스를 제공하고 있다. 따라서 이들 민간기관의 법정보를 조사하기 위해서는 소속기관을 통하거나, 개별적으로 별도의 가입절차를 거쳐 이용권한을 얻은 후 해당 정보시스템에 접근하여 이용할 수 있다는 점에 유의하여야 한다.

[그림 74] 민간정보기관을 통한 독일법정보 조사

제5절 국제법의 이해와 법정보조사

1. 국제법의 의미와 법원성

가. 국제법의 의미와 특성

국제법 또는 국제규범은 특정 국가와 다른 국가 및 그 국가의 국민, 국제기구 또는 그 구성원과의 권리관계를 규율하는 일체의 원칙적이고 보편적인 법규범을 의미한다. 따라서 그 명칭과 형식을 불문하고 국제관계에서 적용되는 법규범은 모두 국제법 혹은 국제규범이라고 할 수 있다. 이와 같은 국제법에는 조약이나 헌장과 같은 성문의 법규범도 있으나, 국제관습법과 같은 불문의 법규범도 존재한다. 전통적으로는 국가 간의 권리와 의무관계를 규율하는 법규범이 국제법의 주종을 이루었으나, 최근에는 국가 간의 관계는 물론 국제기구 및 개인을 포함하는 국제사회에서의 모든 법률관계를 규율하는 데까지 국제법의 영역이 확장되어 가고 있다.

나. 국제법의 법원성과 인정근거

국제법의 법원성과 관련하여 1970년에 채택된 "국가 간의 우호관계 및 협력에 관한 국제법 원칙 선언"[174)]은 모든 국가에 대하여 일반적으로 승인된 국제법의 원칙과 규칙에 따른 의무를 성실히 이행하여야 함을 규정하여 국제법의 법원성을 확인하고 있다. 우리 헌법도 제6조 제1항에서 "헌법에 의하여 체결·공포된 조약과 일반적으로 승인된 국제법규는 국내법과 같은 효력을 가진다."고 규정하여 국제법의 법원성을 인정하고 있다. 국제법 또는 국제규범은 국가 간의 합의에 따라 형성되기도 하지만, 대체로는 국제기구 및 그 기관을

---

174) Declaration on Principles of International Law concerning Friendly Relations and Cooperation among States, 1970.

통해 다수의 국가들이 자발적인 참여와 합의를 바탕으로 형성되고 운영된다.

그런데, 국제법의 법원성을 논함에 있어서는 몇 가지 주의할 사항이 있다. 즉, 국제법은 국내법과 달리 입법·사법·행정 등의 명확한 권한체계가 완비되어 있지 못할 뿐만 아니라, 국제적으로 모든 사람을 구속할 수 있는 법을 만들 수 있는 기관이나 포괄적인 사안에 대한 강제관할권을 미칠 수 있는 사법체계도 마련되어 있지 않다. 따라서 국제법이 어디에 존재하는지를 발견하거나 어떤 명제가 국제규범으로서의 지위를 획득하였는지를 확인하는 것이 쉽지 않다.[175)]

또한, 국제법은 상당히 정치적이고 선언적인 속성을 가질 수밖에 없다. 국제법이 형성되는 과정에는 국내법의 입법절차와 같은 엄격한 절차가 구비되어 있지도 않으며, 그 채택과 시행에 있어서도 국내법과 같은 공권력에 의한 강제력을 확보하기도 어렵다. 따라서 국제법을 성문화하거나 발전시키는 다자조약이라고 하더라도 모든 국가를 일반적으로 구속하는 강제력을 갖지 못하고, 그 조약체결에 참여하고 그 효력을 승인한 국가에서만이 제한적인 구속력을 갖는데 불과하다. 국제연합(UN)의 총회결의도 권고적 성격만을 가질 뿐이므로 만장일치로 채택되었다고 해서 회원국을 구속하는 것이 아니다.

따라서 국제법 하에서 특정의 원칙이 법규범으로서 존재하는지 여부를 결정함에 있어서는 일반적인 합의 또는 동의가 국가 간에 존재하는지 여부를 확인하는 것이 중요하며, 이를 판단할 수 있는 형식적 및 실질적 법원을 확보하는 것이 필요하다. 형식적 법원(formal source)이라 함은 법적 구속력을 갖는 특정 규칙이 형성되는 제도적 절차와 방법을 위미하며, 실질적 법원(material source)이란 그러한 규칙의 실체적 내용의 유래 또는 출처를 의미한다.

---

175) Malcolm Shaw, International Law, Fifth Edition, Cambridge University Press, 2003, p.65 ; 박경신 외, 앞의 책, 294면에서 재인용.

2. 국제법의 형성주체와 제정방법

가. 국제법의 형성주체

국제법을 창설하고 운용하는 주체 혹은 당사자는 독자적인 주권을 가진 단위 국가가 된다. 여기서 단위 국가라 함은 반드시 독립 국가를 의미하는 것은 아니며, 국제사회에 의하여 국제관계의 주체로서 일반적으로 인정되는 경우에는 국제법의 주체가 될 수 있다. 그런데 이와 같은 국제법의 주체들은 국제사회의 평화로운 질서유지와 공통의 문제들을 원활히 해결하기 위하여 일정한 조직이나 기구를 창설하고 운영한다. 즉, 국제관계를 집단적으로 협의하고 해결하기 위한 제도적 장치를 마련하여 운영해 나가고 있다.

오늘날의 국제조직이나 기구는 전 세계 국가들이 참여하는 범국가적 국제기구와, 특정 권역별 국가들만이 참여하는 지역별 국제기구 등으로 구성되고 운영된다. 이와 같은 국제기구들은 소속 회원 국가들의 자발적인 참여와 합의를 바탕으로, 스스로의 권리와 의무를 규정하는 일정한 국제규범을 제정하고 운영하며, 해당 법규범의 유지·발전을 주도하고 있다.

나. 국제법의 유형과 제정방법

국제법은 그 참여국가 및 내용에 따라 다양한 유형과 방식으로 제정되고 운영된다. 국제법은 개별 국가가 다른 국가와 특정 사안에 관한 사항을 서로 합의하여 일정한 권리의무관계를 발생시키는 양자 간의 조약도 있으나, 대체로는 국제기구나 지역별 협의체 등을 통해 여러 국가들이 참여하는 다자간의 조약이나 일반적인 국제협정 등의 형식으로 제정하여 운영한다. 또한, 국제법에는 다수의 국가를 법적으로 구속하는 강제적인 규범도 있으나, 단지 회원국들의 일치된 의견이나 특정사안에 대한 권고적 입장을 발표하는 헌장이나 결의 등 선언적이며 상징적인 규범도 존재한다. 나아가 특정한 국제적 관행이 일정 기간 동안 축적되고 국제사회의 승인을 얻어 형성된 국제관습법도 일정한 범위 내에서 국제규범으로서 인정되고 있다.

이하에서는 국제사회에서 일반적으로 승인되고 적용되는 다양한 국제규범의 창설과 유지·관리를 주도하고 있는 대표적인 국제기구인 국제연합(UN)과 유럽연합(EU)의 법정보 조사방법론을 살펴본다.

3. 국제연합(UN)의 법정보조사

가. 국제연합의 운영체계

국제연합(UN)은 국제평화와 안전을 유지하고, 국가 간의 친선관계를 발전시키며, 시민의 인권과 생활수준의 향상과 증진 등을 도모하기 위하여 1945년에 설립된 범지구적인 유일한 국제기구이다. UN은 주권국가들의 합의체조직으로서 그 운영은 기본적으로 회원국들의 참여와 총의에 의하여 어떤 사안이 결정되고 집행된다. UN은 그 설립 목적을 원활히 달성하고, 사무의 효율적인 분담과 전문적인 수행을 위하여 다양한 조직과 기구를 설치하고 있다.

UN의 조직과 기구 중에서도 특히 중요한 것은 총회, 안전보장이사회, 경제사회이사회, 신탁통치이사회, 국제사법재판소, 사무국 등을 들 수 있다. 이들 주요 조직들은 소관 분야에서 회원국들의 참여와 합의하에 다양한 국제규범들을 창설하고 운영한다. 특히, 국제사법재판소(ICJ)는 국제분쟁을 담당하는 재판기구로서 다양한 국제법규범을 바탕으로 각종 국제분쟁과 사건들을 심리하고 판결하여 국제사회의 법률문제를 주도적으로 해결한다.

나. 국제사법재판소의 재판규범

국제연합(UN)이 국제사회에서 제기되는 다양한 현안 문제들을 해결함에 있어서는 각 이해당사자들의 입장을 고려하여 정치적인 해결방안을 모색하기도 하지만, 법적인 사안이 발생된 경우에는 궁극적으로 국제사법재판소를 통해 이를 해결하여야 한다.

국제사법재판소가 재판을 함에 있어서는 재판기구로서의 합리적인 기능수행을 위해 일정한 재판규범에 따라야 한다. 이와 관련하여 국제사법재판소규정(ICJ 규정)은 국제사법재판소가 재판을 수행함에 있어서 적용하는 재판규범으로서 i) 조약, ii) 국제관습법, iii) 법의 일반원칙, 그리고 iv) 법칙결정의 보조수단으로서의 사법판결과 학설을 규정하고 있다(동 규정 제38조 제1항).

따라서 국제분쟁을 해결하기 위한 근거 법규범을 찾기 위해서는 이와 같은 유형의 법정보를 조사하는 것이 필요하다. 이하에서는 이들 법정보를 중심으로 한 조사방법을 살펴본다.

다. 국제연합(UN)의 법정보원과 정보조사

(1) 조약정보

조약은 국제법 주체 간에 체결되고 국제법의 규율을 받는 법적 구속력이 있는 국제적인 합의를 말한다. 조약의 체결 및 운영에 관한 국제법 규율은 i) 국가와 국가 간에 체결된 조약은 1969년 채택된 "조약법에 관한 비엔나협약"[176]에 따라, ii) 국가와 국제기구 또는 국제기구 상호간에 체결된 국제조약은 1986년에 채택된 "국가와 국제기구 또는 국제기구 상호간의 조약법에 관한 비엔나협약"[177]의 따라 각각 규율된다.

이와 같은 각종 국제조약은 UN 헌장에 따라 UN 사무국에 등록되고 공표된다. 즉, UN 헌장 제102조는 UN 회원국이 체결하는 모든 조약과 국제협정을 UN 사무국에 등록하여 공표하도록 규정하고 있으며, 등록되지 않은 조약은 UN의 어떤 기관에 대하여도 이를 원용할 수 없다고 규정하고 있다. 이에 따라 방대한 분량의 양자 및 다자조약이 UN 사무국에 등록되어 있다. 이들 조약정보는 UN의 법률정보 사이트 내의 '조약정보' 〈http://treaties.un.org/Home.aspx〉를 통해 검색하여 이용할 수 있다. 이 조약정보 사이트는 1945년 UN 헌

176) Vienna Convention on the Law of Treaties in 1969.

177) Vienna Convention on the Law of Treaties between States and International Organizations or between International Organizations in 1986.

장 발효이전의 조약정보인 LNTS와 1946년 UN 헌장 발효 이후의 조약정보인 UNTS 및 다자간 조약정보인 MTDSG의 3가지 데이터베이스로 각각 관리하고 있어 조약의 유형에 따라 검색할 수 있다. 또한, 조약명칭 등으로 키워드 검색이 가능하여 모든 국제조약을 쉽게 조사할 수 있다.

[그림 75] 유엔의 조약정보 사이트를 이용한 법정보조사

(2) 사법결정

사법결정은 국제사법재판소 등의 국제법원이 특정의 구체적 사건에 대하여 내린 판결 내지 결정으로서 국제재판규범의 보조적이며 간접적인 법원으로서 작용한다. 이러한 사법결정은 국제법원 자신이 내리거나 유사한 법적 기구가 내린 결정으로서, 먼저 내린 결정의 선례를 존중하고 국제법상의 판결이 일관성을 갖도록 하기 위하여 재판실무상 중요한 자료로서 활용된다.

현재 국제공동체의 분쟁을 해결하기 위한 국제재판기구로서는 국제사법재판소·국제해양법재판소·국제형사재판소·WTO분쟁해결기구 등 여러 가지 기구가 존재하고 있으며, 이들 상설 재판기구들은 그 웹사이트를 통해 확정된 재판서나 결정서들을 공개하고 있다. 따라서 국제적인 사법결정에 관한 정보는 이들 정보사이트를 통해 검색하는 것이 가장 효율적이라고 할 수 있다. 각 재판기구 및 분쟁해결기구의 정보사이트는 다음과 같다.

[표 39] 국제기구의 사법결정 정보제공 사이트

재판기구	정보제공 사이트	비 고(정보내용)
국제사법재판소	http://www.icj-cij.org/	ICJ의 모든 계쟁사건 재판정보
국제해양법재판소	http://www.itlos.org/	ITLOS의 국제해양 재판정보
국제형사재판소	http://www.icc-cpi.int/	ICC의 개인국제범죄 재판정보
WTO분쟁해결기구	http://www.wto.org/	WTO의 무역분쟁 재판정보
국제투자분쟁센터	https://icsid.worldbank.org/	ICSID의 투자분쟁 재판정보

이 가운데 대표적인 국제적 분쟁해결기구인 국제사법재판소(ICJ)의 사법결정에 관한 정보는 다음과 같이 조사할 수 있다.

[그림 76] 국제사법재판소(ICJ)의 사법결정 정보조사

(3) 기타 헌장 등의 규범

국제연합(UN)은 전 세계의 국가들이 참여하는 유일하고 종합적인 국제기구로서 국제사회의 질서유지는 물론, 전지구의 지속가능한 발전과 번영 및 후발국가의 인권보호와 복지증진 등 인류문명사회의 형성과 발전을 선도하는 역할을 담당한다. 이와 같은 임무수행과 관련하여 UN은 다양한 헌장과 원칙 및 가이드라인 등을 선언하고 채택하고 있다. 나아가 UN을 구성하고 있는 각종 산하기구 및 기관의 운영과 관련한 내부규칙 등을 제정하여 조직의 합리적인 운영체제를 확립하고 있다. 이와 같은 UN의 각종 헌장이나 내부규율 등에 관한 규범들은 UN이 발간하는 각종 단행본이나 보고서를 통해 확인할 수도 있으나, 오늘날에는 웹사이트를 통해 관련 정보를 상시적으로 제공하고 있다. UN과 관련된 각종 헌장 등의 규범정보는 UN 〈http://www.un.org/〉 및 각 산하기관의 홈페이지를 통해 이를 조사할 수 있다.

[그림 77] 국제연합(UN)의 각종 법규범 정보조사

4. 유럽연합(EU)의 법정보조사

가. 유럽연합(EU) 개요

오늘날의 유럽연합(EU)은 1997년에 조인되어 1999년에 발효된 암스테르담 조약을 근거법으로 하고 있으며, 창립목적은 유럽 내 단일시장을 구축하고 단일통화를 실현하여 유럽의 경제·사회 발전을 촉진하고, 공동 외교안보정책을 수립하고 이행하여 국제무대에서 유럽의 이해를 제고하기 위함이다. 또한, 유럽시민권 제도를 도입하여 회원국 국민의 권리와 이익의 보호를 강화하는 한편, '자유·안전·정의'를 공동의 영역으로 확대·발전시키는 것이다

나. EU의 법령체계와 입법절차178)

(1) EU의 법규범 운영체계

EU법원(Court of Justice of the European Communities)에서 적용할 수 있는 EU법으로서 법적 효력을 가지는 것은 i) 공동체 설립조약(로마조약, 마스트리히트조약, 암스테르담조약 등), ii) 공동체 입법, iii) EU법원의 판례, iv) 가맹국에 공통하는 법의 일반원칙 등이다. 이 중 공동체 입법은 EU의 목적을 달성하기 위하여 제정된 법규범으로서, 다음과 같은 형식이 있으며 각 법규형태에 따라 구속력에 차이가 있다.

① 규칙(Regulation)

먼저, '규칙'은 전체적이면서 직접적으로 모든 회원국에 적용되는 규범이다. 즉, 가맹 각국의 국내법의 제정 없이도 직접 가맹국에 적용되는 규범을 말한다. 따라서 규칙은 EU 역내의 각국정부나 민간의 활동을 규제하는 법령에 해당한다. EU 규칙과 회원국의 기존 국내법이 충돌하는 경우에는 EU 규칙이 우

---

178) 유럽연합(EU)의 법령체계는 법제처, 유럽연합(EU)법의 체계와 검색방법, 104면 이하; 정인섭 외, 앞의 책, 333면 이하; 박경신 외, 앞의 책, 286면 이하 참조.

선한다.

② 지침(Directive)

'지침'은 유럽연합이 일정기간 동안 달성하여야 할 정책에 관한 원칙규범으로서, 각 개별 회원국들은 국내 입법을 통하여 그 이행수단을 마련하여야 한다. 즉, 지침이 채택되면 가맹국은 지침에 따라 국내법을 정비하여야 하며, 지침의 내용은 최저한의 요구이기 때문에 각국의 사정이나 입장에 따라 엄격하게 할 수도 있다. 만일 지침을 국내법에 이행하지 않을 경우에는 EU재판소에 제소를 할 수 있다.

③ 결정(Decision)

'결정'은 유럽연합이 특정 사안에 대하여 내린 의사결정으로서 특정 국가와 법인 및 개인에게 개별적으로 부여되며, 그 대상에 한하여 완전한 구속력을 가진다. 결정은 보통 EU 역내의 기업 활동에 대한 규제에 관한 것이 많다.

④ 권고(Recommendation) 및 의견(Opinion)

'권고'와 '의견'은 가맹국이나 대상기업, 개인 등에게 일정한 행위나 조치를 할 것을 기대하는 취지에서 유럽위원회가 표명하거나 특정한 주제에 관하여 유럽위원회의 의사를 표명하는 것으로서 법적 구속력은 없다. 권고와 의견은 자발적인 동의와 이행을 바탕으로 한다.

(2) EU의 입법절차와 과정

EU의 입법은 기본적으로 각 위원회에서 입법이 제안되어 EU 의회의 자문을 거친 후 이사회에서 승인함으로써 이루어진다. 입법과정에서는 의회의 역할에 따라 협의절차, 협력절차, 공동결정절차 및 동의절차 등의 절차를 거친다. 협의절차는 기본적인 입법과정으로서 위원회가 제안하고 의회와 협의를 하는 것이며, 의무적으로 의회의 의견을 청취하는 절차이다. 협력절차는 의회와 이사회간의 논의과정으로서 의회가 이사회의 공동 입장을 3개월 이내에 승인하거나 배척 혹은 개정할 수 있다. 공동결정절차는 EU 의회가 각료이사회와 평등한 지위에서 행동할 수 있도록 하기 위해 도입된 절차이다. 이와 같은 입법절차들은 일반적인 국내법 절차와는 다른 것으로 일종의 국제기구에 의한 입법절차와 유사하다고 할 수 있다.

다. EU의 사법제도와 법원구조

유럽연합(EU)의 사법제도는 2심제의 구조로 운영된다. EU 법원은 크게 상급법원으로서 유럽연합법원(ECJ, European Court of Justice)과 하급법원으로서 제1심법원(CFI, Court of First Instance)의 두 개로 구성되어 있으며, 각 국에서 파견된 법관들로 구성된다.

유럽연합법원(ECJ)의 주요 임무는 유럽연합의 개별 회원국뿐만 아니라 사건과 관련된 당사자가 유럽연합의 공동체법을 자의적으로 해석하여 적용하는 것을 방지하고, 공동체가 유지·발전하면서 추구하는 이상을 실현하도록 하여 규범이 일반적인 상황에서 뿐만 아니라 특정 사건에 있어서도 동일한 내용을 갖도록 하는 것이다.

제1심법원(CFI)은 유럽연합법원에 접수되는 각종 사건이 증가함에 따라 설립된 것으로서, 유럽연합법원의 일부 업무를 이관 받아 수행한다. 제1심법원의 판결에 대해서는 유럽연합법원으로 상고할 수 있다. 다만, 제1심법원의 불복 사유는 법률문제로 한정되어 있다.

라. EU의 법정보원과 정보조사

(1) 인쇄형 법정보원

유럽연합의 법정보원 중 인쇄형 정보원으로는 EU가 발간하는 각종 자료가 될 수 있다. EU 설립의 기초가 되었던 파리조약은 EU의 모든 법규는 출판과 동시에 시행되도록 명시하고 있는바, EU가 제정한 법규들은 모두 관보에 수록되어 있다. 그 외에도 유럽연합은 그 임무와 관련한 다양한 단행본 및 정기간행물들을 발간하고 있으며, 거기에는 연차보고서·정책보고서·일반자료집 및 통계자료들이 있다.

(2) 온라인 법정보원

온라인 정보원은 EU의 각종 웹사이트를 들 수 있다. 유럽연합의 출판물은 관보(Official journal)만 11개의 공식 언어로 출판되기 때문에 엄청난 출판물에 따르는 재정적 부담과 유통의 문제로 인하여 많은 출판물들이 인터넷으로 이용할 수 있는 전자매체로 생산되고 있는 추세이다. 특히, 최근 몇 년간 인터넷을 통해 이용할 수 있는 전자정보의 양이 급속히 증가하였으며, 유럽연합의 주요 활동과 그에 따라 생성되는 각종 정보들은 유럽연합(EU)의 공식 홈페이지인 EUROPA-Net 〈http://europa.eu/index_en.htm〉을 통해 검색할 수 있다.

[그림 78] 유럽연합의 홈페이지를 통한 법정보조사

사항색인

(ㄱ)

(ㄴ)

(ㅅ)

(ㅇ)

(ㅈ)

법정보 사이트 색인

1. 로스쿨 법학도서관

2. 국가 및 공공 법률도서관

3. 주요 법정보서비스 사이트

4. 해외 법정보서비스 사이트

〈미 국〉

저 자 약 력

▶ **윤 종 민(尹 鍾 玟)** — 법학박사, 기술거래사

저자는 지난 20여 년간 정부연구기관 및 대학에 근무하면서 과학기술법제, 지적재산권 제도 및 국가연구개발정책 등에 관한 연구를 수행하였다. 과학기술의 사회적 역할과 법의 관계를 중심으로 전문적인 연구를 통해 우리나라 법학발전에 기여하고자 노력하고 있다. 현재는 충북대학교 법학전문대학원에서 과학기술법, 지적재산권법, 법정보학 등의 강의를 담당하고 있다.

[주요경력]

· 충북대학교 법과대학 및 동 대학원 졸업
· 한국과학기술정보연구원 책임연구원
· 과학기술연합대학원대학교 교수
· 충북대학교 산학협력단 지식재산관리본부장
· 한국과학기술법학회 부회장
· 한국기술혁신학회 학술위원장
· 충북기술거래사회 회장
· 변호사 및 변리사시험 출제위원 등 역임

[연구실적]

· 과학기술법(공저)
· 과학기술 환경 변화와 과학기술 법제 개편방향
· 첨단 과학기술의 발전과 위험 관리
· 국가연구개발사업의 지적재산권 관리법제
· 국가공동연구개발 특허의 귀속 및 활용 법리
· 국가연구개발 저작물 관리의 법적 고찰
· 디지털저작권 보호와 온라인서비스제공자의 책임
· 학교기업제도의 현황과 과제 등 다수 논문

로스쿨 **법정보학원론**

저　자 윤 종 민　　2013년 10월 15일 초판 인쇄
발행인 양 진 수　　2013년 10월 25일 초판 발행
발행처 진 원 사

서울시 서초구 서초3동 1714-32 형덕빌딩 1층
전화 : 02) 916-1850 / **팩스** : 02) 916-3442
신고번호 제321-2512007002호
http://www.jinwonsa.co.kr
http://www.lawbookstore.co.kr

저자와의 협의하에 인지생략

ISBN : 978-89-6346-323-0 94360
978-89-6346-044-4 94360 (세트)

정가 30,000원